Behjat Moaali
Manuela Runge
Zerreiße den Schleier der Ohnmacht

Behjat Moaali
Manuela Runge

Zerreiße den Schleier der Ohnmacht

Krüger Verlag
Frankfurt am Main

Originalausgabe

Satz: Pinkuin Satz und Datentechnik, Berlin
Druck und Einband: Clausen & Bosse, Leck
Printed in Germany 2003
ISBN 3-8105-1285-0

Inhalt

Editorische Notiz

Dieses Buch gibt die persönlichen Erinnerungen Behjat Moaalis wieder, ihre subjektive Sicht auf eigene Erlebnisse und Ereignisse der Zeitgeschichte, die durchaus im Widerspruch zu denen anderer Zeitgenossen stehen kann. Einige Begebenheiten und politische Aktivitäten sind aus Sicherheitsgründen abgewandelt sowie Namen anonymisiert, um das Leben von Zeitzeugen und der Autorin nicht zu gefährden.

Prolog

Seit einer halben Stunde saß ich auf einem zerschlissenen Sessel im Frauengefängnis von Teheran und wartete. Der große Zeiger der Uhr über der Tür rutschte mit leichtem Klicken gerade auf die Zwölf, als die Wärterin eine Frau hereinbrachte.

»Das ist Tara Zendeh.«

Vor mir stand eine kleine, zerbrechlich wirkende Gestalt, die ein langer bunter Tschador verhüllte. Ein graues Kopftuch verbarg locker ihr Haar. Ohne mich anzublicken, setzte sie sich mir gegenüber. Da sie nichts sagte und ich vorerst nichts fragte, konnte ich sie in Ruhe betrachten. Ihr schmales Gesicht war von eigentümlich tönerner Blässe, allein die langen schwarzen Wimpern unter dichten, in der Mitte zusammenfließenden Augenbrauen belebten und verdüsterten es zugleich. Ein Grübchen auf dem spitzen Kinn hob diese Strenge wieder auf und verlieh ihr etwas Kindliches. Ich staunte, wie hübsch sie war. Den Akten nach hatte ich mir eine viel größere und irgendwie gröbere Frau vorgestellt.

»Ich heiße Behjat Maali und bin deine Pflichtverteidigerin.« Sie nickte, ohne den Kopf zu heben.

»Ich möchte versuchen zu verstehen, wie das passiert sein kann, ja, was genau überhaupt passiert ist. Vieles ist mir rätselhaft und erscheint mir unglaubwürdig. Doch dazu müssen wir miteinander reden.«

Tara zeigte keine Reaktion. Ich sah, wie sich ihr Körper versteifte. Ihre feinen Hände lagen mit gespreizten Fingern fest auf ihrem Schoß. Eine große Kraft ging von dieser Frau aus.

»Ich kann nur etwas für dich tun, wenn wir zusammenarbeiten, verstehst du? Wenn du mir die Wahrheit darüber erzählst, was an jenem Tag geschehen ist und warum.«

Sie schwieg noch immer, mit einer Hartnäckigkeit, die mich verblüffte. Schließlich war ich hier, um ihr zu helfen. Einige Minuten vergingen. Ab und zu strich sie eine Haarsträhne, die sich unter ihrem Kopftuch hervorgestohlen hatte, mit einer heftigen Bewegung zurück.

Ich fragte mich, in welchem Alter sie wohl verheiratet worden war? Dem Gelesenen nach war sie jetzt achtundzwanzig Jahre alt. Demnach musste sie damals vierzehn gewesen sein. Noch immer wirkte sie mädchenhaft. Sie war wirklich ausgesprochen schön, und ich konnte mir vorstellen, dass die Frauen des Dorfes Angst vor ihr hatten, Angst um ihre Männer, die sie sicher begehrt haben. Die Auswahl ist nicht groß in solchen kleinen Orten.

Dass Tara nach dem Tod ihres Mannes nicht wieder heiraten, sondern lieber arbeiten wollte, obwohl sie bereits drei Kinder hatte, schien mir für eine Frau vom Lande ungewöhnlich. Was trieb sie dazu? Die wenigsten Dorffrauen tun so etwas freiwillig. Gerade auf den Feldern werden sie schnell zu Freiwild. Die Ehe bietet ihnen in diesen abgelegenen Gebieten neben dem Versorgtsein auch Schutz vor den anderen Männern des Dorfes, aber auch vor marodierenden Banden. Diese Frau musste einen starken Willen haben, wenn sie sich so vehement der Tradition zu widersetzen wagte.

Irgendetwas faszinierte mich an dieser Frau. »Die Staatsanwaltschaft hält dich für schuldig«, versuchte ich erneut das Gespräch in Gang zu bringen. »Das heißt, du könntest zum Tode verurteilt werden.«

Erst jetzt sah sie mich zum ersten Mal an. Erstaunt

stellte ich fest, dass wir fast die gleichen Augen hatten. Doch in ihrem Blick lagen so viel Verzweiflung, Sehnsucht und Hoffnungslosigkeit, dass ich regelrecht erschrak, und ich hatte plötzlich das Gefühl, all das, was ich über den Fall gelesen hatte, aus meinem Kopf ausradieren zu müssen. Vor mir saß nur noch eine Frau und nicht mehr eine Angeklagte.

Ich sagte ihr, dass es immer eine Möglichkeit für eine Verteidigung gibt.

Wir schwiegen wieder. Lange. Der Sekundenzeiger der Uhr über der Tür drehte klackend seinen Kreis, Runde um Runde.

In Taras Gesicht arbeitete es. Sie schien unentschlossen. Wahrscheinlich vertraute sie mir nicht. Pflichtverteidiger hatten keinen guten Ruf, weil sie umsonst arbeiteten und sich oft nicht allzu viel Mühe gaben. Ich erklärte ihr, dass das bei mir anders sei, dass ich gerade Frauen schon oft kostenlos verteidigt hätte, und erzählte ihr einen solchen Fall. Doch mehr als ein Nicken bekam ich nicht zur Antwort. Stumm saß sie vor mir und biss sich auf die Lippen.

Nach anderthalb Stunden sagte ich: »In Ordnung, kein Problem. Du hast mich nun kennen gelernt. Ich werde wiederkommen. Wir haben Zeit. Und dann erzählst du mir aus deinem Leben, über deine Kinder, deinen ersten Mann. Oder wir reden über mich und meine Kinder und meine Arbeit, wenn dich das interessiert. Ich habe schon die verrücktesten Sachen erlebt. Vertrau mir.«

Für einen kurzen Moment huschte ein Lächeln über ihr Gesicht, das ich wie ein Versprechen empfand. Als ich ihr zum Abschied die Hand hinstreckte, erwiderte sie meine Geste mit einem leichten Druck.

Erster Teil

»Aus Frührot ahnten Sonne wir …«
Rumi

Tara. Du verfolgst mich in meinen Träumen.
Deine Haare sind schwarz wie die mondlose Nacht,
wild und unheimlich. Kein Kopftuch bändigt sie.
Dein Blick ist aufreizend,
schwarze, spöttische Schlitze, versenkt in tönerner Haut –
wie Skorpione in ägyptischer Erde.
Dein Gang ein Tanz.

Hier erzähle ich unsere Geschichte, meine und deine, wie sie unterschiedlicher nicht sein können und doch zusammengehören. So lange, bis wir den Schleier unserer Ohnmacht zerreißen.

Die Arme um die Beine geschlungen, hockst du seit Stunden in der Werkstatt deines Vaters. Starrst auf den Lehmboden, auf dem du deinen Fußabdruck wiedererkennst. Vor vier Jahren, kurz bevor deine Mutter starb, bist du heimlich auf den frisch geglätteten Lehm getreten. Der feuchte Boden fraß sich in deine kleinen Füße und quoll durch die Zehen. Wie kühl das war.

Fünf Peitschenhiebe hast du für deinen Ungehorsam bekommen.

Du hältst dir die Ohren zu. Das kreischende Lachen der Frauen dröhnt dennoch durch die glaslosen Fenster. Du weißt nicht, was dich erwartet. Du siehst auf deine nackten Füße. Du hast Angst.

Du bist eine Braut.

Ich hatte nur Augen für meine Schuhe. Sie waren schwarz und glänzten wie geschliffener Basalt aus den Bergen von Täbris. Zwei rote Seidenschleifen mit goldenen Punkten leuchteten darauf wie Schmetterlinge. Es war bereits Mittag. Seit Stunden warteten wir auf dem Acker am Rande des Dorfes auf die Ankunft des Schahs. Die Februarsonne taute den Schnee unter meinen Schuhen, die in kleinen braunen Pfützen zu versinken drohten. Dicke Schlammpfropfen klebten an ihnen. Verzweifelt trampelte ich vor mich hin, um den Matsch loszuwerden. In meinen Händen welkte ein Blumenstrauß.

Schah Mohammed Resa Pahlawi hatte zu Beginn des Jahres 1963 die »Weiße Revolution« ausgerufen. Das erste Dorf, in dem Bauern Land erhalten sollten, war Nardschabad. Es liegt nahe meiner Heimatstadt Maragheh im Norden Irans. Der Schah legte Wert darauf, den Bauern die Besitzurkunden für ihr Land persönlich zu übergeben. Wochenlang hatte sich die Stadt auf die Ankunft des Schahs vorbereitet, Straßen erneuert, Blumenrabatten angelegt, Häuser gestrichen. Höhere Beamte waren in die Schulen gegangen und hatten die schönsten und fleißigsten Mädchen für das Begrüßungskomitee auserwählt. Ich sollte ihm als Einzige Blumen überreichen.

Die Gelegenheit war einmalig gewesen. Wann, wenn nicht jetzt, konnte ich die Schuhe bekommen, die ich schon so lange sehnsüchtig in einem Schaufenster betrachtet hatte? Sie waren mit Abstand die teuersten, und es hatte mich nicht wenig Mut gekostet, meinen Vater von ihnen zu überzeugen, denn ich hatte einen enormen Schuhverschleiß. Stundenlang hüpfte ich täglich mit meinen Freundinnen von der Hölle zum Himmel und schob den Stein mit dem rechten Fuß über die Felder des Lebens. Bereits nach wenigen Tagen drang das braune Futter durch die Innenkante des rechten Schuhs. Dann war auch dieser Schuh wieder hin. Meine Eltern konnten noch so sehr mit mir schimpfen, meine Leidenschaft gab ich nicht auf. So kauften sie mir immer nur die billigsten Schuhe. Natürlich versuchte mein Vater, mir meine Traumschuhe auszureden. Aber ich weigerte mich hartnäckig, jegliche Alternative zu akzeptieren. Mein Vater blieb nicht weniger stur. Erst als ich ankündigte: »Dann gehe ich eben nicht zur Begrüßung. Der Schah kann sich seine Blumen selber pflücken!«, lenkte er ein. Die Ehre, die seiner Tochter gebührte, wollte er sich denn doch nicht entgehen lassen. Im Grunde wunderte ich mich darüber, dass ihm der Anlass so wichtig schien. Denn gewöhnlich ließ er kein gutes Haar an Mohammed Resa Pahlawi. Er würde sonst Schwierigkeiten bekommen, sagte er mir, als ich ihn danach fragte. Die Selbstherrlichkeit des Schahs, seine öffentlich zur Schau getragene Verschwendungssucht und seine Repressalien gegen Andersdenkende stießen ihn ab.

Meine Freundin neben mir musste mich anstoßen, damit ich die Ankunft des Schahs überhaupt bemerkte. Umringt von einem Tross hoher Beamter und Geheimdienstleuten, näherte er sich den Abgesandten aus Maragheh und Nardschabad. Steif setzte er sich in einen großen, eleganten Sessel mit roten Polstern unter einem prächtigen weißen Sonnensegel. Ein mildes Lächeln schob seine Mundwinkel nach oben, ohne die Arroganz seines Blickes zu mildern. Der Schuldirektor nickte mir aufmunternd zu. Jetzt war ich dran. Wie Blei fühlten sich meine geliebten Schmetterlingsschuhe an, als ich auf dieses Lächeln zuging.

Ich habe die Sache schnell hinter mich gebracht. Ich war wütend darüber, dass das Basaltschwarz meiner Schuhe nun weiße Ränder hatte. Überhaupt fand ich es seltsam, wie devot die Bauern ihre Urkunde, ein zusammengerolltes weißes Blatt mit einem roten Band, in Empfang nahmen. Einer nach dem anderen küssten sie dem Schah nach der Übergabe die Hand und zogen sich dann rückwärts unter tiefen Bücklingen zurück. Ich fand das würdelos. Die Vorstellung, einem anderen Menschen die Hand zu küssen, war mir unangenehm. Als ich das meinem Vater sagte, schaute er mich ernst an und erwiderte: »Du hast Recht, aber behalt deine Meinung für dich. Mit dem Schah ist nicht zu spaßen. Ein falsches Wort zur unrechten Zeit, und du sitzt hinter Gittern. Merk dir das.«

Dies war meine erste Lektion in Sachen SAVAK, dem von der CIA ausgebildeten Geheimdienst. Es sollte nicht die letzte sein.

Die Sonne ist über dem Damawand aufgestiegen. Der Geruch von Lammfleisch zieht durch die Luken. Du bist hungrig. Hast die Nacht kaum geschlafen. Bevor die Frauen kamen, hast du Berge von Auberginen, Kartoffeln, Bohnen, Linsen und Salat geschleppt. Das Fleisch hatten Vater und Karim gestern Abend noch geholt. Sie haben dir den Bräutigam immer noch nicht gezeigt. Aber du weißt, dass er Witwer ist. Alemeh hat es dir verraten.

Du hörst das geschäftige Klappern der Frauen, die bereits die zweite Kochstelle auf dem engen Hof errichten, ihre schamlosen Gespräche. Du gehst zum Fenster, weit genug entfernt, um nicht gesehen zu werden.

»Der silberne Ring ist von Mohameds erster Frau. Die Arme hat keine Kinder bekommen, nicht mal eine Toch-

ter, die ihren Schmuck erben könnte. Und jetzt gehört das alles Tara mit ihren gerade mal vierzehn Jahren!«

Du siehst eine der Frauen, wie sie mit großen, fischigen Augen deinen Ehering betrachtet.

»Ach was, das ist doch alles höchstens fünfzig Toman wert, und das reicht gerade mal für einen Monat zum Überleben. Sie ist noch so jung und außerdem viel schöner als alle Mädchen von Hessar und Komar zusammen. Eigentlich verdient sie was Besseres!«

Diese unscheinbare Frau, deren Hochzeit erst wenige Monate zurückliegt, magst du. Hin und wieder habt ihr im Hammam einige Worte gewechselt. Dort hast du auch ihre blonden Haare gesehen.

Die alte Sura hält tänzelnd ein vergilbtes Hochzeitskleid vor sich. »Das habe ich schon getragen, nun kann es Tara anziehen. Der Schuster hat kein Geld für ein neues. Es wird ihr Glück bringen. Choda ist barmherzig. Immerhin hat mein Mann keine zweite Frau geheiratet!«

Du wendest dich ab, verkriechst dich wieder in deine Ecke. Deine Mutter hätte dir ein neues Kleid genäht, aus blütenweißer Spitze …

Der Schah hatte allen Grund, sich seines Geheimdienstes zu versichern. Iran steckte Anfang der sechziger Jahre in einer tiefen Krise. Zwar floss seit der Verstaatlichung der Erdölindustrie im Jahre 1951 mehr als das Sechsfache an Einnahmen in iranische Kassen, aber dieser Reichtum machte sich nur in den Großstädten bemerkbar, vor allem in der Hauptstadt Teheran. Dort hatten innerhalb kürzester Zeit die blau gekachelten Kuppeln der Moscheen aufgehört, das Stadtbild zu prägen. Hochhäuser und Bankgebäude ragten stattdessen empor, breite Alleen hatten winklige Gassen verdrängt, riesige Supermärkte und feine Geschäfte mit teuerster Importware aus Amerika, England und Frankreich machten den Kleinhändlern auf dem Bazar Konkurrenz. Kaiserin Farahs spätere Bemühungen, altpersische Kultstätten restaurieren zu lassen, hatten dagegen fast etwas Anachronistisches. Der Schah suchte mit aller Macht den Anschluss an die westliche Moderne. Alles, was aus dem Ausland kam, war der eigenen Kultur vorzuziehen. »Die neue Zeit« hieß sein Schlagwort, mit dem er die Veränderungen propagandistisch begleiten ließ. Doch nur wenige profitierten vom Dollarstrom, der durch das Erdöl floss. Er erreichte allein eine geringe Zahl von Industriellen und hohen Regierungsbeamten und entfaltete nur in den Städten seinen Glanz. Während sich am Lebensstandard der übrigen Bevölkerung wenig oder gar nichts änderte, verdienten sie Millionen, die sie kaum im Lande investierten, sondern zum größten Teil Auslandskonten überwiesen. Ihre Söhne und Töchter studierten in Amerika, England und Deutschland. Auch eine kleine Gruppe von Industriearbeitern konnte sich einen bescheidenen Luxus leisten. Das Transistorradio wurde zum Statussymbol dieser Schicht.

Am ärmsten lebten nach wie vor die Bauern, Kleinpächter und Tagelöhner. Sie waren wie Leibeigene abhängig von den Großgrundbesitzern, die oft die Gerichtsbarkeit ausübten, und litten nicht selten an Unterernährung, in einem Land, das damals über eines der höchsten Bruttosozialprodukte der Welt verfügte. Scharen von ihnen waren in die Großstädte gezogen, um dort im Angesicht der glänzenden Statussymbole der Moderne in neuem Elend zu versinken.

Ihrem Unmut machten die Armen in den Freitagsmoscheen Luft. Dort fanden sie offene Ohren bei den Mullahs. Als es nicht nur in den Elendsvierteln zu Demonstrationen kam, sondern auch Intellektuelle auf die Straße gingen, verordnete der Schah auf amerikanischen Rat hin eine »Revolution von oben«, die so genannte »Weiße Revolution« in Abgrenzung von der drohenden »roten« der Kommunisten. Er wollte ihnen damit den Wind aus den Segeln nehmen. Bauern sollten Land erhalten, Frauen und Nichtmoslems das Wahlrecht, Arbeiter am Profit der Fabriken beteiligt und das Analphabetentum bekämpft werden. Eine Volksabstimmung legitimierte sein Vorhaben, das nicht nur von den Großgrundbesitzern, sondern auch von den Mullahs – erstmals unter Führung Ajatollah Khomeinis – entschieden abgelehnt wurde.

Im Jahre 1962 schien die »Weiße Revolution« anfangs vielen Iranern als ein Hoffnungsschimmer. Meine Eltern sahen diese Entwicklung eher skeptisch. Wenn mein Vater im Radio die propagandistischen Reden hörte, schaltete er gewöhnlich ab und schimpfte über so viel Unsinn. Er konnte sich nicht vorstellen, wie eine von oben verordnete Revolution funktionieren sollte. Es missfiel ihm, wie der Schah in selbstherrlicher Weise in seinen Dekreten das Volk und das Parlaments ignorierte. Auf diese Weise würden sich solche blutigen Ausschreitungen wie die auf dem Teheraner Bazar und in Ghom, die im Januar das Land erschüttert hatten, nicht verhindern lassen.

Oft saß ich, scheinbar in ein Buch vertieft, in einer Ecke und lauschte mit großen Ohren den Diskussionen meiner Eltern. Hin und wieder hörte ich auch den Namen Ajatollah Khomeini, der in den beiden staatlich kontrollierten Radiosendern nicht vorkam. Ähnlich wie in den sozialistisch regierten Ländern erfuhr ich mehr über die Ereignisse im Ausland als darüber, was wirklich im Iran passierte, mehr über den Eichmann-Prozess als über den Aufstieg des charismatischen geistlichen Führers und seine demonstrierenden Anhänger. Jegliche kritische Berichterstattung über den Schah war ebenso tabu wie Sendungen zum Islam. Insbesondere deshalb, weil religiöse Feste gern zu Manifestationen gegen den Schah benutzt wurden.

Eines davon war das Fest Aschura zu Ehren der Ermordung des dritten Imams Hussein, eines Enkels Mohammeds, das jedes Jahr im ersten Monat des islamischen Mondkalenders begangen wird, der elf Tage kürzer ist als das Sonnenjahr. In meiner Kindheit fiel der Monat Moharram immer in den Sommer. Es dauert zehn Tage und gleicht den in Europa praktizierten mittelalterlichen Mysterienspielen. Passion und Märtyrertod Husseins sind ein herausragendes Thema in der iranischen Überlieferung. Seine Ermordung durch einen arabischen Tyrannen ist Sinnbild des iranischen Schicksals, die öffentliche Trauer bestens dazu geeignet, schiitisch-religiöse mit persisch-nationalen Elementen zu verbinden. Bis heute ist es eines der wichtigsten Volksfeste. Nachdem der Schah es 1963 verboten hatte, zelebrierten die Gläubigen die Trauerprozession umso vehementer und stellten ihn als den Mörder Husseins dar.

Ich liebte dieses Fest, denn an jenen Tagen durfte ich mit meinen Freundinnen sogar abends und bis spät in die Nacht hinein unter Aufsicht eines Bruders durch die Stadt ziehen. Schon am frühen Morgen, nachdem wir die Hausarbeit hinter uns gebracht hatten, machten wir uns mit in ein Tuch gewickeltem Brot, Käse und Weintrauben auf den Weg zur Moschee. Unter den schwarzen Fahnen der Minarette, von denen die Muezzins Trauerelegien rezitierten, bot sich uns ein schaurig-fröhlicher Anblick. Während sich in einem langen Zug Männer mit Ketten den nackten Oberkörper blutig peitschten, Frauen erbarmungsvoll wehklagten und Autobesitzer auf den mit Laken bedeckten Sitzen Verletzte zum Arzt brachten, verteilten die Zuschauer am Straßenrand mitgebrachte Getränke, Eis und Speisen.

Am zehnten und letzten Tag des Trauermonats vollzog sich im flackernden Schein der Fackeln der eigentliche Höhepunkt des Aschura-Festes, insbesondere ein nur in Aserbaidschan praktiziertes, gruseliges Ritual. In Totenkleider gehüllte junge Männer schlugen sich, wild tanzend zum Rhythmus von Trommeln und Schalmeien, mit Beilen auf den Kopf, bis sie bluteten und zusammenbrachen. Anschließend spielten die Gläubigen unter den Trauergesängen der Klageweiber, in denen die klassische persische Musik weiterlebt, die Ermordung Husseins. In dieser emotional hoch aufgeladenen Atmosphäre passierte es nicht selten, dass der Darsteller des Mörders von hysterischen alten Frauen vom Pferd gezerrt und geschlagen wurde.

1963 nutzte Ajatollah Khomeini das Aschura-Fest in Teheran, um in der Öffentlichkeit erstmals politisch hervorzutreten. Über Lautsprecher ließ er Tonbandaufzeichnungen seiner Predigten verkünden, in denen er den Schah als Werkzeug von Ausländern, von Bahais und Juden, die sich gegen den Islam verschworen hätten, beschimpfte und seine Entthronung prophezeite. Hunderttausende sich blutig geißelnde Gläubige versammelten sich damals in und vor den Moscheen, um der Rede zuzuhören, und zogen anschließend mit Sprechchören durch die Stadt, dass sie bereit seien, wie Hussein für eine gerechte Sache zu sterben. Mit unglaublicher Härte ließ der Schah den Aufstand niederschießen, wobei Tausende Gläubige ums Leben kamen. Ein Jahr später wurde Khomeini aus dem Iran verbannt.

Draußen versammeln sich immer mehr Frauen. Sie erzählen sich ihre Hochzeitsgeschichten und den neuesten Klatsch. Es interessiert dich nicht.

Deine Mutter. Sie hätte es nicht zugelassen, dass du jetzt schon verheiratet wirst. Sie hätte dich auch nicht auf den Feldern arbeiten lassen, wo die Männer dich anstarren, weil du zu schön und eine Versuchung bist. Heißt es nicht: »Sprich zu den gläubigen Männern, dass sie ihre Blicke zu Boden schlagen und ihre Keuschheit wahren«? Erwachsen bist du für sie schon lange. Seit deine Mutter tot ist, hast du gekocht, das Haus in Ordnung gehalten. Und dann hat dich dein Vater obendrein auf die Felder der Kamalis geschickt. Er brauchte das Geld, seit es mit seiner kleinen Schusterei immer schlechter lief. Andere Mädchen verließen das Haus nur zum Brunnen.

Meine Familie kommt aus Aserbaidschan. Es liegt im Nordwesten Irans zwischen Kaspischem Meer und der Türkei und ist von jeher ein Unruheherd. Azghar Maali, mein Großvater väterlicherseits, und sein Sohn Mehdi waren während der großen Unruhen vor der Machtübernahme Schah Resa Pahlawis umgekommen. Mein Großvater war Mullah gewesen, hatte aber nicht in einer Moschee gepredigt, sondern in Aserbaidschans Hauptstadt Täbris die Prinzen der Kadscharendynastie unterrichtet. Aufgrund seiner Verdienste wurde ihm eine Art Adelstitel verliehen – Sadrol Maali, was so viel wie »Oberster höchster Stellen« heißt. Sein erster Sohn, mein Onkel Mehdi, war Generalstaatsanwalt in Täbris. Auch er erhielt von der Kadscharenfamilie einen Titel – Fachrol Maali. »Fachr« bedeutet »Stolz der Familie«. Mein Großvater war ein wohlhabender Mann, was sich vor allem an der Zahl seiner Frauen zeigte. Einundvierzig Ehen ist er insgesamt eingegangen, sechsunddreißig davon waren jedoch Zeitehen, so genannte Sighehs. Neben vier ständigen Frauen erlaubt es der Islam nach schiitischer Tradition, eine unbegrenzte Zahl von zeitlich begrenzten Ehen einzugehen. Diese Sitte geht auf eine Erlaubnis des Propheten Mohammed zurück, der seinen Gefährten bei einer Kriegsexpedition die Genehmigung erteilte, bis zum Ende der Reise eine Frau zu ehelichen. Es war auch für die Witwen im Krieg gefallener Soldaten und allein stehende geschiedene Frauen mit Kindern oft die einzige Möglichkeit, der Armut zu entgehen. Ebenso war die Zeitehe eine beliebte Legalisierung von Geschlechtsverkehr bei Saisonarbeitern, der unter Ledigen im Islam streng verboten ist. Die Sunniten haben die Zeitehe unter Kalif Omar abgeschafft. Nur im schiitischen Glauben lebt sie bis heute fort.

Mein Großvater hat die meisten dieser Zeitehefrauen allerdings nie gesehen, geschweige denn mit ihnen geschlafen. Er heiratete sie nur formal. Wenn er von einer Frau in Täbris hörte, die Witwe war und keine Verwandten mehr hatte, ermöglichte er ihr mit der Heirat einen zeitlich begrenzten Unterhalt. Sie kam in sein Haus und wurde versorgt, ebenso ihre Kinder und Bediensteten.

Wenn für sie ein neuer Mann gefunden worden war, ließ er sie gehen. Dann musste sie anderthalb Monate warten und durfte wieder heiraten.

Neben diesen Zeitehen hatte Sadrol Maali fünf ständige Ehefrauen. Die erste starb bei der Geburt Mehdis. Von der zweiten Frau hatte er drei Kinder, zwei Mädchen und einen Jungen. Auch sie starb, wie so viele damals, an Kindbettfieber. Die dritte Frau ist meine Großmutter Salehe. Sie kam aus einer angesehenen Familie und konnte lesen und schreiben, was damals nur Mädchen höherer Schichten vergönnt war. Ihr bin ich sowohl äußerlich wie charakterlich am ähnlichsten. Sie hatte drei Söhne. Der Älteste war mein Vater Hassan Maali. Er wurde 1918 geboren. Die nächste Frau, die in sein Haus kam, wurde nur die »Verführerin« genannt. Es gab viele Geschichten über sie. Später erfuhr ich, dass sie Monawar hieß. In den Erzählungen wurde sie nur so genannt, vielleicht weil sie sehr schön war, und die einzige, die Sadrol Maali wirklich aus Liebe geheiratet hat. Sie benahm sich stets wie eine Fürstin und beteiligte sich nicht an den Hausarbeiten. Mit ihr hatte er zwei Töchter, von denen eine wunderbar singen konnte. Man sagt, ich hätte eine ebenso schöne Stimme.

Danach heiratete mein Großvater noch sein Hausmädchen, es sollte seine letzte Hochzeit sein. Das Mädchen hieß Narendsch, was auf Persisch Pomeranze bedeutet. Sie war sehr klein, ein bisschen pummelig und hatte rote Haare. In Täbris ist alles möglich, denn es ist eine alte Handelsstadt, in der viele Nationen ihre Gene verewigten. Mein Großvater hatte Narendsch als kleines Kind aufgenommen. Als sie im heiratsfähigen Alter war, wollte sie das Haus meines Großvaters nicht verlassen, denn sie hatte keine Verwandten mehr. Sie bettelte so lange, im Haushalt meines Großvaters bleiben zu dürfen, bis er nachgab. Damit sie jedoch auch standesgemäß versorgt war, musste er sie ehelichen. Auch mit ihr hatte er drei Kinder. Narendsch liebte ich sehr. Da ich meine richtige Großmutter väterlicherseits nie gesehen habe, nahm sie ihre Position ein.

Mein Großvater und seine Familie lebten sehr vornehm. Ihr Anwesen umfasste zwei Häuser und einen Andarun, einen Hofgarten mit Springbrunnen. Im größeren der beiden Häuser wohnte das Personal, im anderen die Familie. Er war ein glücklicher Mann – bis sein Sohn Mehdi, der Täbriser Generalstaatsanwalt, im Januar 1919 einem Terroranschlag zum Opfer fiel, da er ein Gegner der konstitutionellen Monarchie war. 1906 hatte auf Druck der Engländer Schah Muzzafar ad Din der Gründung eines Parlaments zustimmen müssen. Als er zwei Jahre später starb, ließ es sein Nachfolger auflösen, die Abgeordneten verhaften und einige von ihnen hinrichten, bis er selbst ins russische Exil flüchten musste. Ein Bürgerkrieg erschütterte daraufhin jahrelang das Land, in den auch Fachrol Maali verwickelt wurde.

Im Sommer 1919 war er mit seiner Kutsche abends in der Stadt unterwegs, als ein Passant ihn anhielt, um ihm eine Petition zu überreichen. Bittbriefe und Beschwerden nahm er stets persönlich entgegen, weil er gern die Gelegenheit nutzte, dabei mit den Menschen ins Gespräch zu kommen. Auch diesmal stieg er aus, was ihm zum Verhängnis wurde. Aus kaum einem Meter Entfernung wurde er von dem Passanten erschossen. Mein Onkel hinterließ eine vierjährige Tochter. Da seine Frau bei der Geburt des Mädchens gestorben war, wuchs sie nach seinem Tod bei meinem Großvater auf. Sie wurde später meine Schwiegermutter. Der Tod seines Sohnes brach ihm das Herz. Er hat sich danach völlig in sich zurückgezogen und kaum noch gesprochen.

Am 21. Februar 1921 wurde die iranische Regierung mit einem Staatsstreich gestürzt. Resa Khan, ranghöchster Offizier der mächtigsten Truppeneinheit Persiens, hatte mit Unterstützung Englands Teheran erobert und Achmed Schah ins Exil gezwungen, aus dem er nicht mehr zurückkehrte. Es war das Ende der Kadscharendynastie. Vier Jahre später rief Resa sich zum Schah Pahlawi, das heißt »der heroische«, aus. Eine Familie, die bis dahin den Namen Pahlawi getragen hatte – zu ihnen gehörten viele Wissenschaftler und Schriftsteller –, zwang er, auf ihn zu verzichten. Sie verdoppelte daraufhin aus Protest einfach den Vornamen und nannte sich Mahmud Mahmud.

Der Putsch erreichte auch Täbris. Resas Anhänger stürmten das Haus meines Großvaters und plünderten es. Teppiche, Möbel, Geschirr wurden in alle Winde zerstreut. Sadrol Maali und seine Frauen konnten sich bei Verwandten verstecken. Buchstäblich nur mit dem Hemd auf dem Leib floh meine Großmutter Salehe mit ihren drei Söhnen zu ihrem Bruder Ali Akbar hundertzwanzig Kilometer südlich nach Maragheh. Die Kleinstadt, in der es nur ein paar Gassen und zwei Straßen, die sich in der Stadtmitte an einem Rondell mit einem Brunnen kreuzten, gab, lag in einem fruchtbaren Tal an einem Fluss, malerisch umrahmt von Obstgärten und Weinbergen, deren Rebstöcke in mannshohen Gräben gelber Lehmerde verschwanden. Diese Erde verströmte einen ganz besonderen Duft, den auch die Trauben annahmen. Schon von weitem erkannte man den Ort an einer riesigen Silberpappel, die selbst die höchste Moschee überragte.

Meine Großmutter blieb bei ihrem Bruder, der auf dem Bazar mehrere Gemüseläden besaß, auch dann noch, als ihr Mann mit Narendsch und den Kindern nach einiger Zeit in sein leeres Haus zurückgekehrt war. Sadrol Maali hatte darauf bestanden, da er um ihr Leben fürchtete.

Ali Akbar war damals sehr unglücklich. Seine Frau hatte bisher vergeblich versucht, ein Kind zu bekommen. Zehnmal war sie bereits schwanger gewesen, hatte dann jedoch Fehlgeburten gehabt oder die Kinder waren kurz nach der Geburt gestorben. Als sie zum elften Mal ein Kind erwartete, wandte sie sich verzweifelt an Sadrol Maali, der als Mullah allerlei magische Rituale kannte. Daraufhin ließ er Alis Frau mehrmals durch ein Loch in einem viereckigen Tuch schreiten, auf das er Koranverse geschrieben hatte, die er bei ihrem Durchgehen murmelte: »Das Kind wird ein Mädchen. Es soll am Leben bleiben!« Dieses 1928 geborene, blonde Mädchen ist meine Mutter. Sie nannten es auf Sadrol Maalis Wunsch hin Ghalssin, »ewiges Leben«. So wurde der Bruder meiner Großmutter mein zweiter Großvater.

Du hast deine Mutter über alles geliebt, obwohl sie den jüngeren Karim vorzog, der zu Hause keinen Finger rühren musste. Du lächelst unwillkürlich. Wenn sie besonders guter Dinge war, erzählte sie euch beiden Geschichten, in denen sie den Leuten aus der Nachbarschaft Tiernamen gab. Mit großen Gesten imitierte sie deren Ticks und Eigenheiten, und ihr bogt euch vor Lachen. Du konntest über alles mit ihr reden. Sie erzählte dir von Mohammeds Lieblingsfrau Aischa, die berühmt war für ihre Klugheit und Gelehrsamkeit und deren Eigenwilligkeit die Männer fürchteten. Von deiner Mutter lerntest du auch viele Koranverse und Hadiths. Ihr Lieblingsspruch war:»Die Besten unter euch sind diejenigen, die ihre Frauen am besten behandeln.« Das sagte sie immer zu deinem Vater, wenn er sie wegen irgendeiner Kleinigkeit beschimpfte. Sie wollte, dass du Lesen und Schreiben lernst. Vater war dagegen. Für ihn gehören Töchter nicht an einen solch unheiligen Ort. Das mache sie nur aufmüpfig und bringe sie auf schlechte Ideen. Beten sollen sie lernen. Der Vater, ein mürrischer, verschlossener Mensch, ist dir fremd.

Als Mutter starb, sahst du nur noch ihre großen traurigen Augen, die dir irgendetwas sagen wollten. Eines Tages war ihre heiße Stirn kalt.

»Du arbeitest für das Brot, das du isst!«, hörtest du deinen Vater nun jeden Morgen sagen, bevor du auf die Felder gingst.

Meine Eltern, Hassan und Ghalssin, die zehn Jahre jünger war als ihr Cousin, wuchsen fast zusammen auf. Bereits als Kinder liebten sie sich. Meine Mutter war als Jugendliche sogar so verliebt, dass sie sich mit Opium zu vergiften versuchte, als er sie bei einem Spiel einmal nicht in seine Gruppe wählte. Heimliche Küsse tauschten sie schon vor der Ehe, und Hassan ging extra früher zum Militär, um nicht so lange mit der Heirat seiner Cousine warten zu müssen. Mein Vater leistete seinen Militärdienst im Zweiten Weltkrieg auf der Seite der Iraner gegen die Alliierten ab, den er aufgrund seiner kalligraphischen Fähigkeiten überwiegend in der Schreibstube verbrachte.

Der Krieg hinterließ seine Spuren auch im Iran. Im August 1941 hatten die Alliierten das Land besetzt, da Resa Schah bei der wirtschaftlichen Entwicklung seines Landes sich vorwiegend auf Deutschland gestützt hatte. Eine größere Anzahl deutscher Experten, die nach Ausbruch des Krieges im Iran verblieben waren, hatte als Vorwand für den Einmarsch gedient. Tatsächlich aber sollte die Versorgung der russischen Front, die über den Iran lief, sichergestellt werden. Die Russen kontrollierten daraufhin den Norden, die Engländer den Süden des Landes. Resa Schah dankte zwei Monate später ab und ging ins Exil, wo er 1944 starb. Mithilfe der Besatzungsmächte übernahm sein Sohn Mohammed Resa Pahlawi die Macht. Während die UdSSR die sich neu formierende kommunistische Partei Irans, die Gewerkschaftsbewegung und separatistische Bewegungen in Aserbaidschan und Kurdistan unterstützte, bemühten sich die Engländer um den Ausbau einer konservativen Gegenbewegung. Mit beschränktem Erfolg, denn bald hatten die russischen Besatzer ein eindeutiges Übergewicht erlangt und machten keine Anstalten, das Land wieder zu verlassen.

Unter dem Schutz der Sowjets wurde 1945 die Demokratische Republik Aserbaidschan gegründet, deren Lebensdauer allerdings nur kurz war. Bereits am 12. Dezember 1946 beendeten die Truppen der iranischen Zentralregierung das Experiment einer autonomen Republik. Mit dem Sicherheitsrat der neu gegründeten Vereinten Nationen und der USA im Rücken wagte es Mohammed Resa, gleichzeitig den Abzug der russischen Truppen aus den nordiranischen Gebieten zu fordern. Die USA sicherten ihm hierfür umfangreiche militärische, technische und wirtschaftliche Hilfe zu. Das war ein historischer Schritt, denn der Iran wurde somit zum Anlass für die Revision der amerikanischen Ostpolitik nach dem Zweiten Weltkrieg und die nun folgende Ost-West-Spaltung der Welt. Angesichts der vorrückenden iranischen Truppen und der Zusage von Förderrechten – die das iranische Parlament später dann doch verweigerte – verließen die sowjetischen Truppen schließlich den Norden Irans. Ende 1946 war Schah Mohammed Resa wieder Herr im eigenen Hause.

Mein Vater hatte 1943 in dem Durcheinander während der sowjetischen Besetzung Aserbaidschans seine Schreibstube eines Tages einfach verlassen und war nach Hause gegangen. Er hatte genug vom Krieg und lehnte die Zusammenarbeit mit den Alliierten, insbesondere den Sowjets, ab. Ihn zog es nach Hause, in die Heimat, wo Ghalssin schon seit drei Jahren auf ihn wartete. Seine Cousine war zu einem fünfzehnjährigen hübschen Mädchen herangewachsen, dessen ansteckendem Lachen der zehn Jahre ältere Hassan kaum widerstehen konnte. Ihr auffallend blondes Haar und ihr blasser Teint machten sie zu etwas Besonderem unter den aserbaidschanischen Mädchen. Obwohl auch sie für iranische Verhältnisse groß war, ging sie ihrem Cousin nur bis zur Schulter, der ein wahrer Riese war und äußerlich das totale Gegenteil. An ihm war alles dunkel, die Haare, die markanten, dichten Augenbrauen und der Teint. Die Hochzeit fand ein Jahr später in Maragheh statt. Sie wurde groß gefeiert und galt als eine der wenigen glücklichen Ehen, da beide sich wirklich liebten.

Mein Vater war nun Familienoberhaupt. Er musste nicht nur seine Frau, sondern auch seine zwei Brüder, deren Ausbildung er finanzierte, ernähren. Da er selbst bisher keinen Beruf erlernt hatte, hielt er die Familie mit Gelegenheitsarbeiten als Zwischenhändler für Häuser und Früchte über Wasser. Als sein erster Sohn, Dariusch, geboren wurde, hatte gerade auch Ghalssins Mutter, nach neunzehn Jahren und einer zweiten Tochter, die Latife genannt worden war, noch einen Sohn bekommen, Karim. Sadrol Maalis Zauber hatte offensichtlich Langzeitwirkung.

»Hat jemand das Haus des Bräutigams gefegt?«, hörst du die Dorfälteste Monireh rufen. Obwohl sie noch nicht so alt ist, hat sie kaum noch Zähne im Mund. Sie klatscht den ganzen Tag. Wenn sie wüsste, dass ihr Sohn Abdullah einmal ein Gedicht für dich geschrieben hat.

Du denkst an deinen Großvater, der hoffentlich noch kommen wird. Seine warme, beruhigende Stimme hätte dir jetzt gut getan. Nach dem Tod der Mutter hat er euch öfter besucht und dir immer etwas mitgebracht, Halwa oder bunte Bonbons, einmal sogar eine kleine Silberkette mit einem Skorpion vom Bazar. Mit ihm konntest du fast so gut reden wie mit deiner Mutter. Er machte oft Witze. Eines Tages sagte er, dass der Schah seine Bildungsarmee auch nach Hessar schicken wird und du Lesen und Schreiben lernen könntest. Du sahst dich schon mit Stock und Kreide vor kleinen Mädchen mit bunten Kopftüchern das Alphabet an die Tafel schreiben. Doch die Bildungsarmee kam nur bis Komar.

Wie hast du deinen Vater gebettelt, dort die Schule besuchen zu dürfen. Er blieb hart. »Nein«, zerschnitt er erbarmungslos deine Träume, »ich lasse mir meine Ehre nicht von fremden Männerblicken beschmutzen. Wie soll ich dich sonst verheiraten.« Weshalb ließ er dich aber auf dem Feld arbeiten?

Du hast den Blick gesenkt und geschwiegen.

Ghalssins Bruder Karim war kaum anderthalb Monate alt, als sein Vater, mein Großvater mütterlicherseits, starb. Er war ein ruhiger, einfühlsamer Mann gewesen, dessen sehnlichster Wunsch nach einem Sohn doch noch in Erfüllung gegangen war. Vierzig Tage dauerte die Trauerzeit, in der die Familie noch nichts von der drohenden Katastrophe ahnte. Doch kaum hatten sich die letzten Trauergäste verabschiedet, kamen die Testamentsvollstrecker zu Hassan Maali und eröffneten ihm, dass sein Schwiegervater schon vor seinem Tod längst bankrott gewesen war. Niemand hatte etwas davon gewusst. Weil er so ein gütiger Mensch war, hatten ihn die Gläubiger zu Lebzeiten nicht unter Druck gesetzt.

Meine Großmutter war von heute auf morgen – wie einst meine andere Großmutter – bettelarm. Sie hatte zwar zwei reiche Brüder, deren Kinder sie früher wochenlang beherbergte, doch nun, wo sie nichts mehr hatte, ließen sie sich nicht mehr blicken. So blieb meiner Großmutter nichts anderes übrig, als ihre Koffer zu packen und mit ihren zwei Kindern das Haus, so wie es war, zu verlassen. Die immensen Schulden konnte sie nicht bezahlen. Doch wo sollte sie hin? Ihre Eltern waren tot, und ihre Brüder nahmen sie nicht auf. Der Einzige, der sich bereit erklärte, sie aufzunehmen, war mein Vater, obwohl er nicht dazu verpflichtet gewesen wäre und selbst ums Überleben der eigenen Familie kämpfte. »Wenn wir schon hungern müssen«, sagte er, »dann hungern wir eben zusammen. Und wenn wir etwas auf dem Tisch stehen haben, essen wir auch gemeinsam.«

Meine Mutter stillte sogar ihren Bruder Karim mit, da meiner Großmutter vor Kummer die Milch versiegte und ihr kleiner Sohn sonst gestorben wäre. Damals gab es noch kein Milchpulver. Später nannte Karim seine große Schwester Chanum badschi, »Frau Schwester«. Das wurde immer wieder abgekürzt, bis nur noch Chamba übrig blieb.

Um die gewachsene Familie zu ernähren, verkaufte mein Vater nach und nach alle Teppiche. Da er sich kein Haus leisten konnte, wohnte die Familie in zwei gemieteten Zimmern, in denen statt Teppichen aufgeschnittene Reissäcke auf dem Boden lagen. Mein Bruder Dariusch schleppte sie immer hinter sich her, was meiner Mutter ihr Elend nur umso deutlicher vor Augen hielt. Das sollte sich erst von dem Tag an wenden, als meine Schwester Azar geboren wurde.

An jenem sonnigen Wintertag im Februar 1946 wurde meiner Mutter ein kostbarer, drei Meter langer Läufer, ein Kenari, geliefert, was sie völlig überraschte. Sie feierte gerade auf dem Hof ihrer Nachbarin zusammen mit vielen anderen Frauen das Asch-Fest. Asch ist ein spezieller Eintopf, den die Frauen aus verschiedenstem Gemüse, Reis und vielen frischen Kräutern in einem riesigen Kupferkessel zubereiten und dann gemeinsam essen. Dabei wird viel erzählt und gelacht, und wenn etwas übrig bleibt, nimmt jede noch etwas mit nach Hause. Meiner Mutter kam das sehr gelegen, denn zu Hause war selbst das Essen knapp geworden. Sie war so dünn, dass man ihr die bereits fortgeschrittene Schwangerschaft kaum ansah. Und plötzlich lag nun dieser wunderbare Läufer vor ihr. Sie konnte es erst gar nicht glauben und vermutete, dass der Träger sich geirrt hatte. Doch der bestand darauf, dass der Kenari für sie bestimmt sei. Meine Mutter verließ das Fest und legte ihn, nachdem sie gefegt hatte, in ihrem Wohnzimmer aus. Sie wusste nicht, ob sie lachen oder weinen sollte, denn er war ein kostbares Werk aus Täbris mit roten, orangenen und blauen geometrischen Mustern. Es war ihr unbegreiflich, woher ihr Mann so viel Geld hatte, und dennoch hoffte sie inbrünstig, dass der Kenari der Beweis für das Ende ihres Elends sei. Denn Teppiche sind das Gold der Perser und für das Ansehen einer Familie enorm wichtig. Zum Nachdenken darüber blieb ihr nicht viel Zeit, denn plötzlich, noch ehe sie begriff, was passiert, hatte sie Azar geboren, vollkommen allein auf dem neuen Teppich, auf dem sich eine große blutige Lache bildete.

So begann mit der Geburt meiner Schwester der Wohlstand im Hause Maali. Von diesem Tag an ging es bergauf, und Azar wurde meines Vaters Glücksstern. Später, als sie erwachsen war, sprach er bis zuletzt vor jedem größeren Geschäftsvorhaben mindestens einmal mit ihr.

Du spürst, wie es immer heißer wird, auch wenn die Werkstatt noch die Kühle der Nacht speichert. Durch das Fenster nach Mekka fällt die Sonne auf die Ahle des Vaters. Du hast ihm zugesehen, wie er deine Hochzeitsschuhe damit bearbeitet hat. Du hättest ihn dabei am liebsten umarmt. Sie sind aus weißer Seide mit einer roten Schleife und das einzig Neue, das du heute tragen wirst. Du ziehst die Beine fester an deinen Körper und verfolgst eine Kolonne winziger roter Ameisen, die viel größere schwarze Ameisen tragen. »Wer nicht heiratet, ist nicht von mir. O Allah!«

Eine krächzende tiefe Stimme schreckt dich auf. »Wo ist die Braut, meine Täubchen? Ich sehe sie nirgends?« Es ist die Maschateh, die gerade aus Komar angekommen ist. Du hörst die Heiratsvermittlerin unter ihrer enormen Leibesfülle schnaufen und um Wasser für sich und ihren Esel bitten. Sie bestimmt die Geschicke der beiden Nachbardörfer, wer mit wem glücklich oder unglücklich wird. Du fürchtest sie, denn seit sie ihren einzigen Sohn verloren hat, ist nicht nur ihre Stimme rau geworden. Sie hatte ihn eines Nachts mit durchschnittener Kehle aufgefunden. Er war in Drogengeschäfte verwickelt gewesen, heißt es. Tagelang hat sie ihr Leid hinausgeschrien, bis ihre Stimme für immer gebrochen war.

»Komm raus aus deinem Loch! Ich habe nicht alle Zeit der Welt! Schließlich muss ich auch die anderen Frauen noch zurechtmachen!« Es ist keine Freundlichkeit im Ton der Heiratsvermittlerin. Du hörst sie laut ihren Tee schlürfen. Noch ein paar Minuten bleiben dir.

Ich kam drei Jahre nach Azar zur Welt. »Schon wieder ein Mädchen«, äußerte sich leicht abfällig die Familie meines Vaters. Vor allem seine ältere Schwester behandelte meine Mutter unfreundlich. »Steh auf und tu was«, sagte sie ihr unmittelbar nach der Geburt, »ein Mädchen zu kriegen ist doch keine Schwerstarbeit!« Meinen Eltern tat das sehr weh, denn sie waren in dieser Hinsicht viel progressiver, als die meisten Iraner es bis heute sind. »Ein Kind ist ein Kind, das man liebt, und damit basta«, sagten sie.

Als vier Jahre später mein Bruder Mehrdad geboren

wurde, war das Ansehen meiner Mutter in der Familie wieder hergestellt. Danach bekam sie noch zwei Söhne und eine Tochter. Ich musste gemerkt haben, dass meine Verwandten ihn viel wichtiger nahmen als mich, und wurde rasend eifersüchtig auf ihn. Wochenlang habe ich geweint und schreckliche Dinge gesagt wie: »Den brauchen wir nicht. Werft ihn doch in die Toilette und spült ihn weg!« Eines Tages bat ich meine Großmutter darum, aus all den schönen bunten Stoffen, die für Mehrdad gedacht waren, einen Tschador für mich zu nähen. Das ist meine früheste Erinnerung. Später liebte ich Mehrdad ganz besonders. Ich habe eine kleine Holzbüste von Maxim Gorki, die mich immer an ihn erinnert. Diese Ähnlichkeit mit dem sowjetischen Dichter führte nach der islamischen Revolution zu seiner Entlassung aus dem Schulamt. Mit Kommunisten wollte man nichts zu tun haben.

Mit Azar stritt ich mich mehr oder weniger die ganze Kindheit hindurch. Wir konkurrierten um alles, um Kleider, Schuhe oder um unsere Geschwister. Als Chamba sechsunddreißig war, wurde sie wieder schwanger. Ich kannte sie als Kind eigentlich nur in diesem Zustand, was sie nicht daran hinderte, ständig sauber zu machen. Selbst im Winter, bei minus zwanzig Grad, riss sie dabei alle Fenster im Haus auf. Ich hasste das als kleines Mädchen, denn vor dieser Kälte gab es kein Entrinnen. Auf mein Heulen und Betteln, wann sie denn endlich fertig wäre, antwortete sie nie. Sie war extrem penibel. Türklinken fasste sie nicht mit der Hand an, sondern nur mit dem Ellenbogen, und bevor sie einen Teller benutzte, wischte sie ihn stets mit einem kleinen Handtuch ab.

Sie schimpfte so gut wie nie mit uns Kindern und überließ lieber meinem Vater, vor allem aber meiner Großmutter die Erziehung. Meine Großmutter kochte, nähte uns die Kleider und stand nachts auf, wenn wir Albträume hatten oder auf die am anderen Ende des Gartens gelegene Toilette mussten. Dann saß sie geduldig auf der Treppe und wartete auf uns, und manchmal schlief sie auch ein dabei. Sie arbeitete von morgens bis abends, und nie habe ich sie sich wegen einer Grippe oder Ähnlichem ins Bett legen sehen.

Eines Tages kam mein Vater nach einem Arztbesuch mit Chamba mit besorgtem Blick zurück und erzählte Azar, mir und meiner Großmutter, dass meine Mutter Zwillinge bekommen würde. Der Arzt hatte es ihr bisher verschwiegen, damit sie sich nicht unnötig aufregte, und er beschwor uns, ihr das auch weiterhin zu verheimlichen. Meine Schwester und ich, wir waren achtzehn und fünfzehn, sahen uns sofort als Ersatzmütter. »Das erste Kind bekomme ich«, bestimmte meine Schwester, »das zweite darfst du haben.«

Mein Vater lächelte und bat uns, auf Chamba aufzupassen, damit sie die Schwangerschaft gut übersteht. »Sie ist doch so zart.«

Wir spürten, dass er sich große Sorgen um seine Frau machte, und versprachen, sie wie unseren Augapfel zu hüten. Auf meinen Wunsch hin durften wir sogar die Geburt der Zwillinge erleben, was damals ein absolutes Tabu im Iran war.

Diesen heißen Augusttag des Jahres 1964 werde ich nie vergessen. Bleich und ängstlich lag meine Mutter auf einer Liege. Sie war sehr schwach, weil sie in den letzten Wochen kaum noch etwas gegessen hatte, um nicht noch dicker zu werden. Außerdem hatte sie ihre anderen sieben Kinder bisher immer in der Hocke geboren und glaubte, im Liegen nicht stark genug zu sein. Anders als sonst unter der Aufsicht von Hebammen üblich, hatte der Arzt bestimmt, dass meine Mutter auf einem Bett gebären sollte. Normalerweise breitete die Hebamme in der Mitte des Zimmers eine Decke aus und ließ die Schwangere ihr Kind in der Hocke zur Welt bringen. Jede Familie hatte damals ihre eigene Hebamme. Manchmal konnten sie weder lesen noch schreiben. Ihren Beruf lernten sie einzig aus Erfahrung.

Azar und ich standen jeweils auf einer Seite des Bettes und streichelten und beruhigten Chamba, während sich langsam das erste Köpfchen zeigte. Es dauerte für mein Gefühl unendlich lang, denn ich sah, wie meine Mutter litt. Dann kam der erste der Zwillinge, den Azar sofort als »ihr Kind« in Beschlag nahm. Er hatte wie ich und mein Vater schwarze Haare und schwarze Augenbrauen.

Erleichtert seufzte meine Mutter: »Es ist vorbei!« Doch ihr Bauch wölbte sich noch immer wie ein halbes Ei, und sie spürte nach wie vor Wehen. Erschrocken schrie sie auf: »O mein Gott, da ist ja noch einer!«

Von da an weinte sie nur noch. Vergeblich versuchten wir, sie mit liebevollen Worten zu besänftigen. Sie schrie und weinte eine Dreiviertelstunde lang, bis endlich der zweite Junge zur Welt kam, blond, wie sie selbst es war, bevor sie sich die Haare braun gefärbt hatte, um nicht mehr so aufzufallen. Stolz nahm ich »mein Kind« in den Arm. Von nun an wollte ich für ihn sorgen.

Unmittelbar nach der Geburt der Zwillinge hatte ich einen großen Streit mit Azar. Wir hüteten »unsere« Kinder mit Argusaugen, und wehe, es wurde ihnen ein Leid getan. In den ersten Tagen ist es üblich, im Zimmer von Neugeborenen Weihrauch zu vernebeln. In einem Ataschgardan, einem Kupfergefäß, werden glühende Duftstäbchen an einer Metallkette hin und her geschwenkt. Man sagt, es hätte desinfizierende Wirkung. Da ich es besonders gut machen wollte, fächelte ich den Rauch ganz nah an die Zwillinge heran, wobei einige winzige Rußpartikel Azars Kind ins Gesicht stoben. Wütend stürzte sie sich daraufhin auf mich und verprügelte mich. Selten habe ich Azar so außer sich gesehen.

Wir konkurrierten und stritten uns ständig um die Zwillinge. Vor allem konnten wir uns drei Monate lang auf keinen Namen einigen. Alle Vorschläge des jeweils anderen wurden konsequent abgelehnt. Eines Tages entschied ich, dass mein Kind Massoud, das heißt auf Arabisch »der Beglückte«, heißen sollte. Und dann wäre nahe liegend, Azars »Sohn« Saeed, »der Glückliche«, zu nennen. Diese Namen waren sehr modern damals. Mein Vater hatte nichts dagegen, und auch Azar war endlich einverstanden. Die Zwillinge sind »unsere Kinder« geblieben, bis heute.

Du hasst dieses gottverlassene Dorf, in dem die Zeit stehen geblieben ist. Am liebsten möchtest du fortgehen. Aber wohin? Du kennst nichts anderes als Hessar und die Felder, wo die Männer dir nachstiegen und Angst einflößten. Die wenigen Familien, die es im Dorf noch gibt, leben hier schon seit Jahrhunderten. Man heiratet, zeugt Kinder, arbeitet auf dem Feld, feiert die traditionellen Feste und kümmert sich wenig um die Welt. Nur selten verirrt sich ein Verwandter aus der Stadt hierher.

Nur einmal warst du in Komar, als die Großmutter

noch lebte. Es ist zehn Jahre her. Es war an einem heißen Sommertag. Du hast an dem kleinen Brunnen im Hof gesessen und Äpfel ins Wasser geworfen, kleine rote Äpfel, die bei jedem neuen Wurf auf und nieder hüpften. Die Großmutter hatte dir damals dein erstes Kopftuch geschenkt. Du hast es nicht gemocht, in der Hitze deinen Kopf zu umhüllen. Aber von da an musstest du es immer tragen.

»Jalla, jalla! Los, hopp, hopp!« Wieder steigt die Angst in dir hoch. Was für einen Mann wird sie dir ausgesucht haben, die Maschateh? Die Frauen sind froh, dass du endlich verheiratet bist, sie mögen dich nicht und sagen: »Wenn sie erst mal einen Mann hat, wird kein anderer sie mehr anstarren!« Wird er gut zu mir sein, wird er mich schlagen? Im Badehaus reden die Frauen manchmal darüber. Was passiert heute Nacht?

»Tara!!!«

Du gehst auf die Knie und flüsterst inbrünstig: »O Allah, ich ersuche Gutes von dir aus deiner Kraft, und ich bitte dich wegen deiner grenzenlosen Gnade. Denn du hast Kraft, und du hast Wissen, und ich habe kein Wissen, und dein Wissen umfasst das Unsichtbare. O Allah …«

Unser Haus glich einem Bienenschwarm, es war ein ständiges Kommen und Gehen von Verwandten und Freunden, zahllose Kinder rannten und kreischten durcheinander, und immer wurde irgendwo diskutiert, gelacht oder gestritten. Nur mittags hatte Ruhe zu herrschen, besonders im Sommer während der dreimonatigen Ferien. Dann mussten wir Kinder ins Bett. Da ich schon damals tagsüber nie schlafen konnte, schlich ich mich immer in den Garten und wartete darauf, dass die anderen endlich wieder aufstanden. Manchmal probierte ich dann heimlich die eleganten Stöckelschuhe meiner Großmutter an oder las. Wenn es mir zu langweilig wurde, holte ich Teppiche heraus, legte sie auf die schattigen Holzbänke unter einem Kirschbaum, heizte den Samowar und deckte den Tisch mit Brot, Käse und Naschereien oder pflückte Weintrauben, die an der Hauswand reiften. Im Springbrunnen schwammen kleine rote Äpfel und Wassermelonen zum Kühlen. Es war eine fast unwirkliche Stille, die das leise Zittern der Espenblätter nur noch verstärkte. Bis die Fensterläden klapperten und in kürzester Zeit wieder der übliche Lärm einsetzte. Wir tranken dann gemeinsam Tee, und anschließend ging mein Vater zurück zur Arbeit, während die Frauen damit begannen, das Abendessen vorzubereiten.

An einem solchen heißen Mittag entdeckte ich, wie verliebt und unkonventionell meine Eltern trotz ihrer neun Kinder nach wie vor waren. Ich pflückte gerade einige unserer wunderbaren Rosen, die meine Mutter züchtete, da sah ich plötzlich meinen Vater in Unterhosen die Treppe zum Garten hinunterstürzen und im Zickzack über die Beete springen, verfolgt von meiner Mutter, die ihn fangen wollte. Sie hatten mich gar nicht bemerkt.

Da ich mittags nie schlief, ging ich stets früh zu Bett, oft sogar ohne Abendessen. Deshalb wurde ich von meinem Onkel Gondscheschk »kleiner Spatz« genannt. Einmal überraschte er mich abends, wie ich in meinem schönsten Kleid vor dem Spiegel meine langen Haare zu einem Pferdeschwanz band.

»Du willst wohl noch ausgehen?«, fragte er mich belustigt.

»Nein«, antwortete ich ihm ernsthaft. »Meinst du vielleicht, wenn ich im Traum zu einer Party eingeladen werde, gehe ich im Schlafanzug hin?«

Träume wurden in unserer Familie sehr ernst genommen. Wir erzählten sie uns gewöhnlich am Frühstückstisch und versuchten sie zu deuten. Meine Großmutter war eine Meisterin darin. Albträume durften wir allerdings nicht erzählen. Wenn wir dazu ansetzten, sagte sie zu uns: »Such dir einen schwarzen Stein, erzähl ihm deinen Traum und wirf ihn dann in den Brunnen.« Dieses Ritual habe ich bis heute bewahrt.

Die Maschateh reißt die Tür auf.» Was sind denn das für Mätzchen, sich einfach zu verstecken! Nun komm endlich. Es ist doch ganz zu deinem Glück!« Die gelben Häuser von Hessar blitzen auf unter der grellen Sonne. Du schließt unwillkürlich die Augen.

»Die hockt ja wie eine Maus in der Falle«, hörst du sie murmeln.

»Hab keine Angst«, ihre Stimme klingt nun etwas sanfter, »dein Bräutigam ist ein guter Mann, wenn auch nicht mehr ganz taufrisch. Er hat ein ruhiges Gemüt und schlägt nicht. Seine verstorbene Frau hatte es jedenfalls gut bei ihm. Immerhin ist er bei ihr geblieben, obwohl sie ihm keine Kinder geschenkt hat. Na ja, und«, sie zögert etwas, »die erste Nacht geht auch vorüber. Und vergiss nicht, dich davor und danach zu waschen, damit du nicht unrein wirst.«

Du schlingst die Arme noch fester um dich. Du hast mit niemandem reden können über das, was dich bald erwartet, mit keiner Mutter, keiner Schwester. Selbst Alemeh hast du nicht zu fragen gewagt.

»Gott wird dafür sorgen, dass du nicht allzu viele Schmerzen hast, wenn Mohamed sich mit dir vereint. Du bist doch hoffentlich noch Jungfrau?« Du hebst langsam den Kopf und nickst. Ja, auf den Feldern bist du Choda sei Dank noch in Ruhe gelassen worden.

Mit klopfendem Herzen folgst du den sachlichen Ausführungen der Maschateh über das, was in wenigen Stunden auf dich zukommen wird. Sie spricht schnell und wie nebenbei. Als du dich noch immer nicht rührst, packt sie kurz entschlossen deinen schmalen Arm und zieht dich ins Freie. Während sie dich über den Hof zerrt, bemerkst du die verständnislosen Blicke der Dorffrauen. Die Alte wirft dir den Tschador über und holt deine Badetasche. Dann verlasst ihr das Haus. Die Mauern werfen keine Schatten auf dem Weg zum Hammam. Niemand ist unterwegs, nur eine Katze folgt euch über den Dorfplatz.

Ich liebte große Feste. An die Hochzeit meiner Tante Latife erinnere ich mich besonders gut. Die Musik schallte hoch bis in die weit geöffneten Fenster, hinter denen die Frauen feierten. Während die Männer unten im Garten eher still beieinander saßen, tanzten und lachten sie laut und schwatzten vergnügt. Um die Stimmung auch unten ein wenig anzuheizen, kam mein Vater irgendwann zu Azar und mir und fragte uns, ob wir nicht im Garten bei den Männern tanzen wollten. »Dann bekommt ihr auch Schabasch.«

»Was ist Schabasch?«, fragten wir.

»Das ist das Geld, das die Gäste für die Tanzenden geben«, erklärte er uns. »Hübsch, wie ihr seid, bekommt ihr sicher besonders viel«, versuchte er uns zu locken. »Ihr kriegt auch jede fünf Toman von mir dafür.«

Azar verspürte wenig Lust, sich den Männern zur Schau zu stellen. Sie war mit ihren elf Jahren nicht mehr so unbefangen wie ihre kleine Schwester. Aber fünf Toman war nicht wenig Geld damals. So viel bekamen wir nicht einmal zu Neujahr. Das überzeugte sie. Ich hingegen war ohnehin neugierig auf die Männer da unten und hatte große Lust, ein wenig zu posieren, mein Kleid zu zeigen mit den rosaroten Blümchen und dem Petticoat darunter. Wir gingen also nach unten in den Hof, wo die Männer an Tischen um den Brunnen saßen und Tee und Wodka tranken. Auf ein Zeichen meines Vaters begannen die Musiker wieder zu spielen, traditionelle aserbaidschanische Melodien, zu denen ich mich hingebungsvoll mit meinem Petticoat drehte. Die Gäste klatschten begeistert und gaben uns Geldstücke, die wir in die Daf, eine Trommel aus gespanntem Ziegenfell, warfen. Azar, die sich eher schüchtern bewegt hatte, verschwand nach diesem kurzen Auftritt wieder in die Frauengemächer. Ich aber fand es großartig, für dieses Vergnügen auch noch Geld zu bekommen, und tanzte wie im Rausch weiter. Immer mehr Schabasch flog in die Daf, da sich die Gäste genötigt sahen, zur Tochter Hassan Maalis besonders großzügig zu sein. Irgendwann hörte das Orchester auf und legte die Instrumente für eine Pause beiseite. Aber wie groß war meine Enttäuschung, als die Musiker das Geld aus der Daf nicht mir gaben, sondern untereinander verteilten.

Entrüstet beschwerte ich mich bei meiner Großmutter: »Wieso bekommen die Musiker das Geld? *Ich* habe doch getanzt!!«

»Mädchen, die Musiker sind arme Leute«, klärte sie mich auf. »Sie müssen davon leben. Sie werden nicht jeden Abend auf ein Fest geladen. Manchmal haben sie nur einmal im Monat einen Auftritt oder während der Fastenmonate und Moharram gar keinen, denn in dieser Zeit ist es verboten zu feiern. Damit sie sich aber auch genug Mühe geben, wissen sie nicht, wie viel Geld sie bekommen werden. Dann machen sie nicht so viele Pausen und spielen besonders schöne Stücke, die Lust zum Tanzen machen. Die Höhe der Summe, die am Ende in der Daf liegt, ist ein Gradmesser für die Ehre des Gastgebers. Wie du siehst, ist dein Vater sehr angesehen.«

Ich verstand und schämte mich.

Es war schon spät am Abend, da nahm ich Azar beiseite und erzählte ihr, was es mit dem Schabasch auf sich hatte, und wir beschlossen, noch einmal nach unten zu den Männern zu gehen. Gerührt ließ uns der Vater gewähren. Wir tanzten, bis wir durchgeschwitzt waren, was selbst Hassan Maali in Verlegenheit brachte, denn so viel Geld wollte er seinen Gästen nun auch wieder nicht aus der Tasche ziehen.

Neben meinem Vater war es besonders meine Großmutter, die mich über die Dinge des Lebens aufklärte. Sie tat das oft in Form von Geschichten, die aber nie belehrend wirkten, im Gegenteil. Oft zeigte sie darin ihre Kritik an bestimmten Traditionen, die sie nicht guthieß. Vielleicht hoffte sie insgeheim, dass ich ein selbstbestimmteres Leben führen könnte, als es ihr vergönnt war.

Einmal erzählte mir meine Großmutter eine Geschichte aus dem Leben des Propheten über die Stellung der Frau in der Ehe. »Fatima, die Tochter Mohammeds, fragte eines Tages ihren Vater: ›Welche Frau wird als Erste das Paradies betreten?‹ Sie war sehr ehrgeizig und glaubte, als Tochter des Propheten und Frau des ersten schiitischen

Imams Ali würde sie das zweifelsohne sein. Doch ihr Vater nannte ihr eine andere Frau, was sie sehr kränkte. Umgehend machte sie sich auf, diese Frau zu besuchen. Vielleicht könnte sie ja noch etwas von ihr lernen und dann doch als Erste das Paradies betreten. Als sie jedoch klopfte und sich vorstellte, machte die Frau nicht auf, weil sie dafür erst die Erlaubnis ihres Mannes einholen müsste. Fatima sollte morgen wiederkommen. Am nächsten Tag brachte Mohammeds Tochter ihre Kinder mit, da sie nicht allein zu Hause bleiben wollten. Wieder konnte die Frau die Tür nicht öffnen, da sie inzwischen nur für Fatima ihren Mann um Erlaubnis gefragt hatte. Am dritten Tag ging Fatima wieder allein hin, und da erst durfte sie endlich das Haus der Frau betreten.

Auf dem Hof, auf den erbarmungslos die Sonne brannte, erblickte sie eine große Holzschale mit Wasser und ein Holzbrett darüber, auf dem ein Stück Brot lag. ›Weshalb lässt du das Wasser in der Hitze stehen und das Brot austrocknen‹, fragte sie verwundert die Frau. ›Im Haus wäre es doch viel besser aufgehoben?‹

›Weil mein Mann draußen bei den Tieren auf den Weiden auch warmes Wasser trinken muss und hartes Brot isst. Warum sollte ich es besser haben als er?‹, antwortete die Frau freundlich.

Fatima, beeindruckt von so viel Hingabe, nahm sich schon vor, es ihr gleichzutun, als sie neben der Hoftür einen großen Stock sah. ›Und wozu ist dieser Stock da?‹, fragte sie irritiert.

›Damit mein Mann, wenn er nach Hause kommt, mich sofort verprügeln kann, wenn ihm danach ist. Ich erleichtere ihm die Arbeit, wenn ich ihn gleich neben die Tür stelle.‹

Bei diesen Worten fiel Fatimas Blick auf einen langen Schlitz in der Pluderhose unter den weiten Gewändern der Frau, durch den man ihre Scham sehen konnte. Höflich versuchte die Tochter des Propheten der Gastgeberin beizubringen, dass sie den Riss besser nähen sollte.

›Aber nein‹, entrüstete sich die Frau. ›Das ist gut so, denn auch bei der Liebe will ich es meinem Mann so leicht wie möglich machen. Er soll sich nicht erst die Mühe machen, mir die vielen Kleider und Hosen auszuziehen.‹

Verwirrt verabschiedete sich Fatima. Und nach reiflicher Überlegung beschloss sie, lieber als Zweite das Paradies zu betreten.«

Als meine Großmutter geendet hatte, brach sie in unbändiges Gelächter aus und legte mir nahe, es dieser Frau niemals gleichzutun. Wahrscheinlich hatte sie sogar die Sache mit dem Stock und dem Schlitz erfunden, um mir diesen Unsinn noch drastischer vor Augen zu führen. In Frauenrechtsfragen war meine Großmutter, obwohl sie Analphabetin war und nur die Koranschule besucht hatte, sehr aufgeklärt. Sie kleidete sich elegant, und nie sah ich sie ohne Schuhe mit hohen Absätzen aus dem Haus gehen. Und sie konnte sich furchtbar aufregen, wenn sie Frauen bei der Hochzeit einer Tochter sagen hörte: »Ihr Fleisch schenke ich dem Mann, aber ihre Knochen gehören mir.« Die Art, wie sich Männer oft scheiden ließen, verurteilte sie zutiefst, vor allem, wenn sie ihre Frauen einfach wieder zu ihren Eltern zurückschickten und die Scheidungsurkunde ohne weiteren Kommentar kurz darauf nachfolgte. Sie war eine starke und angstfreie Persönlichkeit, vor der selbst mein Vater großen Respekt hatte.

Ihr seid die ersten Frauen nach dem morgendlichen Badegang der Männer. Du legst deine Kleider ab und legst sie auf die Bank. Du schaust auf deinen nackten Körper herab mit den kaum sichtbaren Brüsten. Dich schaudert bei dem Gedanken, dass fremde Hände ihn bald berühren werden. Schnell legst du dein Hüfttuch an und gehst in eine Kabine, wo du es wieder ablegst und mit schwarzem Schlamm, der langsam eintrocknet, dein Achsel- und Schamhaar entfernst. Du schreist auf, denn er brennt auf der Haut. Danach fühlst du dich noch dünner als sonst. Du knüpfst dein Tuch wieder über die Hüfte und betrittst den Badesaal. Inzwischen sind noch zwei Frauen gekommen. Der Maschateh läuft der Schweiß über das Gesicht, aber sie zieht sich nicht aus. Eine der Dalacks füllt heißes Wasser aus einem Wandbecken, zu dem sie auf einer Leiter hochsteigen muss, in deine Schale. Du knüpfst dein Tuch wieder ab und wäschst Körper und Kopfhaar, das du zum Schluss mit grünem Haarbalsam aus den Bergen spülst, der es glänzend macht.

Erschöpft möchtest du dich danach auf die Bank setzen, die das Becken umrundet, doch die Maschateh treibt dich zur Eile. Du wäschst dir zum Schluss noch einmal die Füße, denn so ist es vorgeschrieben. Dann ziehst du dich wieder an. Du hörst das raue Lachen der Maschateh und siehst, wie sich die Bademeisterin schwerfällig von ihrem rot gepolsterten Stuhl erhebt und die Bezahlung entgegennimmt. Sorgfältig verteilt sie die Münzen in die verschiedenen Schubladen des Kassenschrankes, jedem seinen Anteil: ihr, den Kamalis, denen das Bad gehört, und den Dalacks. Die Schublade für das Trinkgeld bleibt geschlossen.

Das Ansehen der Frauen zeigte sich vor allem im öffentlichen Bad. Hier wurden nicht nur die neuesten Geschichten ausgetauscht, hier zeigte man auch, wer man war. Zwar hatten wir zu Hause ein Bad, aber das war unbeheizt. Die Winter sind sehr kalt und schneereich in Maragheh, bis zu zwanzig, dreißig Grad unter null. Meterhohe Schneedecken schützten oben auf den Bergen die Weinstöcke vorm Erfrieren und verschütteten unten die kleinen Straßen, sodass man kaum noch die Dächer sah. Dann wurden für die Passanten Tunnel in die Schneewehen gegraben.

Dennoch gingen wir nicht nur im Winter ins öffentliche Bad. Einmal in der Woche wurde eine Faitun, eine Kutsche, bestellt. Das gehörte sich für eine Lady, als die sich meine Mutter empfand. Sie ging sehr selten aus dem Haus, die Fahrt ins Bad war eine dieser Gelegenheiten, sich zu zeigen. Bis Ende der fünfziger Jahre gab es kaum Autos in Maragheh. Die Stadt mit ihren vielleicht 20 000 Einwohnern war noch zu klein dafür. Wer es sich leisten konnte, fuhr mit der Faitun, deren halbe Türen unter dem Cabrioletverdeck beim Einsteigen hin und her schwangen. Ich liebte es, neben meiner Mutter durch die Stadt gefahren zu werden. Sie blickte dann immer sehr vornehm und gab mir das Gefühl, etwas Besonderes zu sein.

Der kuppelförmige Hammam war von außen reich mit Mosaiken verziert und innen fast gänzlich aus Marmor. Wir zogen uns aus, legten die Sachen auf die Bänke und gingen hinein. Einzig eine große, schwere Goldkette behielt meine Mutter um ihren Hals.

Einmal fragte ich sie: »Weshalb trägst du deinen besten Schmuck ausgerechnet im Bad?«

»Im Bad ist man nackt, und es gibt Frauen, die tragen ihn im Bad, damit man weiß, wie reich sie sind«, antwortete sie, als ob sie über andere spräche.

Ich musste lachen. Meine Mutter war offensichtlich genauso eitel wie die anderen Frauen. Aber das wagte ich ihr nicht zu sagen. Ich wollte ihr nicht wehtun.

Wie wohlhabend jemand war, zeigte sich auch am Long, einem bunten Tuch, das die Männer auf den Hüften, die Frauen bis über den Busen trugen. Nur wenige konnten sich ein seidenes Tuch leisten. Die meisten umhüllten sich mit Baumwolltüchern. Allein die Dalacks, die im Bad angestellten Frauen, hatten nur ein Höschen an, denn mit einem Tuch über der Brust hätten sie sich gar nicht schnell genug bewegen können. Ihre Körper sahen abgearbeitet und ihre Brüste schlaff aus. Sie mussten Wasser schöpfen, Handtücher verteilen und immer wieder die verstopften Abflüsse von schwarzen Haarbüscheln reinigen. Muslimische Frauen entfernen im Bad sämtliche Haare unter den Armen und der Scham, bevor sie sich mit Wasser übergießen und anschließend ins gemeinsame Bad steigen.

Wenn meine Mutter in die Badehalle trat, begrüßte sie ihre Freundinnen und gute Bekannte, indem sie eine Schale Wasser über die Schulter der anderen goss. Das bedeutet so viel wie »Hallo« und ist der Anfang einer Unterhaltung. Wasser bedeutet im Persischen übrigens »Licht, das Glück bringt«. Kannten die Frauen einander nicht so gut, schickten sie ihre Kinder mit einer Wasserschale zur Begrüßung. Bis zum sechsten Lebensjahr durften auch Jungen mit ins Bad. Die waren natürlich besonders neugierig.

Auch für mich war der Aufenthalt im Hammam ein

Schauspiel, ein spannendes Stück aus dem Leben der Frauen, das ich gebannt verfolgte. Hier zeigten sie all ihre kleinen Eitelkeiten, hier erfuhr ich die neuesten Gerüchte und hörte Geschichten und Schimpftiraden über Männer, Schwiegertöchter und Nachbarn. Meine Mutter beteiligte sich nie daran. Sie hielt sich stets abseits. Und wenn ich ihr eine der Geschichten erzählen wollte, gab sie mir einen kleinen Stoß und sagte: »Wasch dich lieber. Ich will das nicht wissen!«

Einige Frauen demonstrierten ihren Reichtum, indem sie ihre Dienerinnen mitbrachten. In Tschadors gehüllt, mussten die Frauen in der dampfenden Hitze die reich verzierten Silberschalen mit dem Wasser tragen und den Frauen und Kindern, auch wenn sie schon älter waren, beim An- und Ausziehen helfen. Sie selbst durften nicht mit ihnen zusammen baden. Einige Stunden später kamen sie wieder, mit einem großen Tablett voll Brot, Käse und Obst, Wassermelonen, Honigmelonen, Aprikosen, Trauben und Äpfeln. Ich sah, wie ihnen der Schweiß das Gesicht hinunterlief, doch geduldig warteten sie, bis ihre Herrschaften fertig waren. Ich empfand das als sehr ungerecht und sprach oft mit meiner Großmutter darüber. Damals habe ich viel nachgedacht über diese Ungleichheit. Bei meiner Großmutter fand ich immer ein offenes Ohr dafür.

Benommen, die Glieder vor Hitze und Schmerz glühend, trittst du in die Sonne. Die Maschateh nimmt dich wieder an die Hand. Du denkst an das Mädchen aus Komar. Es bekam in der Hochzeitsnacht so starke Blutungen, dass es nach drei Tagen starb. Keine Heilasche konnte das Blut stillen.

Zu Hause setzt die Maschateh ihre Arbeit fort. Sie zupft deine Augenbrauen zu schmalen Bögen und entfernt mit einem Faden alle übrigen Gesichtshaare. Im Nebenzimmer wartet bereits der Mullah auf dich. Dein Vater und der Bruder deines zukünftigen Mannes werden deine Trauzeugen sein. Sie waren zuerst bei Mohamed gewesen, um die Einwilligung zur Hochzeit zu erhalten.

»Gelobt sei Allah«, begrüßt dich der Mullah, nachdem dich die Maschateh endlich entlassen hat, und beginnt mit der Hochzeitszeremonie. »Tara Zendeh, bin ich bevollmächtigt, deine Ehe zu schließen, so antworte mit Ja.«

Du weißt, dass dies nach islamischem Recht auch dein Jawort zu Mohamed ist. Zögernd schaust du dich um. Die erwartungsvollen Gesichter der Frauen schrecken dich ab. Nein, sagst du dir, ich will nicht, ich will das alles nicht. Ich möchte frei sein und keinen Mann haben, der mich einsperrt, der mich bestrafen kann, selbst wenn er Unrecht hat.

Dein Vater, der ahnt, was in dir vorgeht, fasst dich am Arm: »Antworte, Tara!« Du senkst den Blick. »Ja«, sprichst du gehorsam.

»Dann unterschreib.«

Vorsichtig tauchst du deinen Zeigefinger in die Tinte und setzt deinen Abdruck unter die Urkunde und das Heiratsregister.

»Aller Preis gebühret Allah!« Der Mullah hebt die Hände zum Hochzeitsgebet. »Wen Er auf den rechten Pfad leitet, der kann von niemandem fehlgeleitet werden, und wen immer Er zum Fehlgeleiteten erklärt, der kann von niemandem auf den rechten Pfad geleitet werden …«

Mein Vater hatte es als Zwischenhändler mittlerweile zu einigem Wohlstand gebracht. Doch er hatte neue Ideen, mit denen er in Zukunft Geld machen konnte. Eines Tages sagte er zu meiner Mutter: »Chamba, bald wirst du mit dem Auto zum Bad fahren! Ich werde in Maragheh ein Taxiunternehmen aufbauen. Und ich prophezeie dir, dann wird es hier kaum eine Kutsche mehr geben.«

»Aber was soll dann aus all den Kutschern werden?«, wandte meine Mutter schüchtern ein. Sie konnte sich nur schwer vorstellen, in Zukunft auf ihren Faitun zu verzichten. Die Autos, die sie in Maragheh bisher zu Gesicht bekommen hatten, erschienen ihr wenig verlockend.

»Ich werde ihnen vorschlagen, einen Führerschein auf meine Kosten zu machen und dann die Taxis von mir zu pachten«, wischte mein Vater ihre Bedenken fort.

Mit großem Enthusiasmus setzte er sein Vorhaben in die Tat um. Das Geld für die ersten zwölf Taxis finanzierte er zum größten Teil über Kredite. Und obwohl sich die Kutscher anfangs wehrten, er von einigen sogar Drohungen bekam, war er schnell erfolgreich. Bald gab es nur noch wenige Faituns in der Stadt, vor allem für die alten Leute wie meine Großmutter, die den lauten und stinkenden Gefährten misstrauten, die plötzlich die ruhigen Straßen unsicher machten. Chamba hingegen konnte sich ein Leben ohne Auto schon nach kurzer Zeit nicht mehr vorstellen.

Anfang der siebziger Jahre sicherte sich mein Vater das Peugeot-Monopol in Maragheh. Von einer Reise nach Frankreich brachte er die Verkaufslizenz für den Peugeot 502 mit. Acht Wagen hatte er allein für sich und seine Familie gekauft. Auch mein Lieblingsonkel Karim hatte einen bekommen. Er war verrückt nach Autos, und gerade diesen Peugeot liebte er besonders. Er hütete ihn wie seinen Augapfel und besitzt ihn noch heute. Anders mein Vater. Er hatte das Talent, in kürzester Zeit die Wagen zu demolieren. Selten fuhr er in unseren Hof ein, ohne dass etwas passiert war. Entweder war er in einen Graben gestürzt oder er hatte ein Haus gerammt oder einem anderen die Vorfahrt genommen. Nie gab er zu, dass er schuld war. Immer waren es die anderen, selbst der Graben, der da nicht hingehörte, oder die Garage, die einfach falsch gebaut war. Wir haben uns darüber lustig gemacht und ihm vorgeschlagen, sich lieber von anderen fahren zu lassen. Doch das lehnte er brüsk ab, er fuhr einfach gern Auto.

Das Taxiunternehmen hat meinen Vater in Maragheh zu einer stadtbekannten Persönlichkeit gemacht. Doch Achtung und Berühmtheit verdankte er auch seiner Tätigkeit als ehrenamtlicher Konkursverwalter. Er hatte am eigenen Leibe erfahren, wie es war, bankrott zu sein und von heute auf morgen von ganz oben nach ganz unten zu fallen, deshalb nahm er kein Geld dafür. Wenn jemand in Not geraten war, schickte er meinem Vater heimlich einen Boten, Telefon gab es damals noch nicht, und vereinbarte ein Treffen. Die Gespräche fanden dann auf Friedhöfen, in Weinbergen oder Berghütten statt, wo niemand sie sehen und hören konnte, denn diese Geschäftsleute waren meist bereits auf der Flucht vor ihren Gläubigern. Da sie sich nicht mehr in der Öffentlichkeit zeigen konnten, überschrieben sie meinem Vater alles, was sie noch hatten, und bevollmächtigten ihn, an ihrer statt mit den Gläubigern zu verhandeln. Hassan Maali suchte sie daraufhin auf und diskutierte mit ihnen: »Du willst 10 000 Toman? Du kannst aber nur 2000 bekommen, mehr ist nicht drin, da ich die verbliebenen Toman unter zehn Schuldnern wie dich zu verteilen habe.« Es war oft ein schwieriges Unterfangen, das sich wochenlang hinziehen konnte, bis mein Vater den Gläubigern klar gemacht hatte, sich entweder mit der vorgeschlagenen Summe zufrieden zu geben oder gar nichts zu bekommen.

Einmal war ich Zeugin einer solchen Aktion. Ein Freund meines Vaters kam eines Nachts heimlich zu uns und verschwand mit ihm sogleich in den Keller. Ich war neugierig und wollte hinterherschleichen, um zuzuhören, aber meine Großmutter verhinderte das. Der Fall dieses Mannes war besonders dramatisch. Er war Händler und die Familie hatte von einem Palast in ein kleines Zimmer außerhalb von Maragheh fliehen müssen. Nichts, so schien es, konnte von ihrem Besitz gerettet werden. Aber mein Vater rettete auch diesen Freund vor dem totalen sozialen Abstieg, und bald darauf musste er sich nicht länger verstecken. Auf diese Weise hat Hassan Maali vielen Menschen zu einem Neuanfang und einem Leben in Würde verholfen.

Das Vertrauen der Maragheher ihm gegenüber führte ihn auch zu einem Ausflug in die Politik. Vier Jahre lang war er Stadtrat. Für die nächste Wahlperiode jedoch ließ er sich nicht mehr aufstellen. Ich war sehr stolz darauf gewesen, dass er sogar die politischen Geschicke der Stadt mitbestimmte, und konnte das nicht verstehen.

»Pedar, weshalb hörst du einfach damit auf?«, drang ich in ihn.

Erst wollte er mir darauf nicht antworten. Doch dann erklärte er mir seinen Entschluss in Form einer Geschichte: »Es war einmal ein Vater, der wollte, dass sein Sohn unbedingt Musiker würde. Er sollte die Trommel spielen. Nun sind ja, wie du weißt, im Islam die Musiker nicht gut angesehen, und deshalb nennen die Mullahs sie abfällig Mutrebs, ›Freudenbringer‹. Als der Sohn alt genug war, suchte der Vater einen bekannten Trommler auf und bat ihn, seinen Sohn auszubilden.

Doch der meinte, nachdem er ihn kurz betrachtet hatte: ›Dein Sohn kann noch kein Mutreb werden. Dafür ist er zu schüchtern. Lass ihn einmal auf den Strich gehen, dann gibt sich das.‹

Der Vater bedankte sich und verließ den Musiker. Einige Wochen später kam er wieder und sagte: ›Meister, ich tat, wie du mir geheißen. Weil ich aber will, dass mein Sohn ein wirklich guter Musiker wird, ist er gleich hundertmal auf den Strich gegangen.‹

›Oh‹, rief daraufhin der Trommler aus, ›dann kann er auch kein Mutreb mehr werden. Jetzt ist er reif für die Politik!‹« Mein Vater rückte die Brille von der Nasenspitze wieder zurecht und blickte mich mit seinen klugen schwarzen Augen an. »Soll ich dir noch mehr erklären, Gisim, meine Tochter?«

»Das reicht«, antwortete ich. Ich hatte verstanden und musste später oft an seine Worte denken.

Mein Vater ging in seinem Leben immer wieder Unternehmungen an, die ein hohes finanzielles Risiko bargen. Er war eine Spielernatur. Aber meist hatte er Glück. Eines Tages brachte er von einer Italienreise eine Mandelknackmaschine mit, die erste im Iran. Mandeln gehören neben Nüssen und getrockneten Früchten zu den Hauptausfuhrprodukten aus Maragheh, vor allem in die Sowjetunion. Bisher knackten Frauen die Mandeln mit der

Hand und sortierten sie dann. Die Schale wird extra verkauft. Sie ist ein begehrtes Brennmaterial für Holzöfen. Tonnenweise lagerten diese Schalen in unserem Keller, und wir Kinder liebten es, darin zu spielen.

Arbeiterinnen brauchte er nur noch zum Sortieren. Einige Frauen konnte mein Vater fortbilden und wieder einstellen. Aber die meisten musste er entlassen, was ihm nicht leicht fiel. Doch Hassan Maali wusste, dass er keine andere Chance hatte, wenn er auch weiterhin unternehmerisch erfolgreich sein wollte.

Da die Mandelverarbeitung Saisonarbeit war, baute er noch eine Rosinenfabrik. Dafür kaufte er ein Gelände, das heute zu Maragheh gehört, aber damals noch außerhalb der Stadt lag. Vom Frühjahr bis zum Spätherbst werden in den Weinbergen rund um Maragheh über dreihundert Sorten Trauben geerntet. Wasser gibt es genug. Obwohl der einzige Fluss in der Stadt heute ausgetrocknet ist, fließt es in unterirdischen Strömen von den Bergen ins Tal. Früher wurden die Trauben mitsamt den Stängeln und Stöckchen getrocknet, sie anschließend mit der Hand abzulösen, war für die Weinbauern sehr mühsam. Deshalb war mein Vater schnell mit ihnen ins Geschäft gekommen, dass sie ihm Säcke mit den unbearbeiteten, zusammengepressten Rosinen verkauften. In seiner Fabrik wurden sie dann in wesentlich kürzerer Zeit gewaschen, von allem Beiwerk gereinigt, mit Paraffin geölt und verpackt. Die Investition hatte sich gelohnt, bald reichte eine Fabrikhalle nicht mehr aus. Und bis heute, unter der Leitung von vier meiner Brüder, werden die Rosinen nach Italien, in die Sowjetunion und nach Deutschland exportiert.

Das Klatschen und Stampfen der Frauen wird immer heftiger. Seit Stunden tanzen sie zu den wilden Rhythmen der Daf und wirbeln ihre Röcke durch die stickige Luft. Roghayas zarte Hände fliegen über das Ziegenfell und schicken die Klänge in die Nacht über Hessar. Dieser Abend gehört allein den Frauen. Die Männer essen bei Mohamed. Selbst die Kinder müssen draußen bleiben. Ab und zu nur spähen sie herein, um einen Blick auf die Braut zu erhaschen. Du sitzt in einer Ecke und starrst teilnahmslos auf den Trubel, der doch ganz allein dir gilt.

Gegen Mitternacht erstirbt die Trommel. Dein Vater und die Dorfältesten stehen in der Tür. Das Fest ist zu Ende. Man setzt dich auf einen Esel und führt dich unter Lachen und Gejohle zu Mohameds Haus. Tara, das schönste Mädchen von Hessar, hat endlich einen Mann. So hat es verfügt Allah der Allmächtige, denn »eure Frauen sind euch ein Acker«. Du möchtest ein Vogel sein, eine Maus, ein Nichts – nur nicht Tara.

Der Islam spielte bei uns zu Hause eine sehr untergeordnete Rolle. Anders als die Väter meiner Freundinnen sah ich Hassan Maali nie beten. »Ich muss nicht fünfmal am Tag auf die Knie gehen, um zu beweisen, dass ich an Gott glaube«, pflegte er zu sagen. In die Moschee gingen wir nur zum Ramadan, und das auch mehr aus Neugierde. Einzig meine Großmutter betete hin und wieder, aber sie sprach nicht über Religion. Auch meine Mutter habe ich als Kind nur selten beten und fasten sehen. Sie wurde wie viele Menschen erst im Alter religiös. Als ich schon in Deutschland war, besuchte sie mich für längere Zeit. Nachdem sie die Wohnung betreten hatte, wollte sie als

Erstes wissen, wo Mekka ist, damit sie ihren Gebetsteppich danach ausrichten konnte. Mein Sohn Ali und ich, wir sahen uns an und wurden rot. Ich war selbst kein gläubiger Mensch und hatte ihn nie zum Beten angehalten. Wir wussten es einfach nicht. Doch wir schämten uns, das Chamba zu zeigen. So zeigten wir spontan in irgendeine Richtung, zum Glück in die gleiche.

Fünf Wochen später kam Ali aus der Schule und winkte mich ungeduldig ins Schlafzimmer. »Nanni, guck mal«, sagte er aufgeregt, »ich hab einen Kompass. Mekka liegt genau in der anderen Richtung!«

Wir hatten ein denkbar schlechtes Gewissen. Minutenlang überlegten wir, ob wir Chamba über den Irrtum aufklären sollten. Aber dann fassten wir uns ein Herz, sagten es ihr und entschuldigten uns damit, dass wir in Deutschland wären.

»Was wollt ihr?«, sagte sie daraufhin lächelnd. »Ihr kennt Gott schlecht. Choda ist barmherzherzig und akzeptiert alles. Ab heute bete ich eben in die andere Richtung.«

Ich kam wohl in meinem Umgang mit dem Islam eher nach meinem Vater. Überhaupt wollte ich ihm nacheifern, obwohl ich ein Mädchen war. Ich war stolz auf ihn und strengte mich in der Schule ganz besonders an, denn auch er sollte stolz auf mich sein, nicht nur auf meine Schulleistungen, ebenso auf meine Widerspenstigkeit und darauf, dass ich Unrecht nicht ertragen konnte. Natürlich machte ich auch viel Unfug, von dem meine Eltern jedoch nur selten etwas erfuhren. Bis auf eine Geschichte, die mir schmerzlich zeigte, was es bedeutet, ein Tabu zu verletzen.

Es war Anfang der siebten Klasse. Ich war dreizehn

und ging auf das naturwissenschaftlich orientierte Soraya-Gymnasium, das auch Azar seit zwei Jahren besuchte. Dort wurden wir von einem Arabischlehrer unterrichtet, der uns Mädchen Angst einflößte. Seine Blicke waren aufdringlich und oft brachten uns seine anzüglichen Worte in Verlegenheit. Am schlimmsten war, dass er während des Unterrichts immer die Hand in der Hosentasche hatte und mit seinem Penis spielte. Angewidert blickten die Mädchen weg, doch niemand beschwerte sich öffentlich. Das machte mich wütend, denn ich spürte genau, dass nicht nur ich darunter litt. Aber mit Erwachsenen darüber zu reden war unmöglich. Das wäre in dieser Kultur eine Schande gewesen. Also zeigten wir unseren Hass mit Gesten, aber keine wagte, etwas dagegen zu unternehmen.

Eines Tages, als der Arabischlehrer wieder damit anfing, habe ich ihn einfach mit seinem Glied in der Hand gezeichnet und das Bild durch die Klasse gegeben. Ich konnte ganz gut zeichnen. Viele meiner Bilder hatten Preise gewonnen und zierten die Klassen- und das Direktorenzimmer. Die Mädchen fingen natürlich an zu kichern, als sie das Gemalte sahen. Der Arabischlehrer bemerkte die Unruhe und entdeckte die Zeichnung. Auf der Stelle verließ er das Klassenzimmer. Kein Mädchen sagte ein Wort. Wie gelähmt saßen wir da, bis ich zur Direktorin gerufen wurde. Unverzüglich musste ich meine Sachen packen und bis auf weiteres zu Hause bleiben. Die Geschichte sprach sich zwar wie ein Lauffeuer in der Schule herum, aber kein Mensch unterstützte mich und zog den Lehrer zur Verantwortung. Niemand.

Zu Hause redeten sie auch nicht mit mir über den Vorfall. Alle taten so, als wäre nichts geschehen, auch dann nicht, nachdem mein Vater in die Schule bestellt worden war. Er hat mich nicht ausgeschimpft. Nichts. Meine Mutter hielt sich ohnehin aus solchen Sachen heraus. Einerseits war dieses Ignorieren die schlimmste Strafe, andererseits sprachen sie ansonsten ganz normal mit mir, sodass ich hoffte, sie wären irgendwie meiner Meinung. Ich habe einfach nicht erfahren, was meine Familie über die Sache dachte. Ich fühlte mich nur unendlich einsam und im Stich gelassen. Selbst mit Azar konnte ich nicht darüber reden. Sie sagte nur zu mir: »Das Schwein wird uns bestimmt durchfallen lassen.«

Sie sollte Recht behalten.

Nach drei Tagen durfte ich wieder zur Schule gehen. Weiterhin hatte ich bei dem Arabischlehrer Unterricht. Da sich keiner außer mir über ihn öffentlich beschwert hatte, blieb die Schande an mir haften. Ich war ein unmögliches Kind, das versucht hatte, seinen Lehrer zu diffamieren. Immerhin unterließ er fortan die bewusste Geste. Aber Azar und ich fielen tatsächlich in Arabisch durch, was bedeutete, dass wir das Schuljahr wiederholen mussten. Mir tat das sehr Leid für meine Schwester. Doch sie reagierte erstaunlich gelassen: »Mach dir keine Sorgen, Behjat«, beruhigte sie mich. »Hassan soll uns auf eine andere Schule schicken.« Mein Vater hatte uns das ohnehin schon vorschlagen wollen. Und so wechselten wir auf das geisteswissenschaftlich orientierte Gymnasium von Maragheh. Meine Schwester blieb nur ein Jahr dort. Sie wiederholte das neunte Schuljahr und ging danach zurück zum Soraya-Gymnasium, denn ab der zehnten Klasse gab es dort kein Arabisch mehr. Ich folgte ihr nicht, ich hatte anderes im Sinn.

Dieses Schweigen über offensichtliches Unrecht hat

mich nicht losgelassen. Vor allem mit Azar hatte ich das Bedürfnis zu reden, da ich ihr ein Jahr ihres Lebens gestohlen hatte. Erst als wir längst selbst erwachsene Kinder hatten, kam sie darauf zu sprechen. »Du hast es ihm aber gegeben!!«, sagte sie und lachte unbändig. Warum nur so viele Jahre zu spät?

Nicht viel anders erging es mir mit meinem Vater. 1997, ich war bereits in Deutschland, trafen wir uns in Istanbul. Wir hatten uns acht Jahre nicht gesehen. Er hatte Krebs und saß im Rollstuhl. Meine Mutter und meine jüngere Schwester begleiteten ihn. Wir wussten, dass dieses Treffen unser letztes sein würde, und hatten uns in einem Hotel eingemietet, das wir kaum verließen. Das Essen nahmen wir auf dem Zimmer ein. Die meiste Zeit saßen wir zusammen und erzählten uns alte Familiengeschichten. Mein Vater war schon sehr schwach, hatte aber seinen Humor nicht verloren. Eines Tages fing er ohne Übergang plötzlich laut an zu lachen.

»Worüber lachst du?«, fragte ich ihn.

Und da antwortete er: »Über deinen Arabischlehrer, dieses Schwein, dem du seinen Dudul in die Hand gegeben hast!«

Zuerst wurde ich rot, da man über diesen Körperteil auch mit einem alten Vater nicht redet. Doch dann sagte selbst meine Mutter: »Mensch, war das eine Aufregung! Einerseits haben wir uns geschämt, denn es war uns unendlich peinlich. Andererseits fanden wir, dass du das ganz richtig gemacht hast!«

Meine Eltern hatten also sehr wohl abends in ihrem Zimmer über die Sache gesprochen. Warum zeichnete sie nicht den Englischlehrer oder den Nachbarn, fragten sie sich. Mein Vater hatte daraufhin Nachforschungen über den Arabischlehrer angestellt. Denn diese Geschichte betraf auch seine Ehre. Die Stadt war damals noch sehr klein. Man kannte einander. Mein Vater hatte schnell herausbekommne, was für ein Typ der Lehrer war. Aber darüber mit mir gesprochen, geschweige denn etwas gegen ihn unternommen, hatte er nicht. Das Tabu war stärker.

Ein Jahr später starb er. Zu seiner Beerdigung konnte ich nicht kommen. Aber mein jüngerer Bruder Hossein erzählte mir, dass ganz Maragheh und viele Leute aus Täbris von ihm Abschied genommen hätten. Nicht einmal bei der Revolution wären solche Menschenmassen unterwegs gewesen. Mein Vater war ein Symbol für Rechtschaffenheit und originellen Wagemut, der die Stadt bereichert hat. Viele Menschen standen in der Moschee auf und gingen nach vorn zum Mullah ans Mikrophon, obwohl das – anders als in Deutschland – bei Beerdigungen unüblich ist. Sie erzählten den anderen, was für Geschichten sie mit Hassan Maali erlebt hatten, was für ein ungewöhnlicher Mensch er gewesen war.

Du stehst auf dem Dach deines Hauses und rufst deine Söhne herein. Ihr Ball ist gerade in hohem Bogen in den Hof der Nachbarin geflogen. Sie klopfen lachend an deren Tür. Du nimmst die Wäsche ab und suchst den Horizont nach Mohamed ab, der vor zwei Tagen mit den anderen Männern zum Großmarkt nach Haschtgerd geritten ist. Über zehn Esel waren es, beladen mit Feldsalat und Kräutern. Letzte Woche hatten sie nur die Hälfte verkaufen können, denn die Unruhen in Teheran und Täbris machen die Großhändler vorsichtiger. Du hoffst, dass Mohamed dir dennoch wieder Stoffe und Kleider für die Kinder mitbringt.

Du denkst mit Zärtlichkeit an ihn, denn er ist gut zu dir. Die Maschateh hat dich nicht belogen. Selbst als du dich ihm die erste Nacht verweigertest und du dir lieber in den Finger geschnitten hast, um den wartenden Frauen anschließend das Blut der Jungfräulichkeit zeigen zu können, selbst als ihr dann sieben Jahre lang kinderlos bliebt, hat er dich nicht geschlagen und sich keine zweite Frau genommen. Er hat das Getuschel hinter seinem Rücken ertragen: »Lieber eine hässliche Frau, die viele Kinder bringt, als eine schöne, die keine bekommt ...« Vielleicht hat er gedacht, er sei schuld daran, da er mit seiner ersten Frau auch keine Kinder hatte. Du bist ihm dankbar dafür. Nie wirst du sein Gesicht vergessen, als du ihm seinen ersten Sohn Ahmad zeigtest. Alle Falten lächelten. Vorsichtig nahm er ihn in den Arm und hüpfte auf seinen alten krummen Beinen wie ein Derwisch durchs Zimmer: »Oh, Choda ist barmherzig und weise, oh, Choda ist barmherzig.« Dann flüsterte er ins rechte Ohr seines Erstgeborenen das Azan-Gebet und ins linke den Namen des Kindes. Nie betete er inbrünstiger: »Aa-Salam, alaykum! Besmellaher Rahmam Al Rahim, im Namen Gottes ...«

Seeba liegt in der Wiege und schläft. Du streichst dir eine widerspenstige Strähne unters Kopftuch. Du bist eine zufriedene Frau.

Als ich sechzehn war, hörte ich von einem Internat in Täbris, das ab der zehnten Klasse Grundschullehrerinnen ausbildete. Es nannte sich »Haus der Bildung«. Das war genau der Beruf, den ich ergreifen wollte. Schon als Kind hatte ich mich am liebsten vor meine Freundinnen und Brüder gestellt und »Lehrerin« gespielt. Ich hatte immer einen Stock und ein Stück Kreide in der Hand. Das gehörte sich so für einen Lehrer, dachte ich. Manchmal saß ich im Unterricht und malte mir aus, welch erhabenes Gefühl es sein muss, vorn zu stehen und anderen Wissen zu vermitteln.

Ich erzählte zuerst meiner Großmutter von meinem Vorhaben. Sie fand die Idee großartig: »Das wolltest du doch schon immer, Kind!«

Nach einer Aufnahmeprüfung erhielt man zwei Jahre lang auf Kosten des Staates eine Ausbildung. Anschließend wurde man verbeamtet. Mein Vater hatte nichts dagegen. Die Sache hatte nur einen Haken, wie mein älterer Bruder Dariusch herausgefunden hatte. Die Studentinnen mussten einen Vertrag unterschreiben, dass sie nach dem Studium vier Jahre lang auf kleinen Dörfern arbeiten, in denen es bisher keinen Lehrer gab. In dieser Zeit haben sie kein Recht auf Kündigung.

Das gefiel wiederum meinem Vater gar nicht. »Ich kann dich doch nicht zu diesen kulturlosen Dörflern lassen! Kommt gar nicht infrage!« Damit war die Sache für ihn erledigt. Kein Betteln und Flehen half. Ohne seine Zustimmung war ich machtlos. Meine Mutter stand ohnehin auf seiner Seite. Doch so schnell wollte ich meinen Traum nicht aufgeben. Ich konnte mir gar nichts anderes vorstellen, als Lehrerin zu werden. Schließlich schaltete sich meine Großmutter ein. Sie verstand mich als Einzige, denn wir waren uns charakterlich sehr ähnlich. »Ich werde mit Hassan reden«, versprach sie. »Wir werden schon eine Lösung finden.«

Das beruhigte mich etwas. Sie hielt Wort und schlug meinem Vater vor, mich zu begleiten, wenn ich später in die Dörfer gehen müsste. Sie würde ihre Nähmaschine mitnehmen und sich als Schneiderin nützlich machen. Ihre Kleider nähte sie stets selbst. Die ganze Familie trug ihre Modelle, denn nur sehr Reiche kauften ihre Garderobe in Geschäften. Erst nach Wochen endloser Diskussionen gab mein Vater endlich nach und sagte resigniert: »Dieses Fliegengewicht kriegt doch letztlich immer, was sie will.«

Meine Großmutter, die sich so darauf gefreut hatte, mich auf meinen ersten Schritten als Lehrerin zu begleiten, starb genau an dem Tag, als ich das Haus verließ, um in Täbris mein Studium zu beginnen. Und ich fühlte zum ersten Mal, wie nah beieinander Trauer und Glück sein können. Sie würde mir fehlen in meiner neuen Heimat, ihre Weisheit, ihre Güte, ihr Humor, vor allem aber ihre Geschichten, mit denen sie mir die Welt jenseits von Tradition und Norm erklärte. Sie haben mich in meinem Selbstbild als Frau zutiefst geprägt und mir gezeigt, was Leben heißt.

Deine Schreie zerschneiden die Morgendämmerung von Hessar. Du reißt dir die Haare aus und schlägst den Kopf auf den Boden. Mohamed liegt auf seiner Matratze neben dem noch warmen Korssi. Er ist tot. »Choda, warum hast du mich verlassen. Was habe ich dir getan, dass du mir meinen Ernährer genommen hast?« Du stößt die kleine Seeba, die sich an dich klammert, von dir und wirfst dich auf Mohameds erstarrten Körper. Ahmad und Wahid stehen stumm an der Tür.

Als dein Schreien langsam in Schluchzen übergeht, betten dich die Frauen zur Ruhe und breiten die Decke vom Korssi über dich.

Du hast es nicht geglaubt, dass es eines Tages zu Ende

sein könnte, obwohl Mohamed schon über siebzig war. Ihr hattet gerade begonnen, an den Abenden gemeinsam einen neuen Teppich zu knüpfen. Er hat dir wunderschöne Muster beigebracht, denn seine Vorfahren waren Teppichknüpfer aus Täbris. Als er nicht mehr aufs Feld ging, dachtest du an eine vorübergehende Krankheit, riebst ihn mit Opiumwasser ein und machtest ihm heiße Ölumschläge, um den quälenden Husten zu lindern. Einen Arzt wollte Mohamed nicht holen, da er aus der Stadt kommen müsste und zu teuer war. Das Geld war knapp geworden in den letzten Monaten. Der Tod kam dir einfach nicht in den Sinn.

Täbris ist die größte Stadt im Nordwesten Irans. Sie liegt nördlich von Maragheh in einem wasserreichen Tal am Rande des Kuh-e Sahand, eines erloschenen dreitausend Meter hohen Vulkans, am Talche-Fluss. Heiße Thermalquellen locken seit Jahrhunderten Kranke an. Das persische Wort »tab-riz« bedeutet »das Verschwinden des Fiebers«. Der aus dem fünfzehnten Jahrhundert stammende Bazar ist einer der wichtigsten und größten im Nahen Osten, berühmt für seine Teppiche, für Silber und Juwelen und seine zahlreichen Gewürze. Die Stadt spielte in unseren Familiengeschichten immer eine große Rolle, da mein Großvater Sadrol Maali dort gelebt hat. Außerdem galt sie als das Zentrum der aserbaidschanischen Autonomiebewegungen, ein immer wiederkehrender Diskussionsstoff zwischen meinem Vater und meinen Brüdern.

Das »Haus der Bildung« lag am Stadtrand, inmitten eines von Mauern umgebenen Parks, den man durch ein hohes Tor betrat. Sogar einen Sportplatz besaß das Internat. Das Lernpensum war enorm. Wir hatten doppelt so viele Stunden pro Woche zu absolvieren wie in einem Gymnasium und wurden auch in Kinderpsychologie, Pädagogik und Philosophie unterrichtet. Weitere Fächer, die es normalerweise nicht am Gymnasium gab, waren Pfadfinder und Musik. Unser Musiklehrer war ein hervorragender armenischer Geiger, der später sogar noch eine Karriere im Teheraner Iranischen Sinfonieorchester machte. Außerdem hatten wir Koranlehre für Grundschüler. Hier lernten wir einfache, kurze Verse, die zum Beten mit Kindern geeignet sind. Ansonsten hielt sich die Berührung mit dem Islam in Grenzen, außer zum Ramadan wurde niemals gebetet. Wir mussten auch kein Kopftuch tragen. Einen Tag in der Woche verbrachten wir in einer Sonderschule für Blinde und Taubstumme, um einige Grundelemente der Blindenschrift und der Zeichensprache für Taubstumme zu erlernen. All das sollte uns vor allem auf die vielfältigen Aufgaben, die in einer Dorfschule, in der man als Lehrerin dann allein sein würde, vorbereiten.

Mir machte das Studium großen Spaß, und so hatte ich oft die besten Noten. Besonders Psychologie und Kunst mochte ich sehr. Wir hatten einen damals bekannten Maler als Lehrer. In Persisch musste ich meine Aufsätze meist vorlesen. Am liebsten schrieb ich im Bus, wenn ich am Wochenende nach Hause fuhr. Ich blickte aus dem Fenster und versuchte das, was ich sah, so genau wie möglich wiederzugeben. Manchmal schilderte ich seitenlang, wie sich eine Wolke verändert, immer im Präsens, wie eine Serie von Momentaufnahmen.

Eines Tages stellte uns der Psychologielehrer übers Wochenende die Aufgabe, fremde Menschen zu beobachten und das Gesehene und Gehörte aufzuschreiben. Als ich zusammen mit zwei anderen Mädchen aus Maragheh im Taxi nach Hause fuhr, saßen vorn neben dem Fahrer noch dessen Verwandte, ein Mann und eine Frau aus Maschad, einem der heiligsten Orte Irans, der an der Grenze zu Afghanistan liegt. Ununterbrochen schimpften sie über ihre Schwiegertochter, die ihnen nichts gut genug machen konnte, und bezeichneten sie sogar als »Nutte«. Das machte mich neugierig, und ich beschloss, meine Hausaufgaben gleich an Ort und Stelle zu machen. Heimlich holte ich Stift und Schreibblock aus der Schultasche und schrieb einfach mit. Meinen Freundinnen, denen die Sache peinlich war, wollten mich davon abhalten, was ich ignorierte. Diese für iranische Verhältnisse sehr typische Milieustudie wollte ich mir nicht entgehen lassen. Obwohl selbst mein Vater mir davon abriet, machte ich ein Kabarettstück daraus, das zum persischen Neujahr in der Schule aufgeführt wurde.

Die Unterhaltung der Leute im Taxi erinnerte mich an eine Geschichte meiner Großmutter, als ich sie nach einem Hammambesuch gefragt hatte, weshalb die Mütter immer so schlecht über die Frauen ihrer Söhne redeten. »Iranische Mütter können ihre Söhne nicht loslassen und dulden deren Frauen nur widerwillig. Wenn in einer Sommernacht auf dem Dachgarten eine Mutter ihren Sohn mit der Schwiegertochter eng umschlungen schlafen sieht, so weckt sie die beiden und sagt ihnen, dass es ungesund sei, bei der Hitze so nah beieinander zu liegen. Und in der gleichen Nacht wird sie ihrer Tochter, die in gebührendem Abstand von ihrem Mann schläft, fürsorglich zuflüstern, bei der Kälte doch näher an ihn heranzurücken, damit sie sich gegenseitig wärmen können.«

Die Männer bringen Mohameds Leichnam zum Waschen in die Moschee. Du liegst am Korssi, starrst an die Decke und rührst dich nicht, einen Tag und eine Nacht lang. Die Frauen kümmern sich um deine Kinder. Als der Mullah zum Trauergebet ruft, stehst du auf, legst deinen Tschador um und gehst zur Moschee.

Gelb leuchtet Mohameds Gesicht unter den sieben Leinentüchern des Kafan. Du hörst die Geschichte von der Tochter des Propheten, die mit siebenundzwanzig Jahren starb und zwei Kinder hinterließ. »Abberufen wird euch Izrail, der Engel des Todes, der mit euch betraut ist. Dann werdet ihr zu eurem Herrn zurückgebracht.« Der Singsang des Mullahs verschmilzt mit dem Schluchzen der Frauen und dem Gemurmel der Männer. Du kniest nieder, stehst auf und kniest nieder. Deine Augen sind trocken. Hinter den Männern, die Mohamed auf den Schultern zum Friedhof tragen, führst du mit steifen Schritten den Zug der Frauen an. Ein eisiger Wind klebt dicke Schneeflocken auf dein Gesicht. Du wischst sie nicht fort.

Am vierzigsten Tag nach seinem Tod stehst du am Grab deines Mannes. Wilde Tulpen sprießen durch den Sand. Ein kleiner Stein bezeichnet die Stelle seines Kopfes. Hinter dir flüstern die Männer und Frauen von Hessar das Jasin. Du wirst sie nicht zum rituellen Essen einladen können. Dein Geld reichte nur für Halwa und Datteln. Morgen wirst du Alehems Mann bitten, deinen Schmuck zu verkaufen.

Das Internatsleben gefiel mir. Abends saßen wir Mädchen gewöhnlich auf dem Boden vor unseren Spinden, kramten in unseren Sachen und ersannen Streiche gegen die Lehrer. Wir verstanden uns, auch wenn der Konkurrenzkampf um die Noten untereinander manchmal etwas zermürbend war. Jede wollte besser sein als die andere. Um einander zu übertrumpfen, lernten wir sogar nachts. In einer Hinsicht haben wir uns immer geholfen. Wenn ein Mädchen ein besonders schönes Kleidungsstück hatte, wurde es für besondere Gelegenheiten verliehen. Ein Schottenrock mit einer großen goldenen Sicherheitsnadel hatte es uns besonders angetan. Er wanderte so oft herum, bis wir irgendwann nicht mehr wussten, wem er eigentlich gehörte. Im Alltag trugen wir eine Schuluniform.

Donnerstags durften wir immer ins Kino, aber niemals allein, immer nur in Gruppen. Ein Bus brachte uns hin und holte uns auch wieder ab. Es gab wenige Mädchen, die das Internat allein verlassen durften. Da ich sehr frei erzogen worden war, hatte ich meine Eltern gebeten, mir eine Ausgangserlaubnis zu geben. Ich nutzte sie nur zu wenigen Gelegenheiten, da ich die anderen Mädchen nicht neidisch machen wollte. Aber sie gab mir das Gefühl von Freiheit, das ich brauchte.

Ein Kinoerlebnis ist mir besonders in Erinnerung geblieben, denn wir sahen zum ersten Mal einen aserbaidschanischen Film. Meine Muttersprache, die wir zu Hause sprachen, wurde ebenso wie das Kurdische in iranischen Schulen nicht gelehrt, nur Persisch. Zur Schulzeit meines Vaters war es noch erlaubt, sodass er Aserbaidschanisch, das zu den Turksprachen gehört und dem anatolischen Türkisch sehr ähnlich ist, lesen und schreiben konnte. Später wurde Persisch Amtssprache, um die Einheit des aus vielen ethnischen Gruppen bestehenden Landes zu befördern. Auch die islamische Revolution hob das Verbot des Unterrichts in Aserbaidschanisch und Kurdisch nicht auf. Bis heute gibt es nur wenige Schulen, die es als Wahlfach anbieten. Bei der Einschulung kennen die Kinder oft kaum ein Wort Persisch, es sei denn, sie haben zu Hause ein Radio oder Verwandte aus Teheran. Und doch wird der Unterricht vom ersten Tag an aussschließlich auf Persisch abgehalten.

Es war ein alter sowjet-aserbaidschanischer Film, den wir an jenem Donnerstag sehen durften, in einer wunderbar altertümlichen und poetischen Sprache, wie sie nur noch im sowjetischen Teil Aserbaidschans erhalten ist. Er handelte von einem Mädchen, das an einen Fremden verheiratet werden soll, obwohl sie bereits einen armen Jungen liebt. »Ata, ay ata!«, beschwor sie immer wieder ihren Vater, was so viel heißt wie: »Vater, o Vater, lass mich einen armen Mann heiraten!« Diesen Satz haben wir auf der Heimfahrt immer wiederholt, und ich unterhielt noch Abende lang damit den Mädchenschlafsaal.

Die Liebe war ein ständiges Gesprächsthema. Allzu viele Männer bekamen wir nicht zu Gesicht. Voreheliche Liebesbeziehungen waren verboten. Und doch gab es Ausnahmen. Eines Tages sah ich im Spind eines Mädchens aus Maragheh das Foto eines schönen jungen Mannes. Sie war die Tochter eines Geschäftsfreundes meines Vaters und schon ein Jahr länger im Internat. Anfangs teilten wir uns ihren Spind. Als ich sie fragte, wer das sei, antwortete sie: »Das ist mein Onkel, der Bruder meiner Mutter. Aber bitte erzähl das nicht weiter. Mein Vater und dieser Onkel verstehen sich nicht so gut, und ich möchte keinen Ärger haben.« Kurze Zeit später beobachtete ich, wie der junge Mann das Mädchen abholte. Sie umarmten und küssten sich und gingen in die Stadt. Wie ich bald erfuhr, gab es jedoch gar keinen Onkel mütterlicherseits in ihrer Familie. Gewitzt hatte sie die strengen Regeln des Umgangs zwischen Mann und Frau umgangen. Geheiratet hat sie jedoch den schönen »Onkel« nicht.

Die Blicke der Frauen, wenn du das Dorf zum Feld hin verlässt, sind argwöhnisch. Niemand besucht dich mehr. Du bist eine junge, schöne Witwe, und die Frauen haben Angst um ihre Männer. Du achtest nicht darauf, bist froh, dass dir als Einziger Monirehs Mann auf seinem Feld Arbeit gegeben hat. Vielleicht hat Abdullah, dessen Gedichte für dich du einst belächelt hast, seinen Vater dazu überredet. Selbst der Großvater hatte dir davon abgeraten. »Das ist zu gefährlich, Kind.« Aber du musstest doch Geld verdienen für deine Kinder. Alemeh kümmert sich um sie, wenn du fort bist. Sie schlafen nachts schlecht, schreien auf und kriechen unter deine Decke. Sie fürchten, dass Mohameds Geist umgeht.

Alemeh hat dir erzählt, dass Abdullah dich noch immer liebt, obwohl er inzwischen verheiratet ist. Seine Frau Nazli habe sich bei ihrer Schwiegermutter beschwert, dass er kein Interesse mehr an ihr zeigt und dich heiraten möchte. Monireh sei außer sich gewesen und habe die Maschateh beschworen, endlich einen Mann für dich zu suchen.

Du bindest dein Kopftuch fester.

Nach iranischer Tradition waren wir gegen Ende unserer Ausbildung genau im richtigen Heiratsalter. Einige Mädchen waren schon verheiratet, andere verlobt. Meine beste Freundin Feri hatte bei einem Schulfest den Mann ihres Lebens kennen gelernt. Sie war ein hübsches Mädchen mit dunkelblondem, lockigem Haar und kam aus einer wohlhabenden Familie. Wir mochten uns sehr und brachten uns immer kleine Geschenke mit, wenn wir nach dem Wochenende wieder ins Internat kamen. Sie war eine gute Schülerin, nur das Schreiben fiel ihr schwer. Jeder Aufsatz war eine Qual für sie, und nur mit großer Mühe schaffte sie es, durch die Persischprüfungen zu kommen.

Der junge Offizier aus Teheran, den sie bei jenem Fest als Kellnerin bedient hatte, war auf den ersten Blick in sie verliebt. Schon eine Woche nach dem Fest hatte er vor der Tür ihrer Eltern gestanden und um ihre Hand angehalten. Vierzehn Tage später waren sie verlobt. Das ist nicht ungewöhnlich für iranische Verhältnisse. Der Vater holt Erkundigungen ein, ob das, was der Mann über sich erzählt, auch der Wahrheit entspricht und ob er aus einer passenden Familie stammt. Wenn alles zur Zufriedenheit der Familie ausfällt, gibt er die Zustimmung, und das Paar darf sich das Eheversprechen geben.

Bald erhielt Feri ihren ersten glühenden Liebesbrief von ihrem Verlobten Sasan und hatte ein Problem. Wie sollte sie ihm in ähnlich schönen Worten antworten? Verlegen zeigte sie mir den Brief: »Bitte schreib du für mich«, flehte sie mich an. »Du weißt doch, dass ich kaum zwei vernünftige Sätze zustande bringe. Was soll Sasan denn von mir denken?«

Ich fand das zwar etwas seltsam, wollte aber meine Freundin in dieser heiklen Sache nicht im Stich lassen. »Gut«, willigte ich ein, »wenn es dich glücklich macht!« Wenigstens der erste Brief sollte den Geliebten nicht gleich enttäuschen. Doch bei dem einen blieb es nicht. Sasan antwortete auf meinen Brief in überschwänglichen Worten, und von da an erhielt Feri fast täglich Post, die sie nicht zu beantworten wagte. Inständig bat sie mich, weiter für sie zu schreiben. Was sollte ich tun? So kam es, dass ich über ein Jahr lang sämtliche Liebesbriefe für meine Freundin beantwortete. Bald kannte ich Sasan so gut, dass ich schon wusste, was er als Nächstes schreiben würde. Aber die Sache wurde mir langsam unheimlich. Es tat mir weh, über Gefühle zu schreiben, die nicht die meinen waren, und einen anderen Menschen damit zu betrügen.

»Feri, wir müssen damit aufhören«, sagte ich eines Tages zu ihr. »In drei Monaten sind wir fertig mit der Ausbildung, dann wirst du ihn heiraten, und der Schwindel fliegt auf. Beichte Sasan lieber jetzt!« Wir stritten uns heftig deswegen.

Schließlich schrieb Feri tatsächlich ihren ersten eigenen Brief, viel kürzer und nüchterner, und das Ergebnis war eine Katastrophe. Sasan glaubte, sie hätte diesen Brief von jemand anderem schreiben lassen, weil sie ihn nicht mehr liebe. Er vermutete sogar, sie hätte einen anderen Mann kennen gelernt, und kündigte an, die Verlobung zu lösen. Erst da begriff Feri, dass sie so nicht weitermachen konnte, und klärte den Irrtum auf. Zum Glück verzieh er ihr, und sie heirateten, kurz nachdem sie das »Haus der Bildung« verlassen hatte.

Die Maschateh hat sich angekündigt. Du ahnst, warum. Das Abendessen, das du ihr anbietest, ist karg, Brot, Ziegenkäse, Tomaten und Datteln. Seit Tagen kommt kaum anderes auf den Tisch. Monirehs Mann hat dir gesagt, dass er dich nicht mehr lange beschäftigen kann. Er hat dich dabei nicht angesehen.

Nach den üblichen Begrüßungsformeln kommt die Maschateh zur Sache. Du sollst wieder heiraten. »Oder willst du deine Kinder verhungern lassen? Deine Trauerzeit ist bald zu Ende und die verheirateten Männer bekommen Stielaugen. Von den ledigen ganz zu schweigen. Das schafft Unfrieden im Dorf. Meinst du nicht auch, dass es dir mit einem guten Moslem als Mann wieder besser ginge?«

Du schaust auf deine Hände, die rissig geworden sind, und schweigst. Du willst keinen neuen Mann, womöglich als Zweitfrau und billige Arbeitskraft. Du willst ganz allein für dich und deine Kinder sorgen, ganz allein dein Brot verdienen. Deine Kinder sollen keinen Stiefvater haben, der sie schlägt und statt zu lernen zur Arbeit zwingt. Du bist stolz, dass deine Söhne zur Schule gehen.

Langsam schüttelst du den Kopf: »Später, Wafa Chanum, später. Lass mir und meinen Kindern noch Zeit. Sie haben so an Mohamed gehangen. Ihre Seelen sind jetzt Schmetterlinge im Winter.«

»Treib es nicht zu weit, meine Tochter, noch meine ich es gut mit dir.« Du hörst den drohenden Unterton und erschrickst.

Im März verlebte ich meine letzten Ferien zu Hause. Zwei Wochen waren mir vergönnt, in denen ich die ganze Schönheit des aserbaidschanischen Frühlings genießen wollte, dessen Höhepunkt das Newrus, das Neujahrsfest ist. Es wird am 21. März gefeiert, beginnt aber schon zehn Tage vorher mit dem Tamburinspiel schwarzgesichtiger Männer in roten Gewändern, die den Frühling verkünden. Als Lohn für die frohe Botschaft werden ihnen Münzen zugeworfen. Rund um das Neujahrsfest zelebrieren die Iraner zahlreiche Bräuche. In jedem Haus wird auf einem Tisch vor einem Spiegel als Zeichen für Glück eine Art kleiner Altar errichtet, auf dem Goldfische in einem Glas schwimmen und mindestens sieben Dinge stehen, die im Persischen mit dem Buchstaben ›S‹ beginnen: zum Beispiel eine feine Mehlspeise (Samanoo), Hyazinthen (Sonbol), selbst gezüchtete Kresse (Sabzeh), Äpfel (Sieb), Knoblauch (Sier), Weinessig (Serkeh), Weihrauch (Sepand) und Münzen (Sekkeh). Die Fische erinnern an jene Zeiten, als man die Erde noch für ein Scheibe hielt: Wenn sich mit dem Beginn des neuen Jahres die Erde dreht, sollten auch die Fische just mit dem Bauch nach oben schwimmen. Zwei Kerzenleuchter vor dem Spiegel symbolisieren den Respekt vor dem Feuer, ein aufgeschlagener Koran die Verbundenheit mit dem Islam. Bei uns zu Hause lag später allerdings statt des Korans ein Band mit Frühlingsgedichten von Hafis. Jugendliche laufen über die Dächer und lassen Stofftüten herunter, in die kleine Geschenke gesteckt werden. Mein Vater erlaubte sich dabei gerne einen Scherz und versenkte Müll oder unsere Katze darin. Es wird gesungen und getanzt, und überall brennen große Feuer, über die heiratswillige Mädchen springen, weil ihnen das Glück bringen soll.

Langsam machte auch ich mir Gedanken, welcher Mann für mich infrage käme. Eines Nachmittags saß ich mit meinen Eltern und Dariusch auf der Terrasse und trank Tee. Die Zwillinge schliefen und meine anderen jüngeren Brüder spielten bei den Nachbarn, sodass endlich einmal ein wenig Ruhe eingekehrt war. Da klopfte es. Ein junger Mann mit vollem schwarzen Haar und markanten Augenbrauen stand vor der Tür, den ich lange nicht gesehen hatte. Es war Fereidun, der Enkel von Fachrol Maali, dessen Tochter nach dem Tod des Staatsanwalts bei meinem Großvater in Täbris aufgewachsen war. Wir hatten uns als Kinder hin und wieder bei Verwandten dort getroffen, das letzte Mal, als ich elf war und er bereits einundzwanzig. Mittlerweile hatte er eine Ausbildung an der Militärakademie absolviert und begann gerade ein Jurastudium. Fereidun blieb eine ganze Woche. Wie sich bald herausstellte, wollte er mich eine Weile beobachten, ob ich für ihn als Frau infrage käme. Im Iran heiraten Verwandte häufig untereinander. Auch ich begann ihn daraufhin etwas genauer zu betrachten. Er hatte die Figur eines Leistungssportlers, und wie er mir erzählte, stand er tatsächlich jeden Morgen um vier oder fünf auf und joggte. Er schien mir ein gutmütiger Mensch zu sein. Am meisten gefielen mir seine feinen weißen Hände.

Kaum war ich wieder ins Internat zurückgekehrt, erhielt ich ein Päckchen von ihm mit mehreren Romanen. Sie waren unter dem Aspekt der Bildung wohl sortiert, Liebesromane befanden sich selbstverständlich nicht darunter, aber zumindest die Jeanne-d'Arc-Geschichte. Danach schrieb er mir fast täglich Briefe. Fereidun hatte meinen Onkel Karim und Dariusch um Erlaubnis gefragt, ob er das tun dürfe. Die ersten sechs Briefe beantwortete ich nicht. Erst nach dem siebten Brief schrieb ich ihm einen knappen Bericht darüber, wie es mir geht, und bedankte mich für die Bücher – kein Vergleich zu den glühenden Liebesbriefen, die ich für Feri an Sasan verfasst hatte. Auch im folgenden Briefwechsel mit Fereidun hielt ich mich eher zurück. Ich war mir einfach nicht sicher, was mir der Mann überhaupt bedeutete.

»Lob sei Allah, dem Weltherrn, dem Erbarmer, dem Barmherzigen, dem König am Tag des Gerichts! Dir dienen wir und zu dir rufen um Hilfe wir. Leite uns den rechten Pfad, den Pfad derer, denen du gnädig bist, nicht derer, denen du zürnst, und nicht der Irrenden.« Du nimmst die Hände vom Gesicht und stehst auf. Seit Tagen fastest du, um mehr Essen für die Kinder zu haben.

Monirehs Mann hat seine Ankündigung wahr gemacht. »Meine Frau will nicht, dass ich dich weiter beschäftige, auch die anderen Frauen des Dorfes sind dagegen. Heirate doch, dann brauchst du nicht mehr zu arbeiten«, sagte er dir, als du deinen Lohn zum letzten Mal in Empfang nahmst.

Seit die Trauerzeit vorbei ist, sind die Blicke der Männer lüsterner und die der Frauen noch feindseliger geworden. Beim Wäschewaschen am Dorfbrunnen ersterben die Gespräche, wenn du kommst. Einmal nahm dich Alemeh beiseite: »Tara, sei klug. Die Frauen haben einfach Angst. Sie wollen dich nicht als Zweitfrau. Du bist zu schön für sie. Geh wenigstens erst einmal eine Zeitehe ein. Dann hast du für eine Weile Ruhe vor ihnen, bist versorgt. Du musst ja nicht mit diesem Mann zusammenleben«, fügte sie nach einer Weile zaghaft hinzu, als sie dein versteinertes Gesicht sah. Aber da hatten die Skorpione in deinen Augen schon zu tanzen begonnen.

»Was wollt ihr von mir!«, schriest du. »Ich habe nicht die Absicht, irgendjemandem von euch den Mann wegzunehmen. Und ich will auch keine Sigheh. Ich will ein-

fach nur frei sein und niemandem gehorchen müssen und selbst mein Brot verdienen. Was um aller Welt ist schlecht daran?!« Du hattest deine Wäsche wütend in den Korb geworfen und bist stolzer denn je davon gegangen.

Die Maschateh war schon zum zweiten Mal da und machte Andeutungen, dass sie einen Mann für dich hätte. Du hast wieder abgelehnt.

Brot und Mehl reichen noch für eine Woche.

Meine Ausbildung näherte sich dem Ende. Nach den Sommerferien würde mein Dorf-Einsatz beginnen. Seit 1962 war auf dem Lande eine umfangreiche Alphabetisierungskampagne in Gang. Nicht nur wir Lehrer wurden dorthin verpflichtet, der Schah hatte als sechsten Punkt der »Weißen Revolution« auch ein Gesetz verabschiedet, nach dem Sekundarschulabsolventen ihren Wehrdienst als Primarschullehrer auf Dörfern ableisten sollen. Von den zwei Jahren Wehrpflicht war ein Vierteljahr für die militärische Grundausbildung und Lehrerausbildung vorgesehen, die verbleibenden Monate arbeiteten sie im Rang eines Unteroffiziers als Lehrer. Das Bildungsprogramm auf den Dörfern erreichte aber weitestgehend nur Jungen, denn viele Eltern hatten Vorbehalte, ihre Tochter einem Lehrer anzuvertrauen. Deshalb wurde sechs Jahre später die »Armee der Bildung für Frauen« ins Leben gerufen. Abiturientinnen im Alter zwischen achtzehn und fünfundwanzig Jahren konnten sich dafür melden und wurden dann per Los zu den gleichen Bedingungen wie ihre männlichen Kollegen einberufen. Allerdings hatten sie den Vorteil, in der Nähe ihres Heimatortes eingesetzt zu werden. Danach stieg der Anteil der Schülerinnen drastisch an. Die Bildungsarmee leistete Aufbauarbeit. In den meisten Dörfern mussten überhaupt erst einmal Schulen errichtet werden. Die hierfür notwendigen Mittel flossen teils aus staatlichen Kassen, den Hauptanteil musste jedoch das Dorf selbst aufbringen.

Auch meine Schwester Azar hatte sich gemeldet und wurde nach Allavian versetzt, ein kleines Dorf, zehn Kilometer von Maragheh entfernt. Dort baute sie eine Vierklassen-Schule auf und unterrichtete Lesen, Schreiben und Rechnen, aber auch Hygiene, Ernährungslehre und landwirtschaftliches Wissen. Letzteres vermittelte sie ebenso Erwachsenen in Abendkursen. Der Unterricht wurde auf Persisch mit von der Regierung eigens dafür entwickelten Lehrbüchern abgehalten. Weil Azar aus Maragheh kam, wurde sie problemlos von den Dorfbewohnern, die sie vertrauensvoll Azar Chanum – Frau Azar – nannten, akzeptiert und war bald sehr beliebt. Sie hatte eine ruhige, überzeugende Art an sich, sodass man ihr einfach nichts abschlagen konnte. Sie glaubte an das, was sie sagte. Ihr erster Erfolg war, neben dem Bau der Schule, die Straße zwischen Maragheh und Allavian asphaltieren zu lassen. Dem war ein langer, heftiger Kampf mit dem Stadtrat vorausgegangen. Danach sorgte sie dafür, dass das Dorf an die Wasser- und Stromversorgung angeschlossen wurde.

Die Häuser von Allavian umrundeten einen großen Platz mit einer jahrhundertealten Eiche in der Mitte. Der Stamm war gewaltig und innen weitgehend ausgehöhlt. Er bot ein ideales Versteck für Kinder. Seine weit ausladenden Äste lockten die Männer an, tagsüber unter ihnen Schatten zu suchen und Tee zu trinken, und wenn Autos kamen, parkten sie dort. Alle Häuser besaßen zum

Platz hin ein kleines unverglastes Fenster, durch das man das Kommen und Gehen verfolgen konnte. Azar fühlte sich sehr wohl unter den Menschen dort, obwohl ihr jeglicher Komfort fehlte. Als ich sie einmal besuchte, war ich entsetzt. Sie wohnte in einem winzigen Zimmer, dessen Wände grob mit Lehm verputzt waren und nur ein Loch als Fenster hatte. Kein Bad, keine Toilette, wie wir sie gewohnt waren. Gekocht wurde auf dem Hof. Um die Zubereitung der Mahlzeiten musste sich Azar zum Glück nicht kümmern. Weil die Frauen sie mochten und sahen, dass sie dafür gar keine Zeit hatte, brachten sie ihr jeden Tag das Essen nach Hause.

Azar meisterte ihre Arbeit ganz allein. Einmal in der Woche besuchte sie ihr Chef aus Maragheh und erkundigte sich nach dem Stand der Dinge, um ihre Arbeit später benoten zu können. Da sie später weiterstudieren wollte, war meiner Schwester das Abschlusszeugnis sehr wichtig. Sie mochte diesen Chef nicht besonders, denn sie wusste, dass er eigentlich etwas gegen Frauen hatte, die sich in der Bildungsarmee engagierten. Nach einiger Zeit kam er immer häufiger ins Dorf und Azar spürte, wie seine Blicke immer anzüglicher wurden. Als er sie einmal sogar an sich ziehen wollte, hatte sie ihn geohrfeigt. Tagelang quälte sie sich anschließend mit Vorwürfen, da von ihm ihre Beurteilung abhing. Nach einigen Wochen versuchte er es wieder. Dieses Mal drohte er sogar, sie durchfallen zu lassen und dem SAVAK zu stecken, dass sie sich hin und wieder kritisch gegenüber der Politik des Schahs äußerte, wenn sie sich ihm verweigerte. Meine Schwester sah ihre schlimmsten Erwartungen bestätigt. Sie wusste, wie schnell man in iranischen Gefängnissen verschwinden konnte. Um ihm erst einmal den

Wind aus den Segeln zu nehmen, versprach sie ihm, dass er sie am Abend besuchen dürfte. Kaum hatte ihr Chef das Dorf verlassen, rief sie einen Jungen, er solle alle Männer des Dorfes versammeln, sie hätte mit ihnen etwas Wichtiges zu bereden.

Am Abend saß Azar in ihrem Zimmer und wartete bang, was nun passieren würde. Die Männer hatten ihr versprochen, die Sache in die Hand zu nehmen. Immer wieder lugte sie durch das kleine Loch zum Dorfplatz, ob sich ein Auto näherte. Dann wurde es dunkel, viel dunkler als sonst, denn seltsamerweise brannte in keinem einzigen Haus eine der frisch installierten Lampen. Je länger sie wartete, desto mehr fürchtete sie, doch allein gelassen zu werden. Plötzlich hörte sie das vertraute Autogeräusch. Ohne Scheinwerferlicht näherte sich der Paikan ihres Chefs und hielt unter der Eiche. Azar hielt den Atem an. Was sollte sie nun tun? Doch kaum war ihr Chef ausgestiegen, sprangen etwa ein Dutzend Männer aus den Ästen des Baumes und hielten ihn fest. Im gleichen Moment gingen die Lichter an. Auch die Frauen waren also eingeweiht. Erlöst atmete meine Schwester auf.

Sie erfuhr nie, was die Männer mit ihrem Chef besprochen hatten. Politisch verleumdet hat er sie jedenfalls nicht, und er wagte auch keine weiteren Annäherungsversuche.

Du hast die Maschateh aus dem Haus geworfen, als sie dir den verwitweten Bademeister Yussuf schmackhaft zu machen versuchte. »Wenn ich jemals wieder eine Ehe eingehen sollte, dann bestimme ich, wen ich heirate und wann ich heirate, und ganz bestimmt will ich den Mann lieben!«, hast du ihr hinterhergeschrien. Dann bist du weinend an der Tür zusammengebrochen. Seeba kletterte auf deinen Schoß und streichelte unendlich zart dein Gesicht. Du hobst sie vor dir hoch und blicktest ihr lange in die traurigen braunen Mohamedaugen. Sie hatte das letzte Stück Brot in der Hand.

Im Sommer 1968 hatte ich alle meine Prüfungen im »Haus der Bildung« abgeschlossen. Fereidun indes hatte seine Werbung um mich intensiviert. Zu Beginn der Ferien erhielt ich mit Azar und Dariusch von seiner Familie eine Einladung nach Teheran. Ich war das erste Mal in der Hauptstadt und empfand sie als laut, schmutzig und chaotisch. Irritiert blickte ich auf riesige Plakate, auf denen der Schah sein Verhütungsprogramm propagierte: »Weniger Kinder, besseres Leben!« Unmengen von Autos verpesteten die Luft, und viel zu viele Menschen drängelten sich auf engstem Raum. Im Bus musste ich auf meinen wackeligen Stöckelschuhen sogar stehen und wurde hin und her geschleudert, was ich von Maragheh überhaupt nicht gewohnt war. Doch die neue Architektur, die Hochhäuser, vor allem die riesigen modernen Bankgebäude, beeindruckten mich, ebenso die altehrwürdige Teheraner Universität, an der ich eines Tages studieren wollte.

Am meisten imponierte mir das kulturelle Angebot, das die Hauptstadt zu bieten hatte. Zehn Tage lang waren wir jeden Abend im Kino, im Theater oder in Ausstellungen. Meine Geschwister richteten es so ein, dass ich immer allein mit Fereidun war, obwohl ich das gar nicht wollte. Eines Tages, wir saßen im »Café glasse«, das damals sehr berühmt war, da blickte er mich an und fragte: »Liebst du mich?«

Ich zögerte, da mir nicht klar war, was ich darauf antworten sollte.

»Willst du mich heiraten? Wollte ich dich eigentlich fragen«, setzte er nach einer Weile peinlichen Schweigens hinzu.

Nur auf die zweite Frage konnte ich wahrheitsgemäß mit »ja«, antworten. Ich wusste, dass ich ihn nicht liebte, ihn aber respektierte, und das schien mir damals für eine Ehe ausreichend. Vor allem aber wollte ich nach Teheran, denn wenn ich in Maragheh bliebe, müsste ich die vorgegebenen vier Jahre auf dem Dorf und dann in meiner Heimatstadt unterrichten. Eine Versetzung war fast unmöglich, und das Studieren hätte ich mir ein für alle Mal aus dem Kopf schlagen müssen. Maragheh besaß nicht einmal eine Hochschule. Mein Vater hätte mich allein nie nach Teheran gelassen. Mich aber lockte die Großstadt.

Ein glückliches Lächeln huschte nach meiner Antwort über Fereiduns sonst so angespanntes Gesicht. Er hatte den feinen Unterschied nicht bemerkt. »Dann sollten wir noch jetzt im Sommer heiraten, damit du nicht aufs Land musst«, sagte er und nahm meine Hand. Ich sah auf seine schmalen Intellektuellenhände und war ihm dankbar für sein Verständnis. Doch ich hatte sehr klare Vorstellungen davon, wie ich mir die Ehe vorstellte. Meine Großmutter sollte ihre Geschichten nicht umsonst erzählt haben.

»Ein paar Bedingungen musst du mir erfüllen, wenn ich dich heiraten soll.« Ich zog meine Hand zurück und zählte sie an den Fingern auf. »Erstens will ich gleich nach der Heirat mein Abitur machen. Zweitens danach studieren. Was, weiß ich noch nicht. Und drittens: Wann wir Kinder bekommen, bestimme ich.«

Fereidun zögerte keinen Augenblick und nickte: »Okay, meine Bedingung ist, dass du in mein Haus ziehst.« Vor zwei Jahren hatte er seine Eltern und Geschwister zu sich geholt. Das hieße, wir würden zusammen auskommen müssen. Es war der traditionelle Weg, der mich aber nicht weiter abschreckte.

»Warum nicht«, sagte ich. »Wir sind ja verwandt und werden uns schon verstehen.«

Nun mussten wir noch die Modalitäten der Heiratszeremonie klären.

»Ich werde keinen Cent Mitgift mitbringen, keine Teppiche, kein Geschirr, keine Wäsche, nichts.« Das waren für eine iranische Frau nahezu ungeheuerlich moderne Vorstellungen. Ich bemerkte, wie Fereidun erstaunt die Brauen hob. »Und auch von dir will ich keine Morgengabe«, fuhr ich fort. »Ich brauche sie nicht, denn ich bin nicht käuflich.«

Die Morgengabe, persisch Mahr, ist eine Absicherung für die Frauen. Sie kann eine bestimmte Geldsumme, Gold oder ein Grundstück umfassen. Das hängt vom jeweiligen Heiratsvertrag ab, den das Paar abschließt. Sie ist ihr persönliches Eigentum, das sie auch nach einer Scheidung oder als Witwe behalten darf. Oft erhält sie die Morgengabe überhaupt erst nach der Scheidung. Arbeitet die Frau in der Ehe nicht, gibt ihr der Mann, der für ihren Lebensunterhalt verantwortlich ist, ein Taschengeld. Geht sie einem Beruf nach, kann sie, so erlaubt es der Koran, das Verdiente für sich behalten und muss es nicht dem gemeinsamen Haushalt beisteuern.

Ich verdiente mein Geld selbst und lehnte die übliche Abhängigkeit vom Ehemann ab. Außerdem störte es mich, dass damals Eltern, die ihre Töchter verheirateten, so viel wie möglich als Morgengabe verlangten, als ob sie sie regelrecht verkauften. Fereidun war ein moderner Mann, und er akzeptierte auch diese Bedingung. Wir waren uns also einig. Nun mussten wir nur noch unsere Eltern von unserem Vorhaben überzeugen.

Meine Eltern hatten die ganze Geschichte bisher mit Skepsis betrachtet. Als ich ihnen nun meine Heiratsabsichten eröffnete, stieß ich auf Widerstand, vor allem von Seiten meines Vaters. »Ich kenne diese Familie und besonders die Mutter«, versuchte er mich umzustimmen. »Sie wäre keine so gute Schwiegermutter für dich, du wirst unter ihrem Regiment leiden. Glaube mir«, beschwor er mich eindringlich. Ich wusste nicht, ob ich ihm glauben sollte oder ob es ihm nur schwer fiel, seine Tochter herzugeben. Eine Weile später besuchte uns Fereiduns Familie. Sie blieben einige Wochen, und jeden Abend saßen sie im Zimmer meines Vaters und versuchten ihn von der Heirat zu überzeugen. Doch seine Antwort lautete: »Nein. Das lasse ich nicht zu!«

Bis Fereidun einmal laut ausrief: »Aber Onkel Hassan, was hast du eigentlich? Deine Tochter liebt mich und du willst ihrem Glück im Weg stehen?« Obwohl das nicht der Wahrheit entsprach, hatte er damit unbewusst einen Schwachpunkt bei meinem Vater getroffen. Er glaubte an die Liebe, hatte er sie doch mit meiner Mutter selbst erlebt, an ihre Kraft, auch die größten Probleme zu überstehen. Er schwieg eine Weile, dann stand er ungestüm auf und kam in mein Zimmer. »Beantworte mir nur eine Frage, Behjat«, sagte er noch in der Tür stehend, »liebst du ihn?«

Ich ahnte, dass ihn Fereidun darauf gebracht hatte, und kannte meinen Vater gut genug, um zu wissen, was ihm diese Frage bedeutete. Ein Ja hätte ihn umgestimmt, ein Nein zu endlosen weiteren Diskussionen geführt, die mich zunehmend nervten. Ich hatte mich für die Heirat entschieden, also log ich. Mein Vater machte die Tür wieder zu, ging nach oben zu den anderen und gab seine Zustimmung.

Du dankst Choda für seine Gnade, denn du hast bei Fatemeh und Akbar Kamali Arbeit gefunden. Zwei Tage hattet ihr nur noch Obst gegessen, da starb Fatemehs Mutter. Sie war noch nicht alt gewesen. Weil ihre Tochter unfähig war, auch nur halbwegs Ordnung zu halten oder gar ihre vier Kinder zu versorgen, hatte sie den Haushalt geführt. Es war wohl zu viel für sie allein gewesen, obwohl sie sogar eine Waschmaschine besitzen. Du hattest dir deinen Tschador übergeworfen und warst einfach zu ihrem Haus gegangen. Es liegt am östlichen Rand des Dorfplatzes und ist das schönste und größte im Ort. Fatemeh hatte deine Hilfe dankbar angenommen, denn sie war mit den Trauervorbereitungen völlig überfordert gewesen. Abends gehst du mit Brot, Käse und Gemüse beladen nach Hause.

Sogar deine Kinder dürfen ab und zu zum Essen kommen. Sie spielen dann mit Fatemehs Kindern. Ihren Mann Akbar hast du bisher nur von weitem gesehen. Dir gefällt sein stolzer, wiegender Gang. Er ist ihr Cousin und hat seit einem Unfall ein Glasauge. Den Kamalis gehört fast das ganze Land um Hessar. Akbar ist nicht sehr glücklich, hat dir Alemeh erzählt, obwohl Fatemeh ihn sehr liebt. Er habe die Heirat nicht gewollt, die schon in der Kindheit arrangiert worden war. Fatemeh hat dich gebeten, ob du ihr beim Brotbacken helfen kannst. Ihre

Kinder mögen dich und besuchen euch manchmal. Du schläfst wieder ruhiger.

Die Hochzeit wurde in Maragheh gefeiert, sehr bescheiden und ohne große Party, nur im engsten Familienkreis. Selbst darin hatte ich mich durchgesetzt. Ich hatte nicht einmal ein weißes Hochzeitskleid gewollt. Ich halte von solchen Zeremonien und Verschwendungen nichts. Meine Mutter war besonders traurig, dass ihre Tochter den wichtigsten Moment im Leben einer Frau nicht als weiße Braut beging. »Du gehst fort in einem weißen Kleid, komm auch in einem weißen Kleid zurück!«, diesen bei persischen Hochzeiten üblichen Abschiedsspruch der Mutter an die Tochter konnte sie bei mir nicht anbringen. Ich war froh darum, assoziiert er doch auch, dass die Frau erst im Totenkleid zurückkehren soll. Käme sie früher, hieße das, ihr Mann habe sie verstoßen. Ich mochte solche alten Bräuche nicht. Das hatte ich von meiner Großmutter.

Eine Woche nach der Hochzeit packte ich meine Koffer, es waren nur zwei. Ich lief durch das Haus und sang dabei fröhlich die neuesten Schlager. Schon als Kind habe ich immer gesungen und getanzt und überhaupt viel Unsinn gemacht, sodass meine Großmutter oft sagte: »Mädchen, setz dich hin. Du machst uns müde.«

Plötzlich sah ich, wie meine Mutter weinte.

»Chamba, was ist los mit dir?«, fragte ich sie sanft.

»Warum singst du die ganze Zeit?«, schluchzte sie. »Dann muss ich doch immer an deine Stimme denken, wenn du nicht mehr bei mir bist, und werde dich umso schmerzhafter vermissen. Das tut weh, weißt du?«

»Aber ich singe doch, seit ich denken kann!«, tröstete

ich sie. »Hast du das bisher nicht bemerkt? Du hast mir nur einfach nie zugehört!« Ich verstand sie nicht. Was weiß man auch mit neunzehn vom Abschiedsschmerz einer Mutter! Ich hatte nie das Gefühl gehabt, ihr besonders wichtig zu sein, was bei neun Kindern auch nicht verwunderlich ist. Meine Großmutter war stets mein Bezugspunkt zu Hause gewesen, sie hatte uns Aufmerksamkeit und Zärtlichkeit geschenkt und ihre Sorge um uns gezeigt, nicht Chamba.

Dennoch fühlte ich, dass auch ich sie vermissen würde, ihre sanfte Stimme, das leicht entrückte Lächeln, ihren aufmerksamen Blick, wenn man sie etwas fragte, ihren Liebe zur Natur, ihren Sinn für Blumen. Sie war eine leidenschaftliche Blumenzüchterin und verwandelte unseren Garten jeden Sommer in ein kleines Paradies. Ich war so anders als sie, ungestüm und streitsüchtig. Wenn mir etwas nicht passte, nahm ich es nicht einfach hin, sondern tat etwas dagegen. Mein scharfer Verstand war meine Waffe. Das war meiner geduldigen Mutter fremd, auch mein Ehrgeiz, der mich antrieb. Ich ähnelte eher meinem Vater. Seine Spielernatur, die kein Risiko scheute, faszinierte mich. Ich wollte nie schwach sein. Erst Jahrzehnte später spürte ich ein Stück meiner Mutter in mir. Ich war in einem Gewächshaus, und beim Anblick der betörend duftenden Orchideen strömten mir plötzlich Tränen über die Wangen. Ich wusste erst nicht, warum, bis mir klar wurde, dass ich all diese Schönheit plötzlich mit den Augen meiner Mutter sah.

Es ist noch dunkel, als du das Haus verlässt. Die Morgenkühle macht dich munter. Du hast einen schweren Tag vor dir, denn du sollst für einen Monat Brote ba-

cken. Schon am Abend zuvor hattest du alle Zutaten bereitgestellt, die großen Backtröge ausgewaschen und die Hefe eingeweicht. Fatemeh hatte sich kaum sehen lassen. Sie schlief auf dem Sofa oder sah fern.

Du klopfst an das hohe Zederntor. Es dauert lange, bis du Schritte hörst. Irritiert bemerkst du, dass es nicht die Fatemehs sind. Akbar öffnet dir. Noch bevor du deinen Blick senken kannst, habt ihr euch angesehen. Schamröte steigt dir ins Gesicht und du zwängst dich schnell an ihm vorbei in den Hof.

Du spürst Akbars Blick im Rücken. Auch tagsüber hast du das Gefühl, von ihm beobachtet zu werden. Es ist dir seltsamerweise nicht unangenehm. Manchmal rutschen dir Haarsträhnen aus dem Kopftuch hervor, du streichst sie nicht zurück. Deine neumondschwarzen Augen glänzen. Du singst leise vor dich hin beim Kneten des schweren Teiges. Am Endes des Tages hast du fünfzig Kilo Mehl zu Brot verbacken und erhältst ebenso viele Toman dafür. Zufrieden steckst du das Geld ein. Als du das Haus verlässt, siehst du Akbar im Gegenlicht am Fenster stehen. Fatemeh zieht ihn zurück.

Kaum waren Fereidun und ich in Teheran, wusste ich, dass ich einen Fehler gemacht hatte. Das Zusammenleben mit meiner Schwiegermutter gestaltete sich als schwierig, und das beruhte auf Gegenseitigkeit. Als ich heiratete, hatte ich geglaubt, eine Schwiegermutter müsse sein wie meine Großmutter, die ich so geliebt hatte, aber das war ein Trugschluss. Ich versuchte, es mir nicht anmerken zu lassen und ihr aus dem Weg zu gehen, was nicht einfach war, denn das Haus bot nicht genügend Platz dafür. Meine Schwiegereltern sowie ein Bruder und eine Schwester wohnten in zwei Zimmern mit Küche im Erdgeschoss. In der zweiten Etage befand sich das Esszimmer und ein Zimmer für Gäste. Fereidun und ich hatten ein Zimmer unter dem Dach bezogen, von dem eine große Terrasse abging, auf der wir im Sommer beim leisen Gurren der Turteltauben oft geschlafen haben. Hierhin verzog ich mich abends nach der Arbeit und meinen Haushaltspflichten am liebsten. Zu meinen Aufgaben gehörte das Saubermachen von Haus und Hof, außer dem Zimmer meiner Schwiegermutter, während sie kochte oder einkaufte. Nur für die Wäsche hatten wir Personal.

Die Schule, in der ich nun zu arbeiten begann, gehörte zu den schlimmsten im Süden Teherans. Ein Jahr sollte ich dort bleiben und dann in das Zentrum oder den Norden Teherans versetzt werden. Auf den Hügeln im Norden leben die Reichen. Ihre Häuser sind von massiven Mauerwällen umgeben, dahinter liegen duftende Haine mit Swimming-Pools. Die Geschäfte entlang des Schah-Abbas-Boulevards führten damals das Beste, was die internationale Designerwelt zu bieten hatte.

In Südteheran hingegen, jenseits der Eisenbahnlinie, drängeln sich die Armen in schmutzigen, engen Gassen. Wenn es regnet, schwillt das Wasser in den Rinnsteinen, die Teherans Abwässer leiten, zur Flut an. Es sind zum größten Teil verarmte Bauern und besitzlose Landarbeiter, die nach dem Scheitern der Landreform zu Zehntausenden in der Hoffnung auf Arbeit und ein glücklicheres Leben in die Hauptstadt geströmt waren. Die Parzellen, die man verteilt hatte, waren nicht groß genug gewesen, um die Familien zu ernähren. Außerdem fehlte es den Bauern, die jahrhundertelang nur als

Knechte gearbeitet hatten, an modernem technologischen Wissen. Sogar wenn sie Traktoren besaßen, verrosteten diese auf den Feldern, da sie nicht in der Lage waren, sie zu reparieren.

Selten nur erhielten sie von der Regierung ein zinsloses Darlehen oder gar eine Beihilfe, um Bewässerungsgräben in den kargen Böden anzulegen, Saatgut oder Dünger zu kaufen. Oft mussten sie das nötige Geld von den Großgrundbesitzern borgen, ebenso landwirtschaftliches Gerät, das sie vor der Weißen Revolution kostenlos von ihren damaligen Herren erhalten hatten, gegen ein Entgelt leihen. Das führte zu erneuter Abhängigkeit und größerer Unzufriedenheit als zuvor. Die wenigen Genossenschaftsbanken, die man zu ihrer Unterstützung eingerichtet hatte, wurden oft von den Dorfbewohnern selbst geplündert. Millionen Bauern verarmten und verließen daraufhin ihre Dörfer. Die neuen Bewässerungskanäle zerfielen, ganze zuvor fruchtbare Landstriche verödeten.

Noch schlechter ging es den besitzlosen Landarbeitern und Tagelöhnern. Ihnen hatte die Weiße Revolution nur ein Recht gebracht, frei und nicht mehr Leibeigene zu sein. Doch die Freiheit nützte ihnen wenig. Waren die Grundbesitzer bis dahin nach islamischem Recht dazu verpflichtet gewesen, sie mit dem Lebensnötigsten zu versorgen, so waren sie nun »vogelfrei«. Arbeit gab es immer weniger, denn die verarmten Bauern konnten die Landarbeiter nicht bezahlen. Selbst das Leihen von Geld war ihnen verwehrt. Auch sie zog es zu Hunderttausenden nach Teheran.

Bald waren die Dörfer so entvölkert, dass die Versorgung der Städte nicht mehr gewährleistet war und Lebensmittel eingeführt werden mussten. All diese Enttäuschten und Entrechteten suchten ihr Heil in der Hauptstadt, ohne es zu finden.

Akbar hat dich ohne Kopftuch überrascht. Es war dir beim Wischen des Bodens nach hinten gerutscht. Er musste schon eine ganze Weile hinter dir gestanden haben, denn du hast keine Schritte gehört. Ein paar Sekunden lang habt ihr euch angestarrt. Du hast in seinem durch das Glasauge seltsam gespaltenen Blick ein Verlangen gesehen, das dir ins Herz schnitt. Als du das Kopftuch gerade wieder zusammenbinden wolltest, kam Fatemeh herein. Sie blieb wie angewurzelt stehen. Dann hat sie dich hinausgeworfen.

Du weißt, dass es eine Sünde ist, eine Frau ohne Kopftuch zu sehen. Dein Blick hetzt durchs Zimmer.

Abends gehst du zu Alemeh. Sie sagt dir, Fatemeh erzählt im Dorf, dass du ein Verhältnis hättest mit Akbar. Schamrot hast du geflüstert, ob sie das etwa auch glaube? Du hast bei deinen Worten zu Boden geblickt und die Einladung zum Tee abgelehnt.

Meine Schule lag mitten im Slum. Sie überhaupt als Schule zu bezeichnen, war bereits ein Euphemismus. Die Unterrichtsräume befanden sich in einem halb zerstörten Haus, dessen Fensterscheiben größtenteils zerbrochen waren. Sogar die Garage wurde als Klassenzimmer benutzt. Zu drei Viertel war der Eingang mit Backsteinen zugemauert, die Jalousie sorgte für Licht. Doch im Winter mussten wir auch diesen Spalt schließen, um nicht zu erfrieren. Dann beleuchtete nur eine einzige Glühbirne den Raum.

Die Direktorin und das Kollegium empfingen mich nicht besonders freundlich. Da ich aus einer kleinen Provinzstadt kam, nahmen sie mich nicht ernst und behandelten mich von oben herab. Die elenden Verhältnisse um sie herum und die Zustände in der Schule hatten sie abgestumpft. An meinem ersten Arbeitstag fragte mich die Direktorin, ob es einige Fächer gäbe, die ich bevorzugen würde.

»Nein«, antwortete ich, »eigentlich nicht. Ich kann alles unterrichten.« Mir war daran gelegen, ein möglichst breites Spektrum abzudecken und die letzte Stufe der Grundschule zu bekommen, da ich lieber mit etwas älteren Schülern arbeiten wollte. »Ich könnte mir vorstellen, in der fünften Klasse zu unterrichten.« Ich wusste, dass dies unüblich für Anfänger ist und viele Lehrer sie auch wegen der etwas schwierigeren Mathematik zu umgehen suchen. Aber ich traute es mir zu, da ich gerade hierin den jahrgangsbesten Abschluss gemacht hatte. Außerdem wollte ich lieber vormittags arbeiten. Wegen der zahlreichen Kinder in diesem Viertel gab es ein Zweischichtsystem.

Die Schulleiterin hörte mich an und sagte dann: »Nein, Frau Maali, Sie werden eine zweite Klasse bekommen und nachmittags arbeiten.« Ich war wütend, dass sie nicht auf meine Wünsche eingegangen war, musste mich aber fügen.

Die Klasse, die ich nun bekam, war ein halbes Jahr nahezu ohne Lehrerin gewesen. Die Mädchen, sie wurden von den Jungen getrennt unterrichtet, konnten kaum einige Buchstaben lesen, geschweige denn schreiben. Nach vier Monaten hatte ich sie bereits so weit gebracht, dass sie besser waren als alle anderen zweiten Klassen.

Da erschütterte ein Skandal die Schule. Eine Lehrerin der fünften Klasse hatte es sich zur Gewohnheit gemacht, den Kindern immer schriftliche Aufgaben zu geben und sich, während die Schüler arbeiteten, auf der Terrasse zu sonnen oder sogar in die Universität zu verschwinden, da sie nebenbei studierte. Daraufhin wurde ihr die Klasse weggenommen und mir angeboten. Ein Vierteljahr früher hätte ich mich darüber gefreut. Doch nun empfand ich das als Schikane, wiederum eine verwahrloste Klasse zu übernehmen. Ich widersetzte mich und sollte deswegen an eine andere Schule versetzt werden. Das menschlich raue Klima von Teheran hatte mich inzwischen gelehrt, mir nicht einfach alles gefallen zu lassen. Ich war selbstbewusster geworden und kannte mittlerweile meine Rechte. Und so ging ich zum Schulamt und schilderte die Lage in der Schule. Das war mutig. Eine Kommission untersuchte den Vorfall und hätte die Schule beinahe geschlossen, als sie sah, in welchem Zustand sie war. Vorerst änderte sich nichts daran, zumindest aber durfte ich bleiben.

Deine Kinder haben Hunger. Du weinst mit ihnen und singst sie in den Schlaf.

Wieder besucht dich die Maschateh. Sie droht dir, dich aus dem Dorf zu vertreiben, wenn du nicht eine Zeitehe mit Yussuf eingehst. Du denkst an deine Kinder, Fatemeh wird dir keine Arbeit mehr geben, und willigst ein.

In den drei Monaten, die ihr für die Sigheh vereinbart, willst du Zeit gewinnen. Deine Bedingungen sind, dass du nicht mit Yussuf schlafen musst und die Verwandten deines verstorbenen Mannes Mohamed nichts von der Zeitehe erfahren, da sie dir sonst deine Kinder wegnäh-

men. Die Morgengabe von 750 Toman soll dir am Tag der Hochzeit gezahlt werden.

Dein Vater und dein Bruder sind froh, dass du wenigstens eine Zeitehe eingehst. Sie hoffen, dass du dann vielleicht ganz bei Yussuf bleibst. Du willst darüber jetzt nicht nachdenken.

In den Wochen bis zur Hochzeit hast du gefastet und mehr denn je gebetet. Du gehst kaum aus dem Haus und knüpfst nach der Hausarbeit den Teppich weiter, den du mit Mohamed begonnen hattest. Sein Bild verschwimmt hinter deinen Tränen. Manchmal stehst du in der Abenddämmerung auf der Dachterrasse und schaust in die Ferne. Deine Augen wandern den Weg nach Komar entlang, verlieren sich in Richtung Haschtgerd.

Akbars traurig verlangender Blick verfolgt dich in deinen Träumen. Er streckt seinen Arm nach dir aus, doch er geht ins Leere wie durch einen Dschinn. Am Morgen wachst du schweißgebadet auf.

Innerhalb des ersten Jahres an der Schule machte ich nebenbei mein Abitur. Da es zeitmäßig und organisiatorisch einfacher für mich war, besuchte ich keine Abendschule, sondern lernte zu Hause und beabsichtigte, nur zur Prüfung zu gehen. Drei Wochen Vorbereitungszeit sollten genügen, da ich bereits während meiner Ausbildung als Lehrerin viel Abiturstoff gehabt hatte. Fereidun unterstützte das, so wie wir es in unserem Ehevertrag vereinbart hatten. Sobald ich nach Hause kam, schickte er mich in mein Zimmer zum Lernen. Doch da las ich lieber andere Bücher. In den Sommerferien wiederum besuchte ich Kurse für Sportlehrer. Das hatte unter anderem einen ganz pragmatischen Grund. Ich wollte studieren. Als Sportlehrerin musste man gewöhnlich an zwei Schulen arbeiten, da sie sich einen Lehrer teilten. Auf diese Weise könnte ich die vierundzwanzig Schulstunden pro Woche, die ich zu halten hatte, so verteilen, dass ich nebenbei auch in der Lage war, Vorlesungen zu besuchen, ohne die Schule zu vernachlässigen.

Der Unterricht machte mir trotz des verwahrlosten Zustands der Schule zunehmend Spaß. Ich hatte mich an die Kinder gewöhnt, und ich hatte eine Aufgabe. Ich sah, wie gut es den Mädchen tat, wenn man sie ernst nahm und ihnen Freude am Lernen vermittelte. Die meisten von ihnen war sehr arm, auch wenn sie es nicht zugeben wollten. Kinderseelen sind sehr stolz. Im Winter, wenn Teherans Straßen im Schnee versanken, kamen manchmal Mädchen in Hausschuhen und ohne Strümpfe in die Schule. Oft wärmte ich ihre blau gefrorenen Füße vor Unterrichtsbeginn. Von meinem ersten Gehalt, das ich nach sechs Monaten rückwirkend erhielt – zuvor arbeitete man als Beamtin auf Probe –, fuhr ich mit den Mädchen in einem gemieteten Kleinbus auf den Bazar und kaufte für jedes von ihnen ein Paar Schuhe. Es war Neujahr, und ich war glücklich, ihnen eine Freude bereiten zu können. Mir lag an einer guten Beziehung zu den Mädchen, sie sollten gern in die Schule kommen.

Ich versuchte meinen Unterricht so anschaulich wie möglich zu gestalten, nicht nur theoretisches Wissen zu vermitteln, wie es bei den anderen Lehrern an der Schule üblich war. Zum Beispiel säte ich mit ihnen in kleinen Töpfen Blumensamen, damit sie täglich verfolgen konnten, wie die Pflanzen sich entwickelten. Der Direktorin gefiel das alles gar nicht. Sie stand kurz vor der Pensionierung und war nicht interessiert an einem neuen pädagogischen Stil. Immer wieder gerieten wir deshalb in Streit miteinander. Nach drei Jahren waren meine Kraft und meine Geduld erschöpft. Um mir das Leben schwer zu machen, ließ mich die Direktorin inzwischen täglich in der Garage unterrichten. Diese Zustände wollte ich den Kindern und mir einfach nicht mehr zumuten. Deshalb verfasste ich zusammen mit drei anderen Lehrerinnen einen Brief über die katastrophalen baulichen und hygienischen Verhältnisse und bat das Schulamt um eine unangemeldete Besichtigung, die dann auch tatsächlich stattfand. Anschließend wurde die Schule geschlossen.

Ich nutzte die Gelegenheit, um endlich meinen Wunsch, Sportlehrerin zu werden, umsetzen zu können, damit ich danach in der Lage war zu studieren, und zwar Jura – wie Fereidun. Viele seiner juristischen Fachbücher hatte ich, während ich mich auf mein Abitur vorbereitete, bereits heimlich gelesen. Am meisten interessierte mich Rechtsgeschichte, wie und unter welchen Bedingungen sich die Rechtsprechung entwickelte und Gesetze entstanden, faszinierte mich. Fereidun war völlig überrascht, hatte ich doch bis dahin immer Psychologie oder Anglistik studieren wollen. Aber es war ohnehin unklar, ob ich den Kunkur, die extrem schwierige Aufnahmeprüfung für die Universität, überhaupt bestehen würde. Analog dem französischen Concours-System sollte dieses Examen aus dem Überangebot der Bewerber eine begrenzte Zahl auswählen. Zwei Tage im Juli beantworteten bis zu hunderttausend Abiturienten in dreieinhalb Stunden 390 Testfragen aus dem Lehrpensum der Sekundarstufe. Zuvor durfte der Bewerber zehn Wünsche über die Fachrichtung, die er anschließend wählen wollte, angeben. Je nach erreichter Punktzahl bekam er dann die nach Wertigkeit gestaffelte Studienart zugewiesen. Nur ein Zehntel der Kandidaten bestand den Kunkur, und es konnte passieren, dass sie möglicherweise für ein Fach angenommen wurden, für das sie sich gar nicht sonderlich interessierten. Doch das war oft nebensächlich. Hauptsache, man hatte ein Diplom, denn das entschied über die Karriere und die spätere Bezahlung. Wer an diesem Test scheiterte, dem waren später viele Türen versperrt.

Jura gehörte wie Sozial- und Humanwissenschaften, Medizin und Architektur zu den begehrtesten Richtungen, hierfür musste man die höchste Punktzahl erreichen. Ich rechnete mir recht gute Chancen aus. Aber es gab einen massiven Schwachpunkt, und das war Arabisch. Es war für das Jurastudium im Iran so wichtig wie in Deutschland Latein für die Geisteswissenschaften, denn das persische Zivilrecht basiert auf dem islamischen Recht, alle juristischen Ausdrücke gehen auf arabische zurück, während das Strafrecht französische Wurzeln hat. Wenn ich die Prüfung schaffen wollte, musste ich mich erst einmal intensiv mit Arabisch befassen. Ein Studienkollege meines Mannes, ein Iraker, half mir dabei. Jeden Tag kam er zwei Stunden zu uns. Er war ein kleiner, gebildeter Mann und zog mich gerne auf. Einmal saßen wir nebeneinander, und ich hatte wie immer ein etwas merkwürdiges Gefühl, da ich selbst für iranische Verhältnisse recht groß war und mein Lehrer mir gerade bis zur Schulter reichte. Plötzlich sagte er unvermittelt: »Weißt du, Behjat, bei uns spotten die Leute: Wer groß ist, hat sein Gehirn in den Schuhsohlen.« Nun, dann musste ich recht viel Gehirn in den Schuhen haben, tröstete ich mich. Denn ich hatte riesige Füße.

Ebenso Azar. Als wir erwachsen waren, brauchten wir im Iran Sonderanfertigungen für eine Größe, die in Deutschland als durchschnittlich gilt. Das war eine teure Angelegenheit, und wenn wir später im Ausland waren, trugen wir vom anderen immer eine Pappsohle bei uns und kauften stets mehrere Paar Schuhe auf Vorrat.

Ihr habt wieder etwas zu essen. Am Hochzeitstag gab es in Yussufs Haus sogar Lammfleisch. Dir tat es weh zu sehen, wie sich deine Söhne darauf stürzten. Nachdem der Mullah gegangen war, hast du darauf bestanden, wieder in dein Haus zu gehen, wie du es mit der Maschateh vereinbart hattest. Yussuf schien dennoch überrascht. Dir war es egal. Als er in der nächsten Nacht in der Tür steht, weist du ihn kühl ab. »Wir haben unsere Vereinbarungen«, sagst du. »Ich wasche deine Wäsche, ich putze dein Haus, wenn du willst. Ich könnte dich hin und wieder bewirten, aber ich werde nicht mit dir schlafen.«

Wieder starrt er dich ungläubig an. Seine trüben Augen blinzeln aufgeregt. Du zweifelst daran, dass er überhaupt versteht, was du sagst. Obwohl er wie Mohamed, als du ihn kennen lerntest, schon über sechzig ist, wirkt er jünger und gewandter. Aber er gefällt dir nicht.

Einige Wochen lang lässt Yussuf sich nicht blicken. Die Wäsche kommt über einen Botenjungen. Die Frauen reden wieder mit dir am Waschplatz, selbst Nazli, Abdullahs Frau, ist jetzt freundlich zu dir. Sie hat ein schönes Lachen, und ihr hennagefärbtes Haar leuchtet in der Abendsonne.

Du singst wieder mit den Kindern. Abends erzählst du Seeba das Märchen von Turandot, obwohl sie noch viel zu klein dafür ist.

Inzwischen waren Sommerferien, und ich hatte drei Monate lang unterrichtsfrei. In dieser Zeit wollte ich nichts als lernen. Jeden Morgen fuhr ich mit dem Bus zur Universität und setzte mich in die Bibliothek oder in den großen Garten, der die Universität umgab. Am Nachmittag holte Fereidun mich wieder ab. Nach einigen Wochen wurde ich krank. Ich hatte hohes Fieber, lernte aber weiter und verbarg meinen Zustand vor Fereidun. Zwei Wochen vor dem Examen brach ich mitten auf dem Unigelände ohnmächtig zusammen und musste ins Krankenhaus. Wie sich nach vielen Untersuchungen herausstellte, hatte ich Paratyphus. Doch ich nahm das nicht ernst und lernte weiter, sobald ich wieder zu Hause war. Ich sagte mir immer wieder: Ich will es, ich werde es schaffen, um jeden Preis.

Am Tag der Prüfung hatte ich erneut hohes Fieber. Da meine Familie sicher verhindert hätte, dass ich teilnehme, nahm ich morgens um vier die stärksten fiebersenkenden Medikamente, die ich finden konnte, und ließ mich in die Universität fahren – mit dem Ergebnis, dass ich nach einer Stunde wieder ohnmächtig zusammenbrach und mich im Krankenhaus wiederfand. Erst dann gab ich vorläufig auf. Okay, sagte ich mir, dann klappt es eben im nächsten Jahr. Und so war es auch. Ich hatte es sogar auf mich genommen, hierfür noch eine Abendschule, die sehr abgelegen war, zu besuchen. Da Fereidun mich danach nicht immer abholen konnte, musste ich oft allein durch schmale, dunkle Gassen laufen, die mir Angst machten. Eines Tages erzählte ich einer Freundin davon, und sie gab mir daraufhin heimlich einen Schlagring. »Nimm das«, sagte sie, »wenn einer auf dich zukommt, dann schlag zu.« Danach fühlte ich mich sicherer.

In der Nacht vor der öffentlichen Bekanntgabe der Kunkur-Ergebnisse in der Zeitung träumte Azar, dass die Namen der Prüflinge statt nach Höhe der erreichten Punktzahl dieses Jahr alphabetisch durchgegeben würden. Und so kam es auch. Als mein Vater in sein Büro kam, warteten bereits einige Kollegen auf ihn, um ihm die Zeitung zu zeigen. Tatsächlich stand unter »M« seine Tochter, eingeschrieben für Rechtswissenschaften. Er war so glücklich und stolz auf mich, dass er aufsprang und wie ein Berserker tanzte. Ich hatte es geschafft, und das, obwohl ich alles auf eine Karte gesetzt und kein Auswahlfach auf dem Bewerbungsformular, das man vor der Prüfung ausfüllte, angegeben hatte. Da ich unter den ersten Zehn war, musste ich nicht einmal die Universitätsgebühren für das erste Semester bezahlen.

Meine ersten Studienjahre fielen in eine Zeit, als sich besonders unter den Studenten die Demonstrationen gegen den Schah zu häufen begannen. Einer der spektakulärsten Aufstände begann im Mai 1971 an meiner rechtswissenschaftlichen Fakultät, an sich aus einem harmlosen Anlass heraus. Ein Professor zeichnete sich dadurch aus, dass er selten da war und dann auch noch die Prüfungsfragen nicht aus dem bisschen gelehrten Stoff oder Lehrbüchern heraus entwickelte, sondern sie extrem willkürlich formulierte. Dieser Professor war besonders verhasst, da er, wie wir wussten, für den SAVAK arbeitete. Wiederum hatte er kaum Vorlesungen abgehalten, auf unsere Intervention hin aber versprochen, zur Klausur nur den tatsächlich gelehrten Stoff abzufragen. Als er dann am Prüfungstag jedoch nicht erschien und beim nächsten anberaumten Termin einen Verwaltungsangestellten schickte, der uns völlig abseitige Fragen vorlegte, brach unter den Studenten ein Tumult los, der aufgrund der Geheimdienstmitarbeit des Professors sofort eine für alle Beteiligten höchst gefährliche politische Dimension erhielt. Lautstark kritisierten wir diese Schikane und verließen unter Protestrufen den Saal. Der Aufruhr setzte sich wie ein Lauffeuer in der ganzen Universität fort und löste den Aufstand aus, der bald in Gewalttätigkeiten eskalierte.

Am nächsten Tag ging ich wieder in die Universität und stellte fest, dass während der Vorlesung vier von unseren fünfzehn Studenten aus der Seminargruppe fehlten. Ich machte mir große Sorgen um sie, besonders um Nima, mit dem ich befreundet war und der schon mehrmals wegen seiner politischen Aktivitäten im Gefängnis gesessen hatte. Außerdem hatte ich große Angst, selbst verhaftet zu werden. Mitten in der Vorlesung kam ein Verwaltungsangestellter und befahl mir und einigen anderen Studenten, zum Rektor der Fakultät, Manutschehr Gandschi, zu kommen. Ich befürchtete das Schlimmste, denn in dessen Zimmer befanden sich noch zwei weitere Männer, die sich nicht vorstellten, was bedeutete, dass sie nur vom SAVAK sein konnten. Doch ich hatte Glück und erhielt nur eine Ermahnung. Ich sollte aufpassen, sonst würde es mir wie den anderen ergehen. Was das hieß, erfuhr ich, als ich wieder draußen war. Meine Kommilitonen erzählten mir, dass die vier abwesenden Studenten von der Universität suspendiert und verhaftet worden waren.

Am Abend saß ich in der Bibliothek, während draußen Studenten die Freilassung der vier Verhafteten forderten und »Tod Gandschi!« skandierten. Ich hatte mich nur kurz daran beteiligt, da ich Gandschis Drohung vom Vortag noch gut im Ohr hatte und außerdem lernen wollte. Plötzlich sah ich vom Fenster aus, wie Mitarbeiter des SAVAK und der Polizei das Tor zum Universitätsgelände einrannten und auf die Demonstranten zustürmten. Entsetzt wich ich zurück. Das war etwas Ungeheuerliches, denn das Universitätsgelände galt als extraterritoriales Gebiet und durfte, wie in einigen europäischen Ländern auch, laut Grundgesetz von der Staatsgewalt nicht einfach so betreten werden. Bei den bisherigen Demonstrationen, an denen ich auch mehrmals teilgenommen hatte, hatte man uns, solange wir das mit Eisengittern umzäunte Gelände nicht verließen, frei gewähren lassen. Doch dieses Mal griffen sie durch. Der Schah schien also eine härtere Gangart einschlagen zu wollen. Lastwagen fuhren auf das Gelände, und Polizisten knüppelten gnadenlos die Studenten nieder. Viele von ihnen wurden verhaftet. Ich erkannte darunter einige meiner Kommilitonen. Es war ein grauenvoller Anblick.

Wie gelähmt stand ich am Fenster. Ich stellte mir vor, welch entsetzliche Folterqualen die Verhafteten nun in den Gefängnissen des Schahs erwartete, als ich Stiefelgetrappel vor dem Lesesaal hörte, in dem ich mittlerweile allein war. Zum Fliehen blieb keine Zeit mehr. Ich schaffte es gerade noch, mich hinter einem Bücherregal zu verstecken, als die SAVAK-Leute die Tür aufrissen. Zum Glück warfen sie nur einen kurzen Blick in den Lesesaal und entdeckten mich nicht. Dann schlossen sie ab und verschwanden wieder. Ich war in Sicherheit. Es war die längste Nacht meines Lebens, die ich anschließend, zitternd vor Angst, doch noch in die Hände des SAVAK zu fallen, hinter diesen Regalen verbracht hatte. Am nächsten Morgen war der Spuk vorbei.

Ich hätte wieder unterrichten müssen, doch ich hatte das Gefühl, dass es besser wäre, für ein paar Tage unterzutauchen. Ich bat meine Direktorin um Urlaub und fuhr ans Kaspische Meer nach Sari, wo Fereidun nach dem Ende seines Jurastudiums, das ihm die Militärakademie finanziert hatte, für zwei Jahre arbeiten musste. Meiner Schwiegermutter sagte ich, dass sie, falls sich jemand nach mir erkundigte, sagen sollte, dass ich schon längere Zeit dort sei. Um keinen Preis wollte ich mit den Ereignissen in jener Nacht in Zusammenhang gebracht werden.

Fereidun erwartete mich nicht. Als ich nach einer mir endlos scheinenden Zugfahrt abends an sein kleines Haus kam, das er für diese Zeit gemietet hatte, blickte ich durchs Küchenfenster und sah ihn in einem wüsten Durcheinander abwaschen. Ich lächelte. Offensichtlich war er nicht Herr der Lage. Es war nicht ganz leicht, ihm klar zu machen, dass ich mich einige Zeit bei ihm verstecken musste. Denn er hatte kein Verständnis dafür, dass ich an Demonstrationen teilnahm oder mich sonst irgendwie politisch betätigte. Um die Familie nicht zu gefährden, sollte ich mich aus der Politik raushalten. Wir führten wieder einmal eine jener Diskussionen, deren ich langsam überdrüssig wurde. Als ich wieder wegfuhr, waren bereits Semesterferien.

Die Weinernte hat begonnen. Über den Feldern gellen die Pfiffe der Bauern und Fremden, die einige Wochen in Hessar bleiben werden. Es ist heiß im Zimmer. Auf dem Boden steht ein großer Korb mit Trauben. Yussuf hat ihn der Maschateh für dich mitgegeben. Verwundert blickst du auf die schnaufende Heiratsvermittlerin. Du ahnst nichts Gutes.

»Salam alaykum! Tara Chanum«, beginnt sie. »Was machen deine Kinder, geht es Seeba besser? Ich hörte, sie sei krank. Habt ihr genug zu essen?« Höflich beantwortest du ihre Fragen und versuchst den Anlass ihres Besuchs zu erraten.

»Yussuf ist verärgert, dass du nicht das Bett mit ihm teilst«, kommt sie endlich zur Sache. »Seine Geduld ist am Ende. Entweder du lässt ihn beim nächsten Mal ein, oder er betrachtet die Zeitehe als beendet.«

Kühl antwortest du, dass du nicht daran denkst, deine Meinung zu ändern.

»Dann kann ich nichts mehr für dich tun. Aber wenn du glaubst, du kannst hier weiterhin einfach so den Männern den Kopf verdrehen, dann hast du dich getäuscht. Überleg dir das gut. Auch die Geduld der Frauen ist zu Ende!«

Als die Maschateh gegangen ist, schnürt Angst deine Kehle zu. Du befürchtest, dass Yussuf seine Morgengabe zurückhaben will. Wovon sollst du dann leben? Du hast niemanden, der dich aufnehmen würde. Als du deinem Bruder Karim gegenüber eine Andeutung darüber gemacht hast, hat er mit einem Seitenblick auf seine Frau Leila schnell das Thema gewechselt. Und auch dein Vater will dich in seiner neuen Familie nicht haben. Du überlegst, ob es nicht besser ist, das Dorf zu verlassen, in dem dich keiner mehr haben will, und dir Arbeit in der Stadt zu suchen. Einmal hast du bei Fatemeh Bilder von Teheran im Fernsehen erhascht. Sie haben dich neugierig gemacht.

»Ich werde nach Teheran fahren«, sagst du laut und erschrickst über deine eigene Stimme.

Während der fünf Jahre meines Studiums versuchte ich, mehrere Leben gleichzeitig zu leben. Vormittags und nachmittags war ich Lehrerin, dazwischen Studentin und abends Ehefrau und bald auch Mutter. Freizeit hatte ich so gut wie keine mehr. Dennoch hätte ich niemals meinen Beruf aufgegeben, dafür liebte ich die Arbeit mit den Kindern nach wie vor viel zu sehr.

Meine Ehe litt darunter, denn wir machten kaum noch etwas gemeinsam. Fereidun lebte sein Leben, ich das meine. Ohnehin waren wir bei fast allen Dingen verschiedener Meinung, was den Alltag sehr anstrengend machte. Sobald wir allein waren, stritten wir uns, denn ich war inzwischen viel selbständiger, als er vermutete. So brachte er jedes Jahr eine Liste der von der SAVAK verbotenen Bücher mit nach Hause, damit ich wusste, welche Bücher ich auf gar keinen Fall lesen dürfte, da dies mich und die Familie gefährden würde. Natürlich habe ich dann alles darangesetzt, sie zu bekommen. Wenn mir etwas verboten war, reizte es mich umso mehr und aktivierte meinen Widerstand. Das war schon in meiner Kindheit so. Ich musste immer alles selbst ausprobieren und herausfinden, was richtig war und was falsch. Zu Hause hatte es sich mein Bruder Dariusch zur Aufgabe gemacht, seine Schwestern zu überwachen. Das ist in allen islamisch geprägten Gesellschaften so. Wenn mich ein Junge auf der Straße belästigte, bekam er es mit ihm zu tun und wir konnten uns wieder sicher fühlen. Aber er maßte sich eben auch an, uns vorzuschreiben, was wir anziehen und wie wir unsere Haare tragen sollten. Wir stritten uns oft deswegen, weil ich mich besonders widerspenstig zeigte, ihm zu gehorchen. Insbesondere, wenn es um Bücher ging. Jedes Buch, das ich mir geliehen oder gekauft hatte, schaute er sich genau an, und manchmal versuchte er mir auch die Lektüre zu verbieten, vor allem wenn es um Liebe ging. Einmal brachte ich ein Buch nach Hause, in dem zwei junge Leute sich ohne Erlaubnis ihrer Eltern verliebt hatten und heiraten wollten. Dariusch riss es mir aus der Hand und war fest entschlossen, es mich nicht lesen zu lassen. Da halfen dann nur Tricks. Ich tat, als brächte ich es zurück, und las es heimlich mittags, wenn alle schliefen. Ich hatte große Angst, entdeckt zu werden, bei jedem Geräusch auf der Treppe habe ich das Buch unter meinem Kopfkissen versteckt. Und wenn jemand in mein Zimmer kam, habe ich mich schlafend gestellt.

Nun erlebte ich dieselbe Bevormundung durch meinen Mann. Ich war inzwischen über zwanzig und nicht mehr gewillt, das kleine Mädchen zu sein, das ich für ihn und seine Familie anscheinend immer noch war. Ich war sehr unglücklich damals und spielte mit dem Gedanken, meinen Mann zu verlassen. Dazu war ich aber zu stolz, weil ich die Heirat doch gegen den Willen meiner Eltern durchgesetzt hatte. Ich musste so tun, als wäre alles in Ordnung, und hätte doch so gern jemandem meine Sorgen erzählt. Ich schämte mich vor meinem Vater, der vorausgeahnt hatte, dass ich mit Fereidun nicht glücklich würde. Ich hätte mit ihm reden sollen, wie es in unserer Kultur auch üblich war. Aber ich habe nicht sehr viel von diesen alten Sitten gehalten. Ich wollte immer selbständig denken und handeln und glaubte, stark sein zu müssen. Nun bereute ich, Hassan Maali über die angebliche Liebe zu Fereidun belogen zu haben. Auch Freundinnen hatte ich damals keine. Dafür fehlte mir einfach die Zeit neben Arbeit, Studium und häuslichen

Pflichten. Die Abende hatte ich mit der Familie zu verbringen, Gäste zu bewirten oder selbst auf Besuch zu gehen, auch wenn ich gar keine Lust dazu hatte. Ich sehnte mich nach der Liebe und Wärme eines Menschen, der mir wirklich nahe stand.

»Ich möchte ein Kind!«, sagte ich eines Abends auf einem Spaziergang zu Fereidun. Es war kurz vor unserem persischen Neujahr und der Mandelblütenduft lag in der Luft. »Wir hatten vereinbart, dass ich darüber bestimmen darf. Jetzt ist es an der Zeit dafür.«

Meine Familie war sehr erstaunt über meinen Entschluss gewesen, hatte ich doch immer verkündet, dass ich erst nach dem Studium Kinder bekommen wollte. Außerdem befürchteten sie, dass ich es dann aufgeben würde. Meine Schwiegermutter freute sich, endlich auf einen Enkel hoffen zu dürfen. Sie hatte nach drei Jahren kinderloser Ehe schon geglaubt, ich wäre unfruchtbar, und das sogar unter ihren Freundinnen verbreitet. Sie versicherte mir jedenfalls, dass sie mir später helfen wolle. Hätte ich gewusst, wie unglaublich anstrengend die nächsten Jahre würden, ich hätte es mir vielleicht reiflicher überlegt!

Mein Sohn Farschid wurde am 24. Dezember 1971 geboren. Die Wehen hatten mich mitten in einer Vorlesung überrascht und ich musste zusehen, es noch rechtzeitig ins Krankenhaus zu schaffen. Für mich war das gut so, denn Farschids Geburt, er wog knappe sechs Kilo, hätte mich beinahe das Leben gekostet. Ich musste narkotisiert werden und fiel anschließend in ein dreitägiges Koma. Als ich endlich erwachte, vernahm ich die Stimme meines Mannes: »Wir haben uns entschlossen, unseren Sohn Farschid zu nennen.«

»Unseren Sohn«! Ich traute meinen Ohren kaum. Fereidun, seine Mutter, seine Schwester und sein Bruder standen mit Blumen und Geschenken an meinem Bett. »Unseren Sohn«! Er war mein Sohn! Neun Monate hatte ich das Kind ausgetragen und wäre bei der Geburt fast gestorben, und dann werde ich nicht einmal gefragt, ob ich auch eine Meinung dazu hätte. Aber ich war zu schwach, um mich zu wehren. Ich schloss die Augen und schwieg.

Als ich mit Farschid nach Hause kam, wartete schon meine Mutter auf mich. Sie nahm sich über einen Monat Zeit für mich. Da ich bis zum letzten Tag gearbeitet hatte, blieb ich das Vierteljahr, das mir als Lehrerin nach der Geburt zustand, zu Hause. In jenen Monaten war ich sehr glücklich. Farschid sah aus wie Chamba. Er hatte dieselben blonden Haare und kleine Schlitzaugen, wenn er lächelte.

Du hast den Tschador tief ins Gesicht gezogen. In der Hand hältst du einen kleinen Zettel mit der Adresse einer Tante von Alemeh, bei der du übernachten kannst. Immer wieder schaust du darauf, um dir die Schriftzüge wie ein Bild genau einzuprägen.

»Können Sie mir bitte sagen, wie ich zur Nur-Straße komme?« Seit du am Qazwin-Tor ausgestiegen bist, irrst du durch die Straßen Teherans. Die Frauen, die du fragst, antworten so schnell, dass du ihren Erklärungen kaum folgen kannst. Sie sagen dir neue Straßennamen, die du aber auf den Schildern nicht lesen kannst. Dann musst du wieder fragen. Ratlos schaust du dich um. Dir ist schwindelig vom beißenden Benzingestank, und du fürchtest dich vor den vielen Militärfahrzeugen, die an

jeder Straßenecke stehen. Erstaunt blickst du jungen Frauen hinterher, die kein Kopftuch tragen.

Ein kleiner Junge führt dich schließlich gegen ein kleines Entgelt durch schmale Gassen, in denen Händler den Abfall in die Rinnsteine kehren, zu einem unscheinbaren Haus. Du schaust auf den Namen, der dem von Alemeh gekritzelten Schriftzügen gleicht, und gibst ihm erleichtert einen Rial.

Doch du klopfst vergeblich an die Tür. Die Fensterläden bleiben verschlossen. Ratlos schaust du dich um, damit hast du nicht gerechnet. Eine Nachbarin, die dich beobachtet hat, sagt dir, dass sie weggefahren sind. Sie nennt dir eine kleine Pension in der Nähe und bietet dir ihre Hilfe an, als sie hört, dass du Arbeit suchst. Sie heißt Soraya, und ihr gutmütiges Lächeln macht dir Mut.

»Choda hafez – Gott behüte dich«, verabschiedest du dich erleichtert. Inzwischen ist es dunkel geworden. Du raffst deinen Tschador und läufst mit großen Schritten zur Pension.

Als der Mutterschaftsurlaub zu Ende ging, musste ich mir überlegen, wie ich Farschids Betreuung organisieren könnte, während ich arbeitete und studierte. Die Zeit allein mit ihm war viel zu schnell vergangen. Ich war in eine völlig andere Welt abgetaucht und konnte mir erst gar nicht vorstellen, ihn bald nicht mehr stündlich um mich zu haben, ihn anderen Menschen zu überlassen. Doch ich musste wieder in die Schule, wenn ich meine Stelle nicht verlieren wollte, und das Jura-Studium abzubrechen kam für mich auch nicht infrage. Dafür war es zu schwer erkämpft. Ich hatte mir damit einen Traum verwirklicht, und wer weiß, wofür ich es eines Tages gebrauchen könnte. Als Erstes fragte ich meine Schwiegermutter, doch sie vergaß ihr Versprechen und hatte plötzlich keine Zeit. An dem Tag, an dem ich wieder in die Schule musste, fuhr sie für zwei Monate nach Täbris und hatte auch danach nicht vor, die Betreuung Farschids zu übernehmen. Das war ein Schock für mich.

An meinem ersten Arbeitstag half mir mein Schwiegervater aus, dann ließ ich mich für zwei Wochen krankschreiben. In dieser Zeit versuchte ich, eine Tagesmutter zu finden. Krippen gab es nicht. Ich fragte bei Bekannten und Nachbarn nach, vergebens. Mir blieb nichts anderes übrig, als zu kündigen. Doch nicht einmal das stellte sich als einfach heraus. Das Schulamt wollte mich nicht gehen lassen. Ich wusste nicht mehr, was ich machen sollte. Die zwei Wochen waren um, wieder half mir mein Schwiegervater aus, und manchmal brachte ich Farschid beim Hausmeister der Schule unter, der auch eigene Kinder hatte. Ich war verzweifelt, denn so konnte es nicht weitergehen. Farschid tat mir unendlich Leid, und auch Fereidun war nicht mehr gewillt, sich das länger anzusehen.

Eines Tages sagte ich den Kindern, die ich neben Sport auch in Englisch unterrichtete, dass ich leider ab morgen definitiv kündigen müsse, weil ich für meinen Sohn keine Betreuung gefunden habe. Ich sagte ihnen noch, worauf sie sich in der nächsten Zeit vorbereiten sollten, und fuhr nach Hause. Mir liefen Tränen übers Gesicht, vor Trauer und Wut gleichermaßen. Zwei Stunden später klingelte das Telefon. Es war eine Mutter, deren Töchter ich in der siebten und neunten Klasse unterrichtete. Besorgt erkundigte sie sich, weshalb ich kündigen wollte, wo doch ihre Töchter, seit ich den Englischunterricht übernommen hatte, viel besser geworden wären. Das hörte ich natürlich gern, aber was nutzte mir das jetzt?

»Was halten Sie davon, wenn ich ab morgen früh jeden Tag zu Ihnen komme und auf Ihren Sohn aufpasse, damit Sie weiter arbeiten können?« Ich bedankte mich und vereinbarte einen Besuch bei uns. Ihrer sympathischen Stimme nach war sie sicher auch eine liebevolle Frau.

Am Abend besuchte uns Iran Chanum, oder Frau Iran, wie man in Deutschland sagen würde. »Iran« ist übrigens kein seltener Name in meinem Land. Ich schloss sie sofort ins Herz. Sie ähnelte meiner Mutter, hatte die gleiche sanfte, aber bestimmte Art zu sprechen und aufmerksam zuzuhören. Iran Chanum betreute Farschid, bis er mit drei Jahren in den Kindergarten kam. Ich hätte es selbst nicht so gut machen können, wie sie es getan hat. Und so konnte ich mich wieder meinem Beruf widmen und hatte am Nachmittag oder Abend, wenn ich nach Hause kam, einen kleinen lieben Menschen, der auf mich wartete und den ich wirklich liebte.

In den nächsten zwei Jahren versuchte ich den Sportunterricht an meinen beiden Schulen zu verändern. Ich erprobte neue Methoden, die mir alljährlich sogar Preise einbrachten. 1973 wurde im Süden Teherans von der Frau des Schahs, Farah Diba, dem damaligem Premierminister und einigen anderen reichen und einflussreichen Persönlichkeiten eine Modellschule eröffnet. Hierfür suchte man landesweit Lehrer, um sie dort einzustellen. Auch ich wurde ausgewählt. Siebentausend Schüler sollten hier unterrichtet werden, erstaunlicherweise Jungen und Mädchen zusammen. Bis dahin gab es im Iran nur in der Grundschule und im Kindergarten gemischte

Gruppen, und erst ab der sechsten Klasse wurden die Geschlechter getrennt. Diese Modellschule vereinte zwei Kindergärten, drei Grundschulen, eine große Mittelschule und zwei Gymnasien. Da ich nicht die einzige Sportlehrerin war, unterrichtete ich in der sechsten bis neunten Klasse auch vier Stunden Kunst. Die Bezahlung war im Vergleich zu anderen Lehrern hervorragend. Zwar hatte ich einige Stunden mehr als an einer normalen Schule zu unterrichten, dafür bekam ich jedoch an jedem Monatsende zum üblichen Gehalt noch einmal einen Betrag in gleicher Höhe dazu.

Diesen Wechsel empfand ich als großes Glück. Der lange Fahrtweg von einer Stunde mit dreimaligem Umsteigen änderte nichts daran. Endlich musste ich nicht mehr gegen die Widerstände von Direktoren oder anderen Lehrern kämpfen, wenn ich etwas Neues ausprobieren wollte. Ich setzte sogar ein Projekt durch, das von allen Schulen im Iran übernommen wurde. Jeden Morgen machte ich mit den Schülern von der Grundschule bis zum Gymnasium zehn Minuten lang nach Musik bestimmte Bewegungsübungen. Als diese Idee dem Ministerium bekannt wurde, beauftragten sie sogar einen bekannten Komponisten, eine geeignete Musik hierfür zu schreiben.

In den Sommerferien nahm ich dann mit einigen meiner Schüler an nationalen Sportwettkämpfen in Karadsch, vierzig Kilometer nördlich von Teheran, teil. Dort wohnten wir in den komfortablen Anlagen des olympischen Dorfes, das während der Asiatischen Olympischen Spiele 1970/71 errichtet worden war und ein Fußballstadion mit 100 000 Zuschauerplätzen besaß. Hier brachten wir Mädchen und Jungen aus ganz Iran unser musikalisches Sportprogramm bei, damit sie es in ihren Schulen einführen konnten.

Bald ertönte diese Sportmusik tatsächlich jeden Morgen um acht im Radio, und auf allen Schulhöfen des Landes machten die Schüler unsere Übungen, ich sprach im Fernsehen darüber und erhielt sogar viele Preise. Meine Familie war stolz auf mich.

Du hast in der Nacht kaum geschlafen. Der Streit eines spät heimkehrenden Paares im Nachbarzimmer hatte dich geweckt, und dann konntest du nicht wieder einschlafen. Kurz vor Sonnenaufgang hattest du dann deinen Gebetsteppich ausgebreitet und inbrünstig gebetet, dass dir der heutige Tag Glück bringen möge.

Soraya führt dich in eine kleine Schneiderei. Der Inhaber, dessen fadendünner Lippenbart dich an Abdullah erinnert, mustert dich, als ob er dich kaufen wollte. »Hast du schon eine Unterkunft?« Der anzügliche Ton in seiner Stimme lässt dich aufhorchen. Schamrot senkst du den Blick und ziehst Soraya wieder hinaus.

»Na, du bist aber anständig!«, lacht sie mit einer Unbeschwertheit, die dir verloren gegangen ist in den letzten Monaten. Sie sagt dir, dass es ein Fehler sei, in dieser Gesellschaft eine Frau und obendrein noch hübsch zu sein. Du ahnst, was sie damit meint, und bittest sie, es in einer Teppichwerkstatt zu versuchen.

Wieder folgst du ihr durch einen Irrgarten von Straßen, Geräuschen und Gerüchen zu einem verfallenen Gebäude mit zerbrochenen Fensterscheiben. Du kannst gar nicht glauben, dass da jemand arbeitet. Doch Soraya führt dich eine Wendeltreppe hinab in einen Keller. Und dort siehst du sie. Frauen, Männer und Kinder sitzen auf langen Bänken vor einer Wand, an der halbfertig geknüpfte Teppiche hängen. Dich erschreckt das kalte Licht der nackten Glühbirnen, die von der Decke baumeln. Die Luft ist stickig. Du hörst kein lautes, fröhliches Geschwätz, wie du es bei den Frauen in Hessar gewohnt bist. Ein hagerer, akkurat gekleideter Mann geht die Reihen ab und gibt knappe Anweisungen.

Dein Blick fällt auf ein sehr kleines Mädchen mit einem bunten Kopftuch, das einen einfachen Gabbeh knüpft. Als sie sich umdreht, siehst du ihre großen nussbraunen Augen in dem blassen Gesicht. Du lächelst sie unwillkürlich an. In ein paar Jahren könnte Seeba an ihrer Stelle sitzen. Der Gedanke schmerzt dich, und du bist gar nicht mehr so sicher, ob du wirklich hier arbeiten willst.

Plötzlich erbleicht Soraya und fasst dich bei der Hand. Oberhalb der Souterrainfenster hörst du rhythmisches Stiefelschlagen und hektisches Passantengetrappel. »Raus hier, eine Demonstration!«, schreit euch der Aufseher an. Ohne euch zu verabschieden, rennt ihr die Wendeltreppe nach oben.

Die Straße schlägt dir entgegen wie ein brüllend verendendes Tier. Tausende von Demonstranten mit halb zerfetzten Plakaten, verfolgt von Panzern und Soldaten, die aus Maschinengewehren in die Luft feuern, kreischen: »Nieder mit dem Schah!!!« Du willst dich an die Hauswand drücken, doch Soraya zerrt dich gegen den Strom der Massen hinter sich her. Immer wieder versuchst du deinen verrutschenden Tschador zu richten. Bis du es aufgibst und deine Haare wild hervorquellen. Irgendwann werdet ihr auseinander gerissen. Mit einem Aufschrei bleibst du stehen. Ein verlorener Stein bist du in einem schäumendem Strom, der alles niederreißt, was ihn bremst. Links und rechts neben dir skandieren junge Männer: »Alaho Akbar! Lang lebe Khomeini!!« Unter ihnen sind Mullahs.

Die landesweite Einführung meines musikalischen Sportprogramms war ein großer Erfolg für mich und ich hätte dankbar sein sollen, dass so etwas unter dem Schah Mohamed Resa Pahlawi möglich war. Aber bald bekam ich die Kehrseite totalitärer Macht zu spüren. Ich spürte, dass sich der SAVAK für mich interessierte.

Die Angst vor dem Geheimdienst erlebte ich wie ein schleichendes Gift erstmals im »Haus der Bildung«. Wenn wir etwas kritisierten, wenn wir den Lehrern einen Streich spielten oder uns in einer Sache wehrten, konnte das immer auch als Angriff auf den Schah, als politische Aktivität ausgelegt werden. Doch das geschah niemals öffentlich. Es kam in deine Akten oder wurde dem SAVAK gemeldet. Es gab immer jemanden, der bereit war, einen anderen zu denunzieren. Das führte dazu, dass man nie wusste, ob nicht der Nachbar oder gar dein Verwandter ein Savaki war.

Einmal hatte ich im Internat einen kleinen Aufstand organisiert, da wir schlechteres Essen bekamen, als es uns laut Gesetz zugestanden hätte. Deshalb warfen wir es eines Tages einfach an die Wand. Zugegebenermaßen keine sehr feine Methode des Widerstands. Aber wir wollten es nicht zulassen, dass die Schulleitung das Geld, das für unsere Verpflegung gedacht war, sich einfach in die eigenen Taschen steckte. Am nächsten Tag ließ uns die Direktorin den ganzen Vormittag vor ihrem Zimmer stehen, ohne dass letztlich etwas passierte. Sie ließ uns einfach mit der Angst allein, dass sie uns verhören könnte. Die permanente Angst vor den geheimen Folgen von Kritik sollte uns prägen. Über das Funktionieren dieses Systems der Angst klärte uns nach diesem Vorfall unser Psychologielehrer auf. Dabei ermutigte er uns Mädchen, über unsere Rechte zu reden, warnte aber gleichzeitig davor, uns unnötig in Gefahr zu bringen.

Mein Vater reagierte ähnlich. Wenn ich mich gegen etwas zur Wehr gesetzt oder kritisiert hatte, erzählte ich ihm gewöhnlich davon. Dann lächelte er stets ein wenig stolz, nickte, sagte aber kein Wort dazu. Weder ermunterte er mich zu weiteren Aktionen, noch hielt er mich davon ab. Also machte ich weiter, nahm jedoch, wenn ich die Mädchen zu etwas angestiftet hatte, die Schuld immer auf mich, um sie nicht in Gefahr zu bringen. Ich brauchte einfach das Gefühl, mich wehren und dann darüber reden zu können. Dann ging es mir gut. Dann stand ich auch dafür gerade. Nichts ist bis heute für mich schlimmer als ein Gefühl der Ohnmacht, Dinge, die ich als ungerecht empfinde, nicht verändern zu können.

Die Kinder, die ich an der Modellschule unterrichtete, gehörten wie in meiner ersten Schule zu den Ärmsten der Armen. Sie lebten selbst im Winter in Plastikzelten und aßen mittags Brot und Käse, die sie sich am Kiosk kauften. Oft ging ich nicht in den Lehrerspeisesaal, sondern begleitete sie nach draußen, und wir nahmen die kleine Brotmahlzeit gemeinsam ein. Dabei erfuhr ich viel von ihrem Leben. Ich war erschüttert, unter welch schwierigen Bedingungen sie zu Hause lernen mussten. Besonders im Winter war es fast unerträglich für sie. Ein Junge, der mit seiner Familie in einem Zelt wohnte, erzählte mir, dass er abends nur eine kleine Öllampe zum

Lernen hatte. Und im Winter konnte er oft seine Hausaufgaben nicht machen, weil der Sturm ihr Zelt umkippte und die Lampe ausging. Es dauerte dann immer sehr lange, bis sie es in der eisigen Kälte wieder aufgebaut hätten. Zu Hunderttausenden lebten so Teherans Slumkinder.

Ich spürte, dass ich darüber nicht einfach hinweggehen konnte. Wann immer sich eine Gelegenheit ergab, redete ich mit meinen Schülern darüber und gab ihnen systemkritische Bücher, die auf den SAVAK-Listen standen. Ich wollte sie ermutigen, diese Verhältnisse nicht einfach hinzunehmen, sondern sich dagegen zu wehren. Die kritische Atmosphäre, die ich an der Universität erlebte, ermutigte mich dazu. Ich wusste, was hinter den Kulissen passierte.

Das alles blieb dem SAVAK nicht verborgen. In jeder Schule arbeitete ein SAVAK-Mitarbeiter, manchmal war das jemand aus der Verwaltung, manchmal der Direktor selbst. Wie ich später erfuhr, war auch die Direktorin der Mittelstufe an unserer Modellschule für den Geheimdienst tätig.

Im September 1976 wurde ich von der obersten Direktorin zu einem Gespräch gebeten. Als ich das Zimmer betrat, war sie nicht allein. Ein Mann saß neben ihr, der mir schon mehrmals auf dem Hof aufgefallen war, da er immer, selbst im Winter, eine dunkle Brille trug. Nun begriff ich, dass es ein SAVAK-Mitarbeiter war, und versuchte mir in Windeseile vorzustellen, was sie außer dem, was ich den Kindern in der Schule erzählte, noch über mich wissen konnten. Kannten sie meine Aktivitäten an der Uni? Hatten mich Kommilitonen verraten?

Die Direktorin wirkte müde und angespannt. Sie sah

mir nicht in die Augen, als sie sagte: »Frau Maali, wir müssen Ihnen leider kündigen ...« Und etwas verlegen fügte sie hinzu: »Wir wissen, dass Sie eine hervorragende Lehrerin sind, und lassen Sie sehr ungern gehen, aber«, sie stockte und blickte auf den SAVAK-Mitarbeiter, der keine Anstalten machte, ihr beizuspringen, »aber uns sind Sachen zu Ohren gekommen, politischer Natur«, setzte sie dazu, »die es uns unmöglich machen, Sie weiterhin an unserer Modellschule zu beschäftigen.«

Das war also der Dank für mein Engagement! Wut stieg in mir hoch, doch ich beherrschte mich und schwieg, denn ich wollte mich nicht weiter unnötig gefährden. Zwar hatte ich seit letztem Sommer meinen Jura-Abschluss in der Tasche, aber ich liebte meinen Beruf und hatte noch nicht vor, ihn aufzugeben.

Der Mann mit der Brille sagte nach wie vor kein Wort. Die Direktorin saß zusammengesunken auf ihrem Sessel. Fast tat sie mir Leid, da ich für ihre Schule landesweit zum Aushängeschild geworden war und sie mich ganz sicher gern behalten hätte. Doch der SAVAK hatte den längeren Arm, sein Einfluss war zu groß, um sich ihm zu widersetzen. Also stand ich wortlos auf und verließ das Zimmer. Meine Zeit als Lehrerin an der Modellschule war damit beendet.

Keinen Augenblick länger willst du in dieser wahnsinnigen Stadt bleiben. Aber der letzte Bus nach Haschtgerd fuhr am Mittag. Verzweifelt suchst du den Weg zurück zur Pension. Frauen begegnen dir, ohne Tschador, ohne Kopftuch, mit tief ausgeschnittenen bunten Kleidern und stark geschminkten Lippen, die dich feindselig beobachten. Du hörst ihr dröhnendes Lachen: »He, die will uns wohl die Kunden wegschnappen!« Eine sanfte Stimme weist sie zurück. »Lasst sie, seht ihr nicht, dass sie einfach nur Angst hat?«

Vor dir steht eine elegante junge Frau in knielangem Rock und ausgeschnittenem Pulli, deren Lippen himbeerrot leuchten. »Kann ich dir irgendwie helfen?«

Du weißt selbst nicht, warum, aber sie flößt dir Vertrauen ein. Dir ist, als würde eine warme Woge dich umfassen, und all die Anspannung und Angst der letzten Stunden löst sich auf in einem Strom von Tränen. Die Fremde führt dich auf eine Bank, und dann erzählst du ihr deine Geschichte. Während du mit ihr redest, streichelt sie sanft deine Hand. Ihr Mitleid tut dir gut.

»Ich wüsste eine Arbeit für dich«, sagt sie, nachdem du geendet hast. Müde hebst du den Kopf. »Ich habe mich schon mit vierzehn allein durchs Leben schlagen müssen. Bis mich dann Maman aufgenommen hat. Hübsch, wie du bist, würde sie dich sicher nehmen. Es ist ein vornehmes Haus mit guten Kunden, nicht wie hier in Gal'e. Nach einiger Zeit könntest du deine Kinder herholen und irgendwo unterbringen.«

Bei dem Wort »Gal'e« stockt dir der Atem. Langsam begreifst du. Die bunten Frauen in der Gasse. Die »Festung der Sünde«, wo Frauen sich Männern verkaufen. Ein Mädchen aus Komar, das vergewaltigt worden war, ist dort gelandet. Wie oft haben sich die Frauen im Badehaus den Mund darüber zerrissen. Das also bleibt dir noch. »Nein, das nicht!«, flüsterst du. Hastig springst du auf und läufst davon.

Wieder irrst du durch Straßen, Gassen und Alleen. Die himbeerroten Lippen tanzen vor deinen Augen, und dir ist schlecht vor Hunger.

Irgendwann hast du die Pension gefunden und bist auf deinem Zimmer sofort in den Schlaf gefallen. Im Traum versuchst du vergeblich, einen spiegelglatten Berg zu erklimmen. Immer wieder stürzt du in eine bodenlose Tiefe.

Am nächsten Morgen nimmst du den ersten Bus nach Haschtgerd.

Kurz nach meiner Kündigung an der Modellschule bot mir das Schulamt an, in einem Mädchengymnasium ganz in der Nähe unseres Hauses zu arbeiten. Damit hatte die Sache immerhin einen Vorteil. Ich musste nicht mehr jeden Morgen in den Sammelbus für Lehrer steigen oder ewig im Stau stehen und sparte zwei Stunden Fahrt täglich. Und das kam mir sehr zustatten, denn ich war wieder schwanger.

Die neue Direktorin missfiel mir vom ersten Tag an. Sie war schon etwas älter und wirkte sehr konservativ. Ich spürte sofort, dass wir einander Probleme bereiten würden. Mit den Schülerinnen hingegen, ich unterrichtete die zehnte bis zwölfte Klasse, kam ich wunderbar aus. Sie kannten mich aus dem Fernsehen, und wir hatten viel Spaß miteinander. Auch mit ihnen habe ich über Politik diskutiert. Ich konnte es einfach nicht lassen. Anders als in der Modellschule kamen diese Mädchen aus wohlhabenden Elternhäusern und wussten wenig vom Leben im Süden Teherans. Mittags brachten ihnen Gouvernanten und Diener das Essen, manche aßen vor den anderen dreigängige Menüs auf kostbaren Tabletts, denn ihre Eltern wollten, dass sie so elegant wie zu Hause ihr Mahl einnehmen. Der Kontrast zur Modellschule hätte nicht drastischer sein können.

Eines Abends erlebte ich während eines Opernbesuchs mit Fereidun eine unangenehme Überraschung. In der Pause erblickte ich meine Direktorin, und als ich sie verstohlen meinem Mann zeigte, flüsterte er: »Und weißt du, wer der Mann daneben ist?« Ich schüttelte den Kopf. »Der Vize-Chef des SAVAK!«

Ich erstarrte. Nun war mir klar, weshalb ich an diese Schule versetzt worden war – damit sie mich besser unter Kontrolle hatten! Als wir zu Hause waren, machte mir mein Mann Vorwürfe. »Du musst endlich lernen, deinen Mund zu halten. Mach deinen Sportunterricht und halt dich raus aus der Politik. Du bringst uns sonst alle in Schwierigkeiten. Soll ich meinen Job auch noch verlieren!?«

Ich kannte diese Litanei. Es war das gleiche Lied wie mit den Büchern auf den SAVAK-Listen, die ich nicht lesen durfte und mir dann doch heimlich besorgt und sogar weitergegeben hatte.

Nach diesem Opernbesuch wusste ich, mit wem ich es in der Schule zu tun hatte. Umso besser, dachte ich, dann werden sie mich jetzt erst recht kennen lernen. Am nächsten Tag ging ich in jene Klasse, in der die Mädchen immer ihre dreigängigen Menüs verzehrten, und sagte: »Draußen liegt zu viel Schnee, wir machen heute keinen Sport, sondern reden über eine Sache, die mir schon lange am Herzen liegt.«

Es war Mitte Dezember, mein Bauch hatte schon beträchtliche Ausmaße angenommen, und ich konnte mich ohnehin kaum noch bewegen. »Wer von euch hat Lust, einmal sein schlimmstes Erlebnis zu erzählen?« Ich hoffte, über diese Frage mit ihnen über das Leben der Slumkinder ins Gespräch zu kommen.

»Ich habe in Deutschland etwas erlebt, das ich nicht vergessen kann«, meldete sich ein Mädchen zu Wort.

»Ich verbrachte mit meinen Eltern ein paar Tage in Hamburg, und dort sah ich einen Spiegel, den ich unbedingt haben wollte, denn er besaß drei verschiedene Beleuchtungsarten: eine zum morgendlichen Schminken, eine für mittags und eine abends, wenn man ausgehen möchte. Da ist doch das Licht immer ganz anders. Ich hatte mich richtig verliebt in diesen Spiegel. Und meine Eltern wollten ihn mir auch kaufen. Aber dann stellte sich heraus, dass der Stecker nicht in unsere Steckdose passte. Deshalb machte es keinen Sinn, ihn zu kaufen. Ja, das war mein schlimmstes Erlebnis«, beendete sie ihre Erzählung und schien erneut den Tränen nahe.

Ich traute meinen Ohren kaum. Eine solche Lappalie war also ihr »schlimmstes Erlebnis«?

»Weißt du eigentlich, was wirkliches Unglück ist?«, fragte ich sie daraufhin. »Warst du jemals in Jachtschibad und Nasiahbad und Dschawadiye?«

Es war eine rhetorische Frage, denn ich wusste, dass sich die Oberschicht gewöhnlich nicht in diese übelsten Slums im Süden Teherans verirrte. Sie hatte ihre schönen Häuser und Paläste im Norden mit hohen Mauern, Stacheldraht und Gegensprechanlage abgesichert. Ihre Kinder hatten keine Vorstellung davon, wie das Leben dort aussah. Sie wollten es auch nicht wissen. Und dann erzählte ich den Mädchen von einzelnen Schicksalen meiner ehemaligen Schüler und den Ursachen für ihre Notlage. Ohne dass ich es merkte, steigerte ich mich in eine glühende Rede gegen die Ungerechtigkeiten unter dem Schahsystem hinein, das sich so gnadenlos aufspaltete in die Mehrheit der ganz Armen und eine sehr kleine Schicht immens Reicher.

Am nächsten Tag wurde ich zur Direktorin bestellt.

»Was kann ich für Sie tun?«, fragte ich scheinbar ahnungslos, als ich das Zimmer betrat. Ein Blick auf das Gesicht der Direktorin hatte genügt, um zu wissen, dass dies keine angenehme Plauderei würde.

Böse funkelnd schaute sie mich von unten nach oben an. »Sie reden zu viel!«, knurrte sie knapp.

Ich war mindestens einen Kopf größer als sie und mein Bauch machte mich noch voluminöser. »Wieso? Das machen doch alle Lehrer«, spöttelte ich, wohl wissend, dass auch ihr Wortschwall zumeist schwer zu bremsen ist. »Oder kennen Sie einen Lehrer, der wenig redet?«

»Nur, dass das, was Sie von sich geben, stinkt!«

Sie hatte tatsächlich ›stinkt‹ gesagt und meinte damit nichts anderes als etwas, das dem SAVAK sehr verdächtig ist.

Nun wusste ich, woher der Wind wehte. Doch dieses Mal konnte ich mich nicht mehr beherrschen. Vielleicht, weil ich im neunten Monat schwanger war, vielleicht, weil ich es satt hatte, vor dem SAVAK immer zu kuschen. Jedenfalls antwortete ich: »Dann halten Sie doch Ihre Nase zu, wenn meine Wörter stinken!« Danach gab ein Wort das andere, und ich verließ die Schule. Ich ahnte, dass meine Tage wohl auch an dieser Schule gezählt waren.

Am nächsten Tag bekam ich die Wehen.

Dein Großvater liegt im Sterben. Sein rasselnder Atem erinnert dich an die letzten Tage Mohameds. Du machst ihm Umschläge und betest, er möge dir noch eine Weile bleiben. Du weißt, dass es sinnlos ist, und küsst die kleine Kette mit dem Skorpion, die er dir einst geschenkt hat.

Am nächsten Tag ist er tot. Die Trauerzeremonie bringst du wie in Trance hinter dich. Ohne Nazlis und Alemehs Hilfe wärst du einfach nur am Korssi sitzen geblieben. Sie haben für dich gebacken und die Gäste empfangen und dich zum Friedhof in ihre Mitte genommen. Das Tuscheln der Frauen hinter euch machte dir Angst. »Was wird sie wohl jetzt tun? Wir dulden keine Ledige in Hessar.« Die Männer ignorierten dich zum Glück.

Alemeh machte dir Andeutungen, dass Akbar die Vernachlässigung des Haushalts und der Kinder nicht mehr aushält und dich vermisst. Er will, dass du wieder zu ihm arbeiten kommst. Am Abend steht tatsächlich Fatemeh vor deiner Tür und bittet dich, ihr zu helfen. Du siehst ihr die Demütigung an und erwartest nichts Gutes von ihr. Doch du brauchst das Geld. Yussuf hatte nach deiner Verstoßung zwar auf die Rückgabe der Morgengabe verzichtet, aber der Arzt aus Haschtgerd hat die letzten Toman verschlungen. Du sagst, dass du kommen wirst.

Seit Tagen hat es geschneit. Mühsam bahnst du dir mit den Kindern den Weg zu Akbars Haus. Manche Tore sind halbhoch verweht. Als Fatemeh dir öffnet, sagt sie mit einer abfälligen Kopfbewegung auf die Kinder: »Muss das sein?« Es tut dir weh, dass sie deine Kinder nicht mag, obwohl ihre beiden Jüngsten immer häufiger auch zu euch zum Spielen kommen. Sie schreit dich den ganzen Tag an und wacht mit Argusaugen über dich.

Du bemerkst, wie Akbar nach Gelegenheiten sucht, dir zu begegnen, spürst, wie er dich beobachtet. Einmal, als du den Boden wischst, steht er vor dir. Du erstarrst.

Sekundenlang blickt ihr euch an. Du ahnst, dass er dir etwas sagen will. Du möchtest fliehen, aber Akbars Augen halten dich fest. Fatemehs Ruf nach ihrer Ältesten lässt euch zusammenfahren.

Du riechst seinen herben Schweiß noch, als er längst gegangen ist.

Einen Tag nach der heftigen Auseinandersetzung mit meiner Direktorin, am 16. Dezember 1976, wurde mein Sohn Ali geboren. Am Morgen hatte ich noch einer Nachbarin beim Sofreh-Fest geholfen, das immer dann gefeiert wird, wenn ein lang ersehnter Wunsch in Erfüllung gegangen ist, für den man bereit ist, Opfer zu bringen. Dieses Opfer ist das Fest, bei dem man viele Freunde und Bekannte einlädt. Das Wort Sofreh bedeutet »weißes Tuch«, auf dem das Essen serviert wird. Je nachdem, zu wessen Ehren man das Fest feiert, ist das Sofreh-Tuch reicher oder ärmer gedeckt. Besonders üppig geht es zu Ehren Fatimas, Mohammeds früh verstorbener Tochter und Alis Frau, zu. Ebenfalls zu Ehren Abufasl, Alis Sohn aus einer späteren Ehe, der ein mutiger Kämpfer war. Bei dessen kleiner Schwester Roghayeh, die als Kind starb, gibt es nur Brot, Kräuter und Käse. Für die meisten Menschen ist der religiöse Hintergrund verloren gegangen, und das Sofreh-Fest ist einfach nur eine Party, besonders in sehr reichen Familien. Aber für meine Nachbarin war das anders. Sie hatte für einen Tag die Moschee gemietet, die an diesem Tag besonders für arme Menschen offen stand. Tagelang hatte sie gebacken, gekocht und das traditionelle Joghurtgetränk Dugh bereitet. Da sie kein Auto besaß, hatte ich ihr geholfen, alles in die Moschee zu bringen. Dann wurden die Wehen so heftig, dass ich, statt mitzufeiern, mich lieber ins Krankenhaus begab. In der Nacht kam Ali zur Welt.

Bereits als ich schwanger war, hatte die Familie meines Mannes beschlossen: Wenn es ein Junge würde, soll er Farschad heißen. Doch dieses Mal wollte ich den Namen selbst bestimmen. Ich hatte gerade einen beliebten mehrteiligen turkmenischen Fernsehfilm gesehen, in dem die Frau eines berühmten Reiterhelden beim Namen des ersten Sohnes nicht mitreden durfte, dann aber nach der Geburt des zweiten Sohnes gegen den Willen des Mannes darauf bestand, ihm selbst den Namen zu geben. »Achschamgalan. Der gehört mir«, sagte sie.

Als ich nun mit dem Kind nach Hause kam, ging mein Mann wie selbstverständlich davon aus, dass er Farschad heißt.

»Nein«, widerspach ich. »Achschamgalan!« Und jeder wusste, was ich damit meinte. »*Er gehört mir*, und ich werde ihn Ali nennen.«

Daraufhin entbrannte ein regelrechter Machtkampf zwischen mir und meinem Mann, der sich traditionell im Recht fühlte. Männer bestimmen im Iran seit jeher die Namen ihrer Kinder, insbesondere die ihrer Söhne. Doch ich blieb hartnäckig. Drei Monate lang hatte das arme Kind deshalb keinen Namen.

Eines Tages sagte Fereidun: »So geht das nicht weiter. Ich gehe jetzt zum Personalregisteramt und lasse die Geburtsurkunde auf den Namen Farschad ausstellen.«

»Mach, was du willst«, antwortete ich. »Ich werde meinen Sohn ohnehin Ali rufen!«

Ein paar Stunden später kam mein Mann zurück, warf mir die Urkunde aufs Bett und verschwand wieder. Und als ich draufschaute, sah ich, dass er doch den Namen Ali hatte eintragen lassen.

»Siehst du«, sagte ich zu meinem kleinen Sohn: »Es hat funktioniert. Achschamgalan, was eben heißt: *Ich* werde dir den Namen geben.«

Meinem Mann konnte es letztlich egal sein, aber für mich war das ein großer Sieg. Sich im Iran bei der Namensgebung durchzusetzen, bedeutete ein Stück weiblicher Emanzipation.

In der Zeit meines Mutterschaftsurlaubs hatte ich viel Zeit nachzudenken, wie mein Leben weitergehen sollte. Der letzte Vorfall an der Schule hatte mir sehr zu denken gegeben. Eines Tages, Ali war gerade vier Wochen alt, wurde ich vom Ministerium zu einem Gespräch eingeladen. Ich ahnte nichts Gutes und reagierte nicht darauf.

»Falls die sich telefonisch melden sollten, dann erzähl ihnen, ich bin im Mutterschaftsurlaub«, sagte ich zu Fereidun.

Eine Woche später kam wieder ein Brief. Auch den habe ich ignoriert. Die dritte Einladung unter Angabe eines festen Termins hatte nichts Verbindliches mehr. Sie war ein Befehl.

Der Mann, dem ich an jenem Tag gegenübersaß, war kein Unbekannter für mich. Es war der ehemalige Rektor der juristischen Fakultät Gandschi, einer der Auslöser des Aufstands vom Mai 1971 gewesen, bei dem so viele meiner Kommilitonen verhaftet worden waren. Damals hätten ihn Studenten beinahe gelyncht, wenn ihm nicht SAVAK-Mitarbeiter beigestanden hätten. Der Geheimdienst hatte ihm zwar das Leben gerettet, die Universität musste er damals dennoch verlassen. Und nun war er also Kultusminister.

Der Minister war nicht allein im Zimmer. Neben ihm saß derselbe SAVAK-Mann mit der dunklen Brille, den ich schon aus der Modellschule kannte. Er bot mir einen Stuhl an. Sein Benehmen wirkte ausgesprochen höflich.

»Wir kennen uns«, sagte der ehemalige Professor. »Wenn ich mich recht erinnere, waren Sie an der juristischen Fakultät.«

Mich ärgerte, dass er so tat, als wüsste er das nicht ganz genau. Wenn er mit dem SAVAK zusammenarbeitete, war ich eine gläserne Frau für ihn. »Ja, ich kann mich gut daran erinnern. Auch wenn wir Sie nach gewissen Unruhen dann nicht mehr gesehen haben …« Ich wusste, dass es unklug war, ihn zu provozieren. Doch wieder einmal gingen mit mir die Pferde durch.

»Wie Sie sehen, bin ich Minister geworden, und leider hat man in dieser Funktion nicht nur angenehme Aufgaben.« Sein Ton war eine Nuance schärfer geworden. »Frau Maali, mir sind nun schon zum zweiten Mal Geschichten zu Ohren gekommen, die Sie verdächtig gemacht haben. Um es deutlich zu sagen: Sie erziehen unsere Kinder nicht im Sinne unserer Regierung. Eine weitere Beschäftigung als Lehrerin erscheint uns deshalb als unzumutbar. Ich lege Ihnen hiermit nahe zu kündigen.«

Ich sah auf seinen Mund, der sich wurmartig kringelte. »Und wenn ich mich weigere?«

»Dann bleibt Ihnen nichts anderes übrig, als eine sechsmonatige Ausbildung im Frauengefängnis zu machen«, vernahm ich plötzlich die ölige Stimme des SAVAK-Mannes, der mir nicht einmal vorgestellt worden war.

In diesem Moment begriff ich, dass hier kein verbaler Schlagabtausch mehr stattfand. Ich hatte zu gehorchen oder ich wanderte hinter Gitter. Mir wurde schlecht. Sollte das wirklich das Ende meiner Arbeit als Lehrerin sein, meines Traumberufs, den ich so liebte? Mehrere Minuten saßen wir, einander in Gedanken abtastend, gegenüber. Mir wurde klar, dass ich keine Alternative hatte.

»Dann muss ich wohl gehen«, sagte ich tonlos.

Lächelnd schob mir Gandschi ein Formular über den Tisch.

Die Kündigungsprozedur hatte etwas Gespenstisches. Alles war bestens vorbereitet, die Formulare lagen ausgefüllt vor mir. Ich musste nur noch unterschreiben. Als ich das Ministerium verließ, hätte ich am liebsten laut geschrien und mich bei jemandem ausgeheult. Doch nicht einmal mit Fereidun konnte ich darüber reden.

Als ich nach Hause kam, sagte ich nur knapp, dass ich gekündigt hätte. Um mir die Vorwürfe meines Mannes zu ersparen, verschwieg ich die Gründe, auch den SAVAK-Mann erwähnte ich mit keinem Wort, hatte Fereidun doch vorausgeahnt, wohin mich meine Unvorsichtigkeit eines Tages bringen würde. Für Diskussionen hatte ich einfach keine Zeit.

Ich wusste, dass am nächsten Tag die jährliche Frist abläuft, innerhalb deren man sich in der Teheraner Anwaltskammer für ein Referendariat bewerben konnte. Wenn alles gut ginge, würde ich in drei Monaten meine Zulassung erhalten und – anders als zum Beispiel in Deutschland – nahezu selbständig als Anwältin arbeiten können. Ein Referendar hat im Iran die gleichen Rechte wie ein Rechtsanwalt, mit der Einschränkung, dass er von seinem Arbeitgeber eine Vollmacht braucht, bevor er den Fall eines Mandanten übernimmt. Das bedeutet, der Referendar bearbeitet den Fall und vertritt den Mandanten auch vor Gericht. Die Verantwortung trägt jedoch der Rechtsanwalt, der sich über die Fakten informieren muss.

Vierundzwanzig Stunden blieben mir, um alle Unterlagen zusammenzubekommen und die umfangreichen Formalitäten zu regeln, und ich verlor keine Minute.

Die Dorffrauen tuscheln hinter deinem Rücken, du hättest ein Verhältnis mit Akbar. Auf dem Heimweg wenden sie sich auf deinen Gruß hin ab und spucken aus. Sie flüstern dabei ein Wort, das du nicht verstehst. Alemeh wagt als Einzige noch mit dir zu sprechen, aber auch sie ist bereits vorsichtiger geworden. Der Mullah, erzählt sie, habe Akbar schon gerügt, dass es eine Sünde sei, eine unverheiratete Frau bei sich zu beschäftigen. Fatemeh sei verzweifelt, denn er möchte dich zur Zweitfrau.

Eines Tages steht die Maschateh in deinem Haus und droht dir: »Du wirst noch gesteinigt, wenn du so weitermachst. Ledige Frauen haben keinen Platz in unserem Dorf! Der Mullah und Akbar haben bereits eure Ehe verhandelt. Und wehe, du wagst, dich zu widersetzen. Dann sollst du keine ruhige Minute mehr finden!«

Ihre Worte bohren sich wie Messer in deinen Leib. Du willst Akbar nicht als Zweitfrau, nicht als Dienstmädchen neben Fatemeh, die dich jetzt schon hasst. Was du sogar verstehst, denn du würdest auch keine Zweitfrau neben dir dulden. Du denkst an die grausamen Blicke der Frauen am Waschplatz und an deine Kinder, die deinetwegen von anderen Kindern geschlagen werden. Du hast keine Wahl.

Gedemütigt willigst du ein, allerdings nur in eine Sigheh von drei Monaten. Als Bedingung stellst du wiederum, auch mit Akbar nicht schlafen zu müssen und auch diese Zeitehe vor Mohameds Verwandten zu verheimlichen.

In der Nacht träumst du von einem schwarzen Vogel, der mit weiten Schwingen langsam über dir kreist.

Wie zu erwarten, war Fereidun wenig erbaut über meine Kündigung, denn wir hatten gerade ein neues Haus gekauft. Ich hatte es von der Direktorin der Modellschule übernommen, die es nach dem Tod ihres Vaters zum Verteilen des Erbes veräußern musste. Es lag im vornehmen Norden Teherans, pikanterweise gegenüber dem SAVAK, der sich auf über tausend Quadratmetern hinter einer hohen Mauer verschanzte, und glich einem kleinen Palast. An Platz mangelte es uns nun nicht mehr. Allein das Wohnzimmer, in dem sich ein Patio, ein kleiner Garten mit Glasdach, befand, war zweihundert Quadratmeter groß. Vier Schlafzimmer standen uns zur Verfügung, eine sehr große Küche und mehrere Bäder und Toiletten. Auch der Keller war ausgebaut und hatte neben drei Zimmern und einem Bad einen riesigen Hobbyraum, in dem wir gern Tischtennis spielten. Am schönsten war der riesige Garten, in dessen Mitte sich früher ein Swimming-Pool befunden hatte, der aber mittlerweile mit Rosen bepflanzt war.

Mit diesem Haus hatten wir uns finanziell völlig verausgabt. Obwohl mein Vater uns einen großen Zuschuss gegeben hatte und auch einiges von meinen Ersparnissen draufgegangen war, waren wir tief verschuldet. Und nun entfiel obendrein mein Verdienst als Lehrerin, der in den letzten Jahren sehr gut gewesen war. Als Hausfrau bei den Kindern zu bleiben war demnach unmöglich. Ich musste mich wieder um Arbeit kümmern.

Zuerst gab ich vormittags zu Hause Nachhilfeunterricht, nachmittags unterrichtete ich in einer Abendschule verheiratete Frauen, die ihr Abitur nachmachen wollten. Drei Tage lang arbeitete ich auch mit einer Freundin, die geschieden war und ein Kind zu versorgen hatte, in einer Immobilienfirma. Länger hielt ich die Betrügereien, die da legal betrieben wurden, nicht aus. Meine Freundin ebenso wenig. Wir konnten einfach nicht lügen, wie man es von uns erwartet hatte.

Mein Vater empfahl mir dann, bei einem Bekannten, der früher in Maragheh gelebt hatte und nun in Teheran eine Kanzlei besaß, als Anwaltsgehilfin zu arbeiten. Dr. H. war berüchtigt als Schwindler, Lügner und Frauenheld, und ich wunderte mich sehr darüber, dass mich mein Vater diesem Menschen anvertrauen wollte. Als ich ihn befragte, was er sich dabei gedacht habe, antwortete er mir in seiner typischen Art in einem Gleichnis: »Die Schlange bewegt sich überall im Zickzack, aber in ihrem Nest liegt sie ruhig.« Damit wollte er sagen, wie schlimm Dr. H. anderen Menschen gegenüber auch sein mochte, mit mir würde er das nicht machen, da ich aus seiner Heimat kam und die Tochter Hassan Maalis war. Er sollte sich leider täuschen.

Ich blieb ein knappes halbes Jahr bei Dr. H., und während dieser Zeit wurden alle meine Befürchtungen bestätigt. Auf den ersten Blick war er ein charmanter Mann, doch schon bald spürte man instinktiv, dass nicht alles stimmen könne, was er erzählte. Er log aus Leidenschaft. Wenn seine Mandanten anriefen, behauptete er, dass alles bestens liefe und er die Klageschrift schon losgeschickt habe. In Wahrheit hatte er noch nicht einmal angefangen, die Honorare allerdings bereits kassiert. Selbst sein Doktortitel war nicht echt. Das »Dr.« war die Abkürzung seines zweiten Vornamens, nur wussten seine Mandanten das nicht. Das Zimmer, in dem er mich arbeiten ließ, war winzig und früher eine Toilette gewesen. Gerade einmal ein kleiner Tisch und zwei Stühle hatten darin Platz. Immerhin zahlte er mir ein gutes Gehalt. Anwälte arbeiteten normalerweise nur nachmittags, dafür dass ich den ganzen Tag ins Büro käme, bot er mir das Doppelte an. Vormittags war ich sein Laufbursche und brachte vor allem die Akten und die Korrespondenz zum Gericht, denn auf die Post im Iran war kein Verlass. Um ganz sicher zu sein, dass auch nichts verloren geht, erhielt man bei der Abgabe der Unterlagen noch eine Registriernummer. Nachmittags saß ich dann in meinem Zimmerchen und empfing seine Mandanten und bereitete Klageschriften vor. Schon nach kurzer Zeit hatte ich mich eingearbeitet und genoss einen guten Ruf.

Dass Dr. H. ein Frauenheld war, bekam ich recht bald hautnah mit, auch wenn er mich persönlich in Ruhe ließ. Er war verheiratet, hatte aber seine Frau in Täbris gelassen und besuchte sie ab und zu. Ohne dass sie es wusste, hatte er in Teheran eine zweite, sehr reiche Frau geheiratet, der er ebenfalls die noch bestehende erste Ehe verschwieg. Nebenbei hatte er noch eine Reihe von Geliebten, von denen ich anfangs glaubte, sie seien seine Mandantinnen. Wenn er eine von ihnen im Zimmer hatte und seine zweite Frau plötzlich auftauchte, gab die Sekretärin ihm ein Zeichen, und dann verließ die »Mandantin« ihn umgehend durch eine Hintertür.

Als ich nach drei Monaten dann meine Referendariatszulassung erhielt, hätte ich aufhören können. Aber weil die Bezahlung so gut war und ich dank der sehr selbständigen Arbeit viel lernte, blieb ich noch bei ihm. Ich hatte mir angewöhnt, die Fälle, die Dr. H. vernachlässigte, zu übernehmen. Wenn ich sie bearbeitet hatte, zeigte ich ihm die Akten, damit er sie noch korrigieren und absegnen konnte. Er machte sich allerdings nur selten die Mühe, dennoch waren die Mandanten zufrieden. Das machte mir Mut.

Im Sommer 1977 flog er für fast drei Monate nach Japan, obwohl er sich anfangs nur für drei Wochen verabschiedet hatte. Ich sollte während dieser Zeit alle Verhandlungen vertagen und die Mandanten und das Gericht auf die Zeit seiner Rückkehr vertrösten. Dafür gab er mir eine Vollmacht. Doch ich dachte nicht daran, die Verhandlungen bis zu seiner Rückkehr zu verschieben. Stattdessen nahm ich alle anstehenden Gerichtstermine wahr und bearbeitete die laufenden Fälle. Darunter gab es einen Pakistani, der in Amerika lebte. Dr. H. hatte seinen Fall übernommen, aber bisher keinen Finger gerührt, obwohl er schon viel Geld dafür genommen hatte. Wenn er anrief, um nach dem Stand der Dinge zu fragen, sagte ihm Dr. H. stets: »Alles okay, Mr. Salman, alles läuft bestens. Wir werden die Sache bald abgeschlossen haben.« Dieser Pakistani tat mir besonders Leid, da er in Dollar bezahlte und dennoch so verschaukelt wurde. Seinen Fall brachte ich als ersten zu Ende.

Ein anderer half mir sogar, für Ali, um den sich in meiner Abwesenheit bisher Verwandte und Bekannte gekümmert hatten, endlich eine gute Betreuung zu finden. Farschid ging bereits in den Kindergarten. Ali war ein halbes Jahr alt, da vertrat ich eine Frau, die einen privaten Kindergarten eröffnen wollte, aber von der Stadt keine Genehmigung dafür bekam. Wenn ich den Fall gewinne, machte ich mit ihr aus, dann soll statt eines Honorars Ali in ihrem Kindergarten unterkommen. An sich war er noch zu klein dafür. Ein Gesetz schreibt ein Mindestalter von zwei Jahren vor. Bedingung ist, dass das Kind keine Windeln mehr braucht. Aber mein Sohn sollte als ein Sonderfall behandelt werden. Ich gewann den Fall, und so wurde Ali als Jüngster in den kleinen Kindergarten aufgenommen. Die Betreuung war ganztägig, denn ich arbeitete unregelmäßig. Manchmal musste ich schon morgens um sieben das Haus verlassen oder kam erst spätabends zurück. Dann kümmerte sich Fereidun um Ali.

In dieser Zeit war ich fast täglich im Justizpalast. Mittlerweile kannte man mich dort recht gut, und ich spürte auch, dass die Richter mich schätzten. Eines Tages gab mir einer von ihnen den Rat: »Wenn Sie Ihren guten Ruf nicht verlieren wollen, dann müssen Sie Dr. H. verlassen. Er ist ein Gauner und schadet Ihrer Karriere!«, erklärte er knapp.

Das gab mir zu denken. Wenn selbst die Richter ihn schon durchschauten, war mein Ruf tatsächlich gefährdet. Andererseits machte mir die Verantwortung, die ich übernommen hatte, Spaß. Ich lernte viel und überlegte, ob ich nicht hier meine Referendariatszeit verbringen sollte. Die Entscheidung darüber wurde mir schon bald leicht gemacht.

Am Tag, als Dr. H. zurückkam, legte ich ihm einen Bericht vor, in dem ich alle meine Aktivitäten genauestens niedergeschrieben hatte. Er hatte ihn kaum gelesen, da klingelte das Telefon. Es war der Pakistani. »Hello Mr. Salman«, hörte ich Dr. H. mit seinem starken englischen Akzent ins Telefon flöten, »my secretary told me, you have recently called her and she informed you that we are successfull, isn't it?«

Als ich hörte, dass er mich nach all dem, was ich in den letzten Monaten für ihn getan hatte, als seine Sekretärin betrachtete, wurde ich wütend, und nachdem er aufgelegt hatte, stellte ich ihn zur Rede: »Wenn Sie Englisch können, dann kennen Sie auch das Wort ›colleague‹. Ich bin Ihre Kollegin und nicht Ihre Sekretärin, merken Sie sich das. Wenn das Ihre Art des Dankes ist, dann suchen Sie sich gefälligst jemand anderen, um Ihre Leichen aus dem Keller zu holen.« Und damit kündigte ich – dieses Mal ohne schlechtes Gewissen. Ich hatte in den drei Monaten genügend Geld verdient. Wir hatten sogar einen Großteil der Hypotheken für unser Haus abbezahlen können.

Die Sigheh-Hochzeit mit Akbar hat in getrennten Räumen stattgefunden, ohne ein Fest. Du wolltest das nicht. Nach wie vor schläfst du zu Hause. Du sehnst dich nach Zärtlichkeit. In deinen Träumen versuchst du fortzufliegen. Doch deine Füße sind mit dem Boden verwachsen. Hilflos flatterst du mit den Armen, bis eine Hand sanft dein Gesicht streichelt. Erschöpft sinkst du zusammen.

Fatemeh verfolgt dich mit tausend kleinen Grausamkeiten. Manchmal funkeln ihre Augen, als ob sie etwas im Schilde führte. Du erträgst es, denn ihr seid auf ihr Essen angewiesen. Das Aufstehen am Morgen fällt dir immer schwerer. Als hättest du Ziegelsteine unter deinen Füßen, schleichst du durchs Haus. In der Nacht drückst du Seeba an dich und weinst, wenn dir die eisernen Ringe um die Brust zu eng werden. Als Akbar nachts an deine Tür klopft, machst du nicht auf. Du hast Angst, vor ihm, vor Fatemeh, vor dir selbst.

Kurze Zeit später begann ich mein Referendariat bei Dr. Manssuri, arbeitete jedoch noch eine Weile bei H. Manssuri war ein sehr bekannter und auch menschlich integrer Anwalt, mit dem ich die nächsten sieben Jahre zusammenarbeiten sollte. Er entstammte einer reichen Adelsfamilie und lebte zeitweise in London, da seine Frau Engländerin war. Ich mochte die Noblesse seines Auftretens, seinen zurückhaltenden Charme und seine Großzügigkeit. Er arbeitete bereits über dreißig Jahre als Anwalt. Seine Mandanten waren überwiegend alte Freunde und Bekannte. Mittlerweile übernahm er nur noch wenige Fälle, die er auf recht konservative Weise bearbeitete. Seine Schriftsätze waren komplizierte Abhandlungen, in denen er vor allem zeigen wollte, wie viel er wusste, und weniger den Ausgang des jeweiligen Falles im Auge hatte. In dieser Hinsicht zeigte sich Dr. Manssuri nicht mehr sehr ehrgeizig, Geld besaß er ohnehin genug.

Von Anfang an versuchte ich deshalb, jüngere Mandanten zu gewinnen und bisher vernachlässigte Rechtsbereiche auszubauen, wie Familienrecht und Strafrecht. Er hatte sich bisher haupsächlich auf Wirtschaftsrecht konzentriert. Anders als Dr. Manssuri bemühte ich mich in meinen Schriftsätzen um eine betont knappe, stringente und auch anschauliche Argumentation. Und hin und wieder wandte ich gewisse Schliche an, die ich bei Dr. H. gelernt hatte.

Um als vollwertige Anwältin zu gelten, fehlte mir noch das zweite Staatsexamen, das ich im Mai 1978 bestand. Es war mein letzter großer Lernmarathon. Um mich besser vorbereiten zu können, hatte ich drei Monate vorher meine Stunden bei Dr. Manssuri reduziert und sogar einen ganzen Monat freigenommen. Ich schickte meine Familie fort und lernte bis zu zwanzig Stunden pro Tag. Ich wollte kein Risiko eingehen, denn die schriftlichen und mündlichen Prüfungen wurden von bekannten Richtern, Staatsanwälten und Professoren betreut, mit denen ich teilweise bereits zu tun gehabt hatte. Da ich mir sicher war, dass es auch eine Frage zum islamischen Zivilrecht geben würde, das bisher im Studium kaum eine Rolle gespielt hatte, ging ich insbesondere das Mosarebeh durch, eine besondere Art des islamischen Vertrags. Mein Vater, der sich darin sehr gut auskannte, hat mir dabei geholfen. Und tatsächlich prüfte man mich mündlich besonders hart und stellte mir genau dazu Fragen. Nach einer Stunde unterbrach mein Professor so verblüfft wie stolz meinen Vortrag und wandte sich an die anwesenden Richter und Anwälte: »Ich hatte nicht geglaubt, dass eine berufstätige Mutter zweier Kinder, deren Leistungen bisher nur durchschnittlich waren, dieses Examen so bravourös schaffen würde!«

Ich bin meinem Vater bis heute dankbar und auch meinem Mann, der mich nach islamischem Recht durchaus sowohl vom Studium als auch von der Arbeit hätte abhalten können. Aber er unterstützte mich und betreute sogar nachmittags oft die Kinder, wenn ich in der Praxis war oder lernen musste.

Mit dem zweiten Staatsexamen in der Tasche blieb ich vorerst weiter bei Dr. Manssuri, hatte aber bereits überwiegend eigene Klienten. Einige Fälle übernahmen wir jedoch nach wie vor zusammen. An zwei Nachmittagen und Abenden arbeitete ich noch für einen weiteren Anwalt, Farid Piran. Bei ihm habe ich vor allem im Miet- und Erbrecht noch viel gelernt.

Als die Fälle zunahmen, stellte ich für ein paar Stunden am Nachmittag einen Assistenten ein, der tagsüber als Gerichtssekretär arbeitete und sich bei mir etwas Geld dazuverdiente. Hamed war ein ehemaliger Schüler von mir, der nach einer Kinderlähmung ein Bein nachzog. Ohne es zu ahnen, hatte ich als Lehrerin sein Leben einst sehr verändert. Denn ich hatte ihn aufgefordert, beim Sportunterricht nicht abseits zu stehen, sondern wie alle anderen Kinder auch zu trainieren und zu spielen.

»Sie haben mich als Einzige wie einen normalen Menschen behandelt und nicht wie einen Krüppel«, sagte er mir einmal viel später, als wir uns im Gerichtssaal wieder getroffen hatten. Für mich war das selbstverständlich gewesen. Hamed wurde mir zum engen Vertrauten in meiner Arbeit. Leider trennten sich unsere Wege mehr als zehn Jahre später auf sehr tragische Weise. Ich werde noch darauf zurückkommen.

»Tara, ich bin's. Mach auf.« Akbars Stimme reißt dich erneut aus dem Schlaf. Von Träumen benebelt, wirfst du dir den Tschador über und gehst zum Hoftor: »Bitte geh wieder!«, flüsterst du, ohne zu öffnen. »Wir machen uns doch nur noch unglücklicher.«

»Tara, ich liebe dich, ich brauche dich, ich halte es nicht mehr aus ohne dich. Du willst mich doch auch. Ich weiß es!« Seine weiche Stimme hat etwas kindlich Rührendes.

»Geh, in Allahs Namen, bitte geh!«, flehst du, zitternd vor Angst, dass du doch noch schwach werden könntest.

In diesem Moment hörst du, wie sich mehrere Schritte nähern, dann ein wütendes Gebrüll von Männern, deren Stimmen du nicht kennst, bis auf die von Mohameds Bruder. Du erbleichst und gehst in die Knie.

»Diese Hure, diese Hure!«, hörst du ihn schreien. »Fatemeh hat Recht gehabt, sie treibt es mit jedem. Und jetzt will sie sogar ihren Mann verführen! Und so was erzieht die Kinder meines Bruders. Eine Schande für unsere Familie!«

Schläge und Akbars Schreie krallen sich in dein Ohr. Mit einem dumpfen Geräusch fällt sein Körper gegen deine Tür. Oh, hättest du nur Mohameds Familie von der Zeitehe erzählt! Starr vor Angst weichst du zurück.

»Dieses Weib hat unsere Ehre beschmutzt. Steinigen muss man sie!« Die Stimme von Mohameds Bruder überschlägt sich, Frauen kreischen hysterisch: »Tara muss endlich weg, fort aus unserem Dorf! Für immer!« Du spürst, wie dein Körper dir langsam entflieht. Dann wirst du ohnmächtig.

Um in meiner Anwaltspraxis noch wirksamer die Rechte von Frauen vertreten zu können, hatte ich mich der juristischen Abteilung der Demokratischen Frauenbewegung angeschlossen. Zwei- bis dreimal pro Woche trafen wir uns in einem Gebäude, das wir extra zu diesem Zweck gemietet hatten. Die meisten Frauen kamen aus gutem Hause, sie waren Rechtsanwältinnen, Juristinnen oder Richterinnen. Wir analysierten die rechtliche Situation der Frauen und arbeiteten Gesetzesentwürfe aus, wie sie zu verbessern sei. Eine andere Gruppe vervielfältigte sie dann und verteilte sie bei Demonstrationen, für die wir manchmal auch Plakate malten.

Immer deutlicher spürten wir auch in Teheran, wie dünn das Eis war, auf dem sich das System des Schahs zu halten versuchte, auch wenn Mohammed Resa Pahlawi im August 1978 über siebenhundert politische Gefangene freiließ und für 1979 »hundertprozentig freie Wahlen« ankündigte. Vorausgegangen waren eine Reihe gravierender Ereignisse, die sich bald als Vorboten der islamischen Revolution herausstellen sollten.

Im Juni 1977 forderten vierzig namhafte Autoren des Landes, alles Mitglieder des verbotenen iranischen Schriftstellerverbands, erstmals öffentlich und in scharfem Ton die Aufhebung der Pressezensur, freie Meinungsäußerung und Versammlungsfreiheit. Damals wurden Bücher veröffentlicht, die weder einen Autor noch einen Verlag nannten. Um sich vor Repressalien zu schützen und dennoch die Wahrheit zu verbreiten, stand auf dem Umschlag allein der Titel. Sie wurden unter der Hand weitergegeben. Iran wird seit Tausenden von Jahren von Diktatoren beherrscht, unter solchen Bedingungen wird die Literatur stets zur besonderen Waffe. Wie in den Ländern des Ostblocks lernten die Menschen, die Meinung der Dichter und Schriftsteller zwischen den Zeilen zu lesen. Auch die Zeitungen versuchten die Zensur zu unterlaufen. Der Schah ließ daraufhin immer häufiger Dichter und Schriftsteller verhaften und einige sogar heimtückisch ermorden. Offiziell hieß es dann, sie seien »auf der Flucht erschossen worden«, wie ein regimekritischer Schriftsteller aus Aserbaidschan, der vor allem für Kinder geschrieben hatte. Er wurde eines Tages vom Geheimdienst in einem Fluss ertränkt. Diesmal behauptete man, es sei ein Badeunfall gewesen. Umso überraschender und mutiger war deshalb dieser öffentliche Appell der Schriftsteller in dem scheinbar perfekt funktionierenden Polizeistaat.

Nur eine Woche nach dem Aufruf forderten ehemalige Führer der Nationalen Front den Schah auf, die von ihm einst außer Kraft gesetzte Verfassung wieder einzuführen und den Staat zukünftig nur zu repräsentieren, statt ihn zu regieren. Kurze Zeit später erschien ein Brief von fünfundsechzig bekannten Rechtsanwälten an den Ministerpräsidenten Howeida, in dem sie die Unabhängigkeit der Justiz forderten. Als dann sogar die Bazaris bei einer großen Demonstration erstmals »Nieder mit dem Schah!« riefen und sogar Howeida entmachtet wurde, waren das ernst zu nehmende Zeichen eines beginnenden politischen Umschwungs. Den Bazaris ging es zwar ökonomisch mit am besten, aber sie litten unter der allgegenwärtigen staatlichen Bevormundung und verlangten politische Einflussnahme. Die gesamte Bevölkerung bekam die staatliche Allmacht täglich zu spüren. In den Schulen hatte ich das zur Genüge erlebt.

Die Zahl der Organisationen, die sich gegen den Schah formierten, nahm Ende der siebziger Jahre spürbar zu. Ich fühle mich vor allem den Volksmudschaheddin und den links orientierten Fadaeeyan, den »Kämpfern, die sich für das Volk opfern wollen«, nah. Beide Vereinigungen standen unter der ständigen Beobachtung des SAVAK, viele ihrer Führer wurden verhaftet und heimlich hingerichtet. Ich gehörte nicht zu ihren aktiven Mitgliedern, da ich mich nicht einseitig festlegen wollte. Wie die meisten Iraner nahm ich lieber an den Demonstrationen der Mudschaheddin und Fadeeyan teil, las ihre

Schriften und verbreitete sie. Neben meinen Aktivitäten in der Demokratischen Frauenbewegung schien mir diese Art der Einflussnahme auf das politische Geschehen als die einzig sinnvolle.

Am 14. September 1977 forderten vierundfünfzig Richter die Unabhängigkeit der Justiz, Durchführung freier Parlamentswahlen und Zulassung aller politischen Parteien. Noch konzentrierten sich die Forderungen auf demokratische Grundrechte, und der Schah meinte dank der Unterstützung Präsident Carters die Zügel sicher in der Hand zu haben. Doch Anfang Januar 1978 gingen nach der Veröffentlichung eines Schmähartikels gegen den im Exil lebenden Ajatollah Khomeini in der Tageszeitung *Ette'laat* in der heiligen Stadt Ghom Zehntausende auf die Straße und forderten die Zurücknahme der Angriffe. Erbarmungslos ließ der Schah die Demonstration niederschießen. Hunderte von Toten wurden anschließend in den vorgeschriebenen vierzig Trauertagen in immer größer werden Demonstrationen betrauert. In Täbris gingen gar fünfzigtausend Menschen zwei Tage lang auf die Straße. Das waren keine Unruhen mehr, das war bereits ein Volksaufstand unter Führung der Mullahs. Nach dem Blutbad von Ghom waren innerhalb weniger Wochen fast alle der im Land lebenden hunderttausend Geistlichen als Revolutionäre mobilisiert – in jeder Stadt, auf jedem Dorf, wo sie als Schriftgelehrte und Seelsorger das Vertrauen der Massen genossen. Die Moscheen wurden in Parteizentralen umfunktioniert und Millionen Gläubige als Parteimitglieder rekrutiert.

Währenddessen hielt Ajatollah Khomeini in Paris unter einem Apfelbaum Hof und begeisterte die internationale Öffentlichkeit mit seinen charismatischen Reden.

Das Bild, das er von einer Zukunft nach dem Schah entwarf, hatte mit dem, was danach geschah, nur wenig gemein. Rede- und Versammlungsfreiheit gehörten seiner Meinung nach zu den Grundrechten. Politischen Parteien garantierte er völlige Handlungsfreiheit – »mit Ausnahme derjenigen, die Verrat üben«, was auch immer das heißen sollte. Niemandem sollte verboten werden zu schreiben, was er denkt. Überhaupt würden jegliche Unterdrückungsinstrumente des Staates abgeschafft werden, insbesondere der SAVAK. Obwohl er erst fünfzehn Jahre zuvor den Schah wegen der Einführung des Wahlrechts für Frauen attackiert hatte, versicherte Khomeini nun, dass alle bestehenden Ungleichheiten zwischen Mann und Frau beseitigt würden. In der Wahl ihres Berufs, in der Wahl ihrer Kleidung wären sie unter Berücksichtigung gewisser Bestimmungen völlig frei. Selbst von der Freiheit des Glaubens sprach er und kündigte an, sich unmittelbar nach der Machtübernahme aus der Politik zurückzuziehen und lediglich als Berater zu fungieren. All das brachte ihm enorme Sympathien unter der gesamten iranischen Bevölkerung und beruhigte auch die anfängliche Skepsis ausländischer Politiker und Journalisten. Auch für mich klangen die Worte des Ajatollahs verheißungsvoll, und ich stürzte mich mehr denn je in die Aktivitäten der Demokratischen Frauenbewegung, denn ich hoffte, dass unsere juristischen Ausarbeitungen eines Tages gebraucht würden.

Aber nicht nur politisch war jene Zeit für mich damals ungeheuer anregend. Fast täglich ging ich ins Theater oder ins Kino oder hörte mir Vorträge an. Um so wenig wie möglich von all den interessanten Angeboten zu verpassen, betrat ich eine Zeit lang die Kanzlei nur dann, wenn ich einen wichtigen Termin hatte oder etwas dringend erledigt werden musste.

Demonstrationen waren an der Tagesordnung, die Straßen höchst unsicher. Einmal wurden meine jüngere Schwester Pari und ich mitten auf einem Bazar von Demonstranten überholt und waren plötzlich von Polizei umstellt, die willkürlich zu verhaften begann. Überall schlossen die Händler eiligst ihre Geschäfte. Auf unseren hohen Plateausohlen rannten wir um unser Leben und konnten uns unter der fast schon heruntergelassenen Jalousie eines Geschäfts verstecken, bis der Aufruhr vorüber war. Bei einer anderen Demonstration bekam ich zum ersten Mal Todesangst. Als das Militär die Demonstration aufzulösen begann, entfloh ich mit meinen Freunden in kleine Straßen und Gassen. Nach einigen Kilometern hatten wir einander verloren. Allein rannte ich weiter und hörte, wie hinter mir die Schüsse immer näher kamen. Als ich in eine große Allee einbog, auf der das Leben ganz normal weiterzugehen schien, glaubte ich, entkommen zu sein. Erleichtert stellte ich mich wie ein normaler Kunde vor einen Straßenhändler, der Stadtpläne verkaufte. Plötzlich sah ich jedoch, wie sich der Händler an die Wand presste und seine Augen, auf irgend etwas hinter mir gerichtet, immer größer wurden. In diesem Moment ging ein Schuss aus einem G3 los, der mich hochschleuderte. Als ich mich umdrehte, stand ein Soldat mit einem nach oben gerichteten Maschinengewehr vor mir. Um mich zu warnen, hatte er in die Luft geschossen. Mit einem Blick, als wollte er mir sagen: Ich kenne dich jetzt, pass auf, das nächste Mal entkommst du mir nicht!, zog er ab. Minutenlang stand ich da, ohne einen klaren Gedanken fassen zu können. Dann erbrach ich mich. Wie ich nach Hause gekommen bin, weiß ich nicht mehr. Drei Tage lang lag ich mit einem Schock im Bett und behielt kein Essen bei mir.

Um die drohende Revolution abzuwenden, begannen ab Herbst 1978 führende Funktionäre mit der gemäßigten Geistlichkeit und Mitgliedern der Nationalen Front einen Koalitionsplan auszuarbeiten, in den sich der Schah halbherzig einbrachte. Doch die Vertreter einer härteren Gangart setzten sich durch.

Bitten, die man während des Ramadans ausspricht, heißt es, gehen in Erfüllung. Am 9. September, zum Ende des Fastenmonats, war ich wieder auf der Straße. Unter einem gewaltigen Militäraufgebot forderten eine Million Menschen in nahezu feierlicher Stimmung demokratische Rechte und die Aufhebung des unfreiwilligen Exils für Khomeini. Diese in der iranischen Geschichte bis dahin größte Demonstration setzte alle Gewalt außer Kraft. Soldaten, die den dreißig Kilometer langen Zug flankierten, wurden umarmt und die Panzer mit Blumen geschmückt. Sie waren sichtlich verunsichert von dieser Brüderlichkeit. Als Antwort verhängte der Sicherheitsrat unmittelbar darauf den Ausnahmezustand über Teheran und elf andere Städte. Vier Tage später schossen Regierungstruppen auf unbewaffnete Demonstranten, darunter zahlreiche Frauen und Kinder, die sich auf dem Jaleh-Platz versammelt hatten. Dieser »schwarze Freitag« besiegelte die Revolution und machte das Schahregime auch international nun endgültig untragbar.

Zu Beginn des islamischen Trauermonats befürchteten wir ein weiteres Blutbad, denn Khomeini ermutigte die Gläubigen unter Hinweis auf islamische Märtyrer, in ihrem Kampf gegen die Tyrannei Opfer zu bringen. Die

Regierung hatte Demonstrationen verboten und Panzer auffahren lassen. Nur in den Moscheen waren Versammlungen erlaubt. Der erste Tag des Trauermonats verlief erstaunlich ruhig. Noch kurz vor neun Uhr abends war es fast unheimlich still in Teherans Straßen. Wegen der Ausgangssperre wagte sich fast niemand hinaus. Doch als die Uhren den Beginn der Polizeistunde ankündigten, ertönte es plötzlich von Millionen Dächern: »Allah 'o Akbar!« – Gott ist allmächtig, gleichzeitig gingen überall die Lichter aus. Die Arbeiter der Elektrizitätswerke hatten den Strom abgeschaltet. Das gespenstische Spektakel wiederholte sich nun täglich Schlag neun Uhr und ging bis in die Nacht hinein, und nach und nach schlossen sich auch andere Städte an. Die Stunden des Schahs waren gezählt.

Schon den dritten Tag liegst du auf deiner Matte und rührst dich nicht. Seeba weint neben dir, doch du hast kein tröstendes Wort für sie. Deine Söhne prügeln sich um ein Stück Halwa.

Wenn du die Augen öffnest, beugen sich dunkle Gestalten über dich und kreischen in hohen Tönen: »Du musst fort von hier, fort, fort fort ...!« Dann schlägst du die Hände vors Gesicht und schreist, dass selbst Seeba aufhört zu weinen.

Manchmal fallen Frauenstimmen wie Felsbrocken auf dich herab: »Huren dulden wir nicht bei uns. Hau doch ab nach Gal'e. Dort gehörst du hin!« Bis der Schlaf sich wieder deiner erbarmt.

Eines Mittags stehst du auf. Vor deinen Augen tanzen die Fratzen. Ahmad und Wahid sind in Komar in der Schule. Seeba schläft. Du zündest den Korssi an und bringst den Müll aus dem Haus. Die Hoftür hinter dir bleibt offen. Dann nimmst du das Seidentuch, das zum ersten Mal dein Haar verhüllt hatte, drehst es zu einer festen Schnur und wickelst es mehrmals um den Hals.

»Allah vergib mir, denn ich habe keine Schuld. Und du wirst die Engel sich scharen sehen um den Thron, den Preis ihres Herrn verkündend. Und es wird zwischen ihnen gerichtet werden in Gerechtigkeit. Und es wird gesprochen werden: ›Aller Preis gehört Allah, dem Herrn aller Welten.‹« Du fasst die Zipfel mit beiden Händen und ziehst sie mit deiner ganzen Kraft auseinander. Dann stürzen die Furien über dich.

Es ist der 3. Januar 1979.

Zweiter Teil

»Ich bin Wind, und du bist Feuer …«
Rumi

1984: An einem kalten Februarmorgen stand ich vor dem Gefängnis von Teheran und starrte auf den Straßenverkehr und die Menschen, die wie gewohnt ihren Tag begannen. Langsam fraßen sie sich durch den schlierigen Nebel meiner Tränen. Die schlimmste Nacht meines Lebens lag hinter mir. Nur ein einziger Gedanke kreiste erbarmungslos durch mein Hirn: Es ist passiert. Es ist wirklich passiert! Ich habe sie nicht retten können!

Fünf Jahre zuvor war das Ende der Pahlawi-Dynastie besiegelt worden. An jenem Tag, dem 16. Januar 1979, wartete ich morgens in einer langen Schlange, um meinen Kanister mit Petroleum gefüllt zu bekommen, als plötzlich der Besitzer aus seinem Laden gestürzt kam und wie von Sinnen schrie: »Er ist weg!!!«

»Wer ist weg?«, fragten wir irritiert.

»Der Schah ist weg«, brüllte er. »Der Schah, der Schah ist weg!! Sie haben es im Radio gebracht.«

Die meisten der Wartenden ließen sofort ihre Ölkanister stehen und rannten nach Hause, und jedem, den sie unterwegs trafen, schrien sie dieselbe unerhörte Botschaft zu: »Der Schah ist weg!«

Auch ich eilte sofort nach Hause, brachte meine Kinder in Alis Kindergarten und machte mich auf den Weg zur Universität, wo ich mich mittags mit meinem ehemaligen Studienkollegen Nima verabredet hatte. Aufgrund einer Generalamnestie war er gerade aus dem Gefängnis entlassen worden. Wir hatten uns lange nicht gesehen, und er wollte mir als Erster seine Geschichte erzählen.

Auf der Straße tobte mittlerweile ein hysterisches Fest. Die Menschen fielen einander um den Hals, jubelten, schluchzten und kreischten, rissen aus Geldscheinen das Bild des Schahs heraus und verbrannten es. Keiner konnte so richtig fassen, was das für Folgen haben würde. Erst einmal zählte nur, dass er weg war, der Gauner, der Verbrecher, der Henker.

Nur mit großer Mühe passierte ich das Tor zum Universitätsgelände. Über zwanzigtausend Menschen hatten sich hier bereits versammelt, und es wurden immer mehr. Sie riefen »Nieder mit dem Schah!«, skandierten aus dem Stegreif erfundene Reime, tanzten und sangen. Als einige linke Gruppen anfingen, über die Zukunft zu diskutieren, stürmten sofort Anhänger von Khomeini dazwischen und schrien: »Auseinander! Auseinander. Diskutiert wird erst nach dem Tod des Schahs!«

Keiner regte sich groß auf darüber. »In Ordnung, feiern wir jetzt, und dann sehen wir weiter.« Und plötzlich erfasste die Massen ein einziges Lied zu einem erschütternden Chor.

Dass ich Nima überhaupt fand, glich einem Wunder – nicht nur wegen der vielen Menschen. Sein blasses und abgemagertes Gesicht war seltsam entstellt, und er schien mir viel kleiner und unscheinbarer, als ich ihn in Erinnerung hatte. Wenn er nicht gewunken und gelächelt hätte, wäre ich an ihm vorbeigegangen. Wir setzten uns an den Rand eines Blumenbeets, und ich bemerkte, dass er hinkte.

»Was hast du in den letzten Jahren gemacht?«, fragte ich ihn und versuchte, meine Irritation über sein Aussehen zu verbergen.

»Erzähl du erst«, wehrte Nima ab. »Wie geht es deinen Kindern und deinem Mann? Ich kenne ihn ja noch immer nicht.«

»Das ist nicht so wichtig, Nima. Es geht uns gut, aber was ist mit dir?«

Er schwieg eine Weile. Dann zeigte er langsam auf seine unförmigen Füße: »Die haben sie mir im Gefängnis kaputtgeschlagen, und weil es keinen Arzt gab, sind sie krumm zusammengewachsen. Ich habe ständig Schmerzen. Man wird sie operieren müssen. Es könnte sein, dass sie sogar amputiert werden ...« Er lächelte schief. Und jetzt fiel mir auf, weshalb sein Gesicht so entstellt wirkte. Auch die Nase und die Wangenknochen waren mehrfach gebrochen und seltsam nach innen gestülpt.

»Vier Jahre bin ich drin gewesen. Sieben Jahre hatte ich gekriegt. Die Revolution hat mich gerettet.« Dann schwieg er wieder. Ich spürte, dass er eigentlich nicht weiter darüber reden wollte. Dennoch interessierte mich brennend, vor welchem Gericht er gestanden hatte und wie es zu seiner Verurteilung gekommen war.

»Berichte mir nur über deinen Prozess, bitte!«, drang ich in ihn. Schließlich erzählte er mir seine Geschichte, und sie sollte mich näher betreffen, als ich geglaubt hatte.

Als Mitglied der linken Gruppe »Weg der Arbeiter« war Nima eines Tages verhaftet worden und vor ein Militärgericht gekommen. Als er am ersten Prozesstag, begleitet von Wächtern und SAVAK-Männern, den Gerichtssaal betrat, saßen dort bereits drei Richter, ein paar Männer, offensichtlich vom Geheimdienst, und sein Pflichtverteidiger. Einen eigenen Rechtsanwalt hatte er sich nicht nehmen dürfen. Nima wurde auf einer Bank platziert, und dann ließ man ihn allein. Ohnehin war er durch die Folterungen viel zu schwach, um fliehen zu können. Etwas verspätet kam ein Mann zur Tür herein und setzte sich neben ihn. Unsicher blickte er um sich, duckte sich ein wenig und sagte dann ganz leise zu Nima: »Entschuldigen Sie, ich bin der Staatsanwalt. Aber ich weiß eigentlich gar nicht, weshalb Sie angeklagt worden sind.«

Irritiert antwortete Nima: »Was? Sie als Staatsanwalt formulieren doch die Anklage?«

»Ich bin zwar von Beruf Staatsanwalt, mache aber gewöhnlich keine Anklageschriften, und nur weil der richtige Staatsanwalt erkrankt ist, hat man mich überredet, ihn unvorbereitet einfach nur formell zu vertreten. Bitte sagen Sie mir, worin Ihre Schuld besteht?« Mein Freund erzählte ihm daraufhin, dass er zum »Weg der Arbeiter« gehöre und man bei ihm verbotene Bücher gefunden habe.

»Das ist alles?«, fragte ungläubig der Staatsanwalt.

»Ja«, sagte Nima. »Was hatten Sie gedacht? Dass ich Leute umgebracht habe? Wir geben eine politische Zeitschrift heraus. Wir diskutieren und schreiben, aber wir töten nicht. Bewaffneter Widerstand gehört nicht zu unserer Ideologie.«

Der Richter unterbrach das Gespräch und eröffnete den Prozess, der zu einer merkwürdigen Farce geriet. Der Mann, der seinen Mandanten verteidigen sollte, klagte ihn mehr oder weniger an, und der Staatsanwalt, der seine Schuld nachweisen sollte, hielt ein glühendes Plädoyer für ihn.

»Einige seiner Worte sind mir noch in lebhafter Erinnerung«, erzählte Nima: »›Ich verstehe nicht, dass intellektuelle und gebildete Menschen in diesem Land, nur weil sie sich weiterbilden wollen, weil sie Bücher wie

›Der Fremde‹ von Albert Camus lesen, verurteilt werden sollen. Ich verstehe das nicht. In dieser Anklageschrift sehe ich überhaupt keinen Punkt, wofür ein Mensch verurteilt werden sollte. Wir müssen doch froh sein, dass die iranische Bevölkerung, insbesondere junge Menschen, sich informieren und lesen.‹«

Nima schwieg eine Weile und ergänzte dann leise: »Dieses Plädoyer des Staatsanwalts, das vergesse ich mein Leben lang nicht. Womöglich kam dieser grundgütige, naive Mensch deswegen auch ins Gefängnis, oder er war vom SAVAK und alles ein abgekartetes Spiel. Aber warum bin ich dann zu so langer Zeit verurteilt worden?« Ratlos blickte er mich an. »Ich weiß nicht einmal seinen Namen.«

In der Zwischenzeit hatte sich der Campus weiter gefüllt. Es gab kaum ein Stückchen Rasen, das noch frei war. Viele der Demonstranten kannte ich vom Studium her. Plötzlich sah ich Fereidun mit zwei Freunden auf uns zukommen. »He, so eine Überraschung«, rief ich. »Nima, jetzt kannst du endlich meinen Mann kennen lernen.«

Doch er beachtete mich gar nicht, sondern schrie auf: »Da, da! Das gibt es doch gar nicht, das ist er. Das ist dieser Staatsanwalt!«, und er zeigte auf Fereidun.

Dass mein Mann kein besonders erfolgreicher Anwalt war, nicht zuletzt aufgrund seiner politischen Ansichten, wusste ich. Er war seit langem ein Verehrer Khomeinis, was immer wieder zu heißen Diskussionen in unserer Familie führte. Als er damals Nima anklagen musste, arbeitete er als Jurist bei der Armee und machte tatsächlich hauptsächlich Schreibarbeiten, da man ihm politisch nicht vertraute.

Ich erinnerte mich plötzlich an einen Tag, als Fereidun bereits am frühen Nachmittag nach Hause gekommen war, hektisch ein paar Sachen gepackt hatte und mit den Worten »Ich muss dienstlich weg« wieder verschwinden wollte.

»Was ist los mit dir?«, fragte ich ihn erstaunt. »Warum hast du nicht angerufen? Du bist doch noch nie mit einem Fall außerhalb Teherans betraut worden.«

Fereidun wirkte sehr angespannt und winkte ab: »Es ist besser, wenn du nichts davon weißt.«

Doch das alarmierte mich erst recht: »Ich bin doch kein Kind mehr, was ist passiert?«

»Ich habe einen Auftrag außerhalb und damit basta«, war seine knappe Antwort. Dann verließ er das Haus.

Erst später erfuhr ich, was es mit diesem Auftrag auf sich hatte, ohne zu ahnen, dass Nima der Betroffene war. Man hatte Fereidun gezwungen, einen Mann schuldig zu sprechen, über den er keinerlei Informationen bekommen hatte.

»Und als ich erfahren habe, dass er wegen eines Buchs von Camus verurteilt werden sollte«, erzählte er mir, »habe ich ihn ganz einfach verteidigt.« Fereidun war damals sehr erregt gewesen. Ich hatte meinen Mann kaum wiedererkannt.

Anschließend hatte ihn General Nassiri, Chef des SAVAK, des Militärgerichtshofs und gleichzeitig einer der engsten Berater des Schahs, der den Prozess in seinem Zimmer an einem Monitor verfolgt hatte, zu sich gerufen.

»›Gratulation, Oberstleutnant Shami, zu Ihrem großartigen Einsatz. Sie haben uns heute phantastisch blamiert!‹, begrüßte er mich ironisch. Doch dann brüllte er mich an, dass ich die Ehre der Armee lächerlich gemacht und ich mich dafür zu entschuldigen hätte. Ich brüllte natürlich zurück, das käme gar nicht infrage, niemals, denn junge Leute wegen des Besitzes eines Buches zu verurteilen sei eine Schande. Nun, ein Wort gab das andere, und schließlich rief er die Wächter, dass sie mich abführen sollen. Ich wurde dem Fahrer übergeben, doch der hatte die Sache mitbekommen, und weil er auch gegen den Schah war, hatte er mich dann schnell nach Hause gebracht, damit ich dir Bescheid sagen und ein paar Sachen packen konnte. Nun weißt du, weshalb ich so in Eile war und dir nichts sagte. Ich wollte dich einfach nicht beunruhigen.«

Unrasiert, erschöpft, aber sichtlich erleichtert war Fereidun drei Tage später zurückgekommen. Erst jetzt erfuhr ich, dass er sie im Gefängnis verbracht hatte, wo ihn einige Offiziere, Kollegen und Freunde besucht und ihm nahe gelegt hatten, sich zu entschuldigen, damit er entlassen würde. Doch Fereidun war stur geblieben: »Ich werde mich niemals dafür entschuldigen, denn es war richtig so.«

Die Sache hatte sich schnell herumgesprochen und begann für das Militär, das einen Aufstand befürchtete, gefährlich zu werden. Schließlich rettete Fereidun einer der drei Richter, die den Prozess geführt hatten. Mit Einwilligung des Chefs General Nassiris ging er zu meinem Mann und fragte ihn höflich, ob er es sich inzwischen überlegt hätte. Als dieser wiederum verneinte, kehrte der Richter zu seinem Chef zurück und log einfach, dass Fereidun sich entschuldigt hätte, aber leider nicht kommen könnte.

Damals, vor vier Jahren, hatte ich nur die halbe Geschichte gekannt. Und nun, mit dem Wiedersehen von Nima und Fereidun mitten im Jubeltaumel über die Flucht des Schahs, schloss sich der Kreis.

Kaum vierzehn Tage später begann ein neuer Mann die Geschicke des Landes zu bestimmen: Ajatollah Khomeini. Seit seiner Rückkehr am 1. Februar 1979 herrschte Anarchie im Iran, Hardsch-o-mardsch, wie wir Iraner sagen. Jede politische Strömung versuchte die Gunst der Stunde zu nutzen, um an die Macht zu kommen, verfasste Flugblätter und organisierte Demonstrationen. Millionen Teheraner forderten täglich den endgültigen Sturz des Schahs und die Gründung eines »gerechten demokratischen Staates auf der Basis einer Volksabstimmung«. Die Regierung wehrte sich mit Schlagstöcken und Panzern, doch ihre Reaktionen wirkten immer hilfloser.

Der politische Hexenkessel, in dem sich das Land befand, hatte auch mich erfasst. In der Kanzlei sah man mich kaum noch. Als die Opfer der blutig niedergeschlagenen Demonstrationen kaum noch versorgt werden konnten, ging ich wie viele andere Teheraner täglich ins Krankenhaus, denn es mangelte an Ärzten und Krankenschwestern. Jede Hilfe war willkommen. Ich wechselte Verbände, bezog Betten, machte sauber oder tröstete einfach die Verletzten.

Am 12. Februar, ich kam gerade wieder aus dem Krankenhaus, hörte ich im Autoradio, dass der noch von Schah Mohammed neu ernannte Regierungschef Schapur Bachtiar den Ausnahmezustand verhängt hatte. Ab 16 Uhr sollte niemand mehr das Haus verlassen oder er liefe Gefahr, erschossen zu werden. Doch kaum ein Teheraner, ob politisch aktiv oder nicht, hielt sich daran. Auch

Fereidun und ich beschlossen, das Verbot zu ignorieren. Gemeinsam mit unseren Nachbarn, bis auf einen, der unsere Kinder hütete, gingen wir wieder auf die Straße.

An diesem Tag war alles anders als in den Wochen zuvor. Niemand demonstrierte, niemand schoss, es herrschte eine fast unheimliche Stille. Viele Menschen gingen in Ausstellungen, die von den linksgerichteten Volksmudschaheddin und den Fadaeeyan organisiert worden waren. Eine davon ist mir in besonders eindrücklicher Erinnerung. Auf ihr waren Fotos von Opfern und Leichen zu sehen, die in den Gefängnissen des Schahs gefoltert oder getötet worden waren, Hunderte Bilder entsetzlicher Ohnmacht und Qualen. Aus Platzmangel waren sie sogar noch draußen am Gebäude angebracht worden.

Eine eisige Kälte fraß sich in meine Knochen. So etwas hatte ich bis zu diesem Moment noch nicht gesehen, wohl keiner meiner Landsleute, der nicht selbst im Gefängnis gewesen war. Hier sah ich die grauenvolle Offenbarung dessen, was viele geahnt hatten, aber kaum jemand so genau hatte wissen wollen. Diese Ausstellung bestätigte nur, was mir Nima über seine Haftzeit erzählt hatte. Danach konnte ich Khomeini und seine Leute verstehen. Ihre Radikalität schien mir nun angemessen, und nie wieder ließ ich gelten, wenn jemand sagte, unter dem Schah sei alles besser gewesen.

Der lang ersehnte »Frühling der Freiheit« zwischen der Flucht des Schahs und Khomeinis Rückkehr, in dem wir an eine demokratische iranische Republik glaubten und in dem sämtliche Medien für uns nahezu unfassbar ohne Zensur erschienen, war nicht lang gewesen. Innerhalb kürzester Zeit veränderte die islamische Revolution unser Leben in einer Weise, wie wir es uns nicht hatten vorstellen können. Ehe wir es begreifen konnten, fielen wir von einer Diktatur in die nächste. Die kurzzeitig selbst verwalteten Radio- und Fernsehstationen wurden von Anhängern Khomeinis übernommen und einer totalen Zensur unterworfen. Ab sofort hießen die Sendeanstalten nicht mehr iranischer, sondern islamischer Rundfunk beziehungsweise islamisches Fernsehen. Auf dem Programm standen nur noch religiöse Nachrichten und Kommentare sowie ausführliche Lesungen aus dem Koran. Bald wurde auch jegliche Musik verboten. Wer sich von den Redakteuren nicht der Zensur unterwerfen wollte, wurde als Konterrevolutionär bezeichnet und hinausgeworfen oder gar verhaftet.

Den Zeitungen erging es nicht anders. Ihre Ohnmacht brachte die meistgelesene Tageszeitung *Ayandehgan*, das heißt »Die Zukünftige«, eines Tages auf originelle Weise zum Ausdruck. Sie erschien vollkommen leer. Das empfand ich als einen der gelungensten Proteste gegen eine Entwicklung der Revolution, in die ich anfangs einige Hoffnungen gesetzt hatte. Doch meine Enttäuschung wuchs von Tag zu Tag. Von Freiheit und Demokratisierung war kaum noch die Rede, sondern religiöse Prinzipien standen von nun an im Mittelpunkt. Auf Demonstrationen wurden unsere Parolen »Gleichheit und Freiheit« von religiösen Fanatikern, die das Straßenbild zunehmend prägten, niedergebrüllt. Einige von ihnen trugen ein Transparent mit der Aufschrift: »Wenn der Teufel geht, kommt der Engel.«

Khomeini hatte schon am zweiten Tag der Revolution jede Koalition mit den Tschericha, die neben den Volksmudschaheddin so viele Opfer für den Sturz des Schahregimes erbracht hatten, abgelehnt. Mit Kommunisten arbeite er nicht zusammen, beschied er ihnen, sie seien unrein und gottlos. Aber auch die links orientierten islamischen Volksmudschaheddin begann er bald gnadenlos zu verfolgen, obwohl er ohne ihre wirksame Unterstützung niemals den Schah hätte stürzen können. Wenige Monate nach seiner Rückkehr ließ Khomeini eine Demonstration der Volksmudschaheddin niederknüppeln, viele Anhänger verhaften und hinrichten. Sie waren für ihn Abtrünnige. Ihr geistlicher Führer Ajatollah Taleqani war eine große politische Persönlichkeit und sehr beliebt unter den Mudschaheddin. Dennoch sah die Mehrheit der Iraner ihren Volkstribun in Ajatollah Khomeini. Vor allem die Jugend folgte ihm bedingungslos. Seine Forderungen waren einfach und ohne Wenn und Aber. Sie verlangten kein Nachdenken, sondern Gefolgschaft.

Bei der Volksabstimmung am 31. März konnten wir uns nur für oder gegen eine nicht näher definierte »islamische Republik« entscheiden. Die Wahl war geheim. Nur die Teilnahme wurde auf der letzten Seite des Ausweises bestätigt. Ich wusste, dass Fereidun das »Ja« ankreuzen würde und er das auch von mir erwartete. Aber ich stimmte, ohne ihm etwas davon zu sagen, mit »Nein«, denn es hätte nur neuen Streit bedeutet. Wir hatten schon genug unterschiedliche politische Positionen in der Familie, die uns auseinander rissen.

Der Wahlsieg der Islamisten war überwältigend, die Folgen für eine erhoffte Demokratie dramatisch, denn anschließend wurden systematisch alle links-säkularen, nationalistischen und liberal-islamischen Gruppierungen ausgeschaltet oder ins Exil getrieben. Geheime Revolutionsgerichte verurteilten in Schnellverfahren Repräsentanten des Schahregimes und Mitarbeiter des SAVAK, gleichzeitig wurde der neue Geheimdienst SAVAMA gegründet, mit dessen Unterstützung man bis August über fünfhundert Todesurteile vollstreckte.

Doch nicht nur das politische Leben veränderte sich, die neuen Machthaber griffen auch bald gnadenlos in unser Privatleben ein. Alles, was Spaß machte, wurde verboten, Musik, Tanzen, das öffentliche Treffen von Männern und Frauen, Jungen und Mädchen, gemeinsames Feiern. Selbst Sport zu treiben wurde wegen der Geschlechtertrennung schwierig.

Auch im öffentlichen Dienst setzte die neue Regierung Zeichen und entließ zum Beispiel alle Richterinnen. Wenn sie wollten, wurde ihnen beschieden, könnten sie bei der Staatsanwaltschaft beschäftigt werden oder in der Kinder- und Jugendabteilung der Gerichte Vormundschaftsfälle übernehmen und Ähnliches. Mehr als die Hälfte dieser Frauen hat daraufhin gekündigt und ist in die freie Wirtschaft gegangen. Ich fand es falsch, sich ganz aus der staatlichen Justiz herausdrängen zu lassen. Wochenlang diskutierte ich mit einer Richterin, mit der ich befreundet war: »Wenn ihr einfach nach Hause geht, dann könnt ihr auch nichts mehr tun.«

Die Meinungen der Menschen waren gespalten, durch nahezu jede Familie ging ein Riss. Auch in unserer Familie und mit unseren Freunden haben wir uns nächtelang gestritten: Fereidun war für Khomeini, ich für die Demokratie. Und im Büro diskutierte ich mit Dr. Manssuri, der weder an die islamische Republik noch überhaupt an eine Demokratie glaubte, sondern den Schah zurückhaben wollte.

Noch galt das alte Strafgesetzbuch, aber wir befürchteten, dass es nicht mehr lange so bleiben würde. Eines Tages, es war im Juni 1979, erhielt ich einen Brief von der Strafkammer. Ich sollte mich dort wegen einer Pflichtverteidigung melden. Jeder Anwalt hatte möglichst einmal im Jahr eine solche Verteidigung oder eine andere Tätigkeit für die Straf- und Zivilkammer zu übernehmen. Viele meiner Kollegen versuchten das zu umgehen, da es hierfür kein Geld gab. Ich hatte damit keine Probleme, da ich sehr oft familienrechtliche Fälle umsonst bearbeitete. Ich konnte es nicht übers Herz bringen, sehr armen Mandanten Geld abzunehmen. Dafür nahm ich umso mehr von den Reichen. Dieses Mal sollte ich eine Frau vertreten.

Der Geschäftsführer der Kammer erzählte mir bei der Aktenübergabe, dass sich der Prozess schon über Monate hinzöge, weil die Frau vollkommen mittellos war. »Bisher haben wir keinen Pflichtverteidiger gefunden. Entweder waren die dafür infrage Kommenden krank oder für Monate abwesend. Hier lesen Sie, es ist keine einfache Geschichte.«

Ich nahm den Stapel und setzte mich in einen Nebenraum, denn Gerichtsakten durften nur in den Räumen der Kammer selbst eingesehen werden. »Tara Zendeh«, stand auf dem Deckblatt, »geboren 1951 in Hessar, verwitwet, drei Kinder. 3. Januar 1979 Mord an den Kindern Sara und Nasser (drei und vier Jahre alt) von Akbar Kamali.«

Was ich in den folgenden Tagen las, war so ungeheuerlich wie rätselhaft: Eine junge Frau aus einem abgelegenen Dorf, die selbst Mutter dreier Kinder ist, tötet die kleinen Kinder der Frau ihres Zeitehemannes, offensichtlich nachdem sie selbst versucht hatte, sich das Leben zu nehmen. Den Aussagen einiger Dorfbewohner nach gilt sie als einzelgängerisch, stolz und zuweilen jähzornig. Andere charakterisieren sie als weichherzig und fröhlich. Nach dem Tod ihres um viele Jahre älteren Mannes, den sie mit vierzehn Jahren geheiratet hatte, habe sie unbedingt auf den Feldern arbeiten und nicht wieder heiraten wollen, was den Dorffrieden sehr gestört habe und der religiösen Tradition widerspreche, denn Gott dulde keine unverheirateten jungen Menschen. Erst auf massives Drängen der Frauen und Männer des Dorfes habe sie sich zu zwei Zeitehen überreden lassen. Diese sei sie jedoch nur sehr widerwillig eingegangen, bei beiden habe sie den Vollzug der Ehe verweigert. Dass sie nun im Gefängnis sitzt, wundere viele Dorfbewohner nicht, letztlich sei das die Folge ihres Ungehorsams. Auch soll sie es mit anderen Männern getrieben haben. Man konnte es ihr aber nicht beweisen. Choda würde sie sicher der gerechten Strafe zuführen.

Die betroffene Mutter der ermordeten Kinder, Fatemeh Kamali, unterstellt ihr, dass sie eine Hure sei, mit vielen Männern des Dorfes geschlafen und ihrem Mann Akbar schöne Augen gemacht habe, damit er sie endlich zur Frau nähme. Tara habe ihren Mann allein für sich haben wollen und sie gehasst.

Von Akbar Kamali fehlte jegliche Äußerung. Die Dorfbewohner aber seien der festen Überzeugung, dass er Tara geliebt habe.

Nach den spärlichen Aussagen der Angeklagten Tara Zendeh habe sie nicht mehr leben und sich mit einem Tuch töten wollen. Ihre größeren Kinder Ahmad und Wahid seien schon in der Schule gewesen, die kleine Seeba habe noch geschlafen. Sie habe mehrmals fest zugezogen.

Danach sei sie wohl in eine Ohnmacht gefallen, denn an das, was dann geschehen sein soll, könne sie sich nicht erinnern. Als sie wieder erwacht sei, habe sie die zwei Kinder ihres Zeitehemanns Akbar tot neben sich liegen sehen. Da sie es sich nicht anders erklären konnte, als dass sie die Mörderin ist, habe sie in großer Angst und Panik die Kinder auf eine Schubkarre gelegt, mit einem Kelim bedeckt und sei zum Hammam gefahren. Dort habe sie sich versteckt, bis zur Mittagszeit das Bad leer wird, und die toten Kinder in das Becken gelegt, damit es aussähe, als seien sie ertrunken. In den folgenden zwei Tagen habe sie Schreckliches durchlebt und sei immer wieder ohnmächtig geworden, da sie sich das Ganze nicht erklären konnte, aber alles darauf deute, dass sie es getan habe. Am dritten Tag sei sie dann zur Gendarmerie nach Haschtgerd gefahren und habe sich gestellt.

Der gerichtsmedizinische Bericht ergab, dass die Kinder erdrosselt wurden, mit demselben Tuch, mit dem sich Tara hatte töten wollen. Für die Staatsanwaltschaft war damit die Sache klar, und sie erhob Anklage wegen Mord.

Das leuchtete scheinbar ein, und doch machten mich einige Dinge stutzig. Tara hatte nicht wirklich gestanden. Sie vermutete nur, dass sie die Täterin war, da sie nach ihrem Selbstmordversuch eine Art Filmriss hatte. Wieso kamen an einem kalten Wintertag zwei kleine Kinder im Alter von drei und vier Jahren allein zu Taras Haus? Die Morde mussten von Geschrei begleitet gewesen sein. Weshalb wachte die kleine Tochter nicht auf? Vor allem aber fragte ich mich, was ihr Motiv gewesen sein sollte. Welchen Sinn hatte es für Tara, die Kinder des Mannes zu töten, der sie womöglich liebte und auf den sie finanziell angewiesen war? Die Berichte der Dorfbewohner halfen mir nicht weiter. Sie machten mich eher neugierig auf eine Frau, die offensichtlich außergewöhnlich war.

Am nächsten Tag vereinbarte ich einen Besuchstermin im Frauengefängnis von Teheran, das sich in einem alten Palast im Zentrum der Stadt befand, der ihm auch den Namen gab: Ghasr. Jedes Mal, wenn ich dort hin musste, erstaunte mich die Lieblichkeit des Geländes, das eher einem Lustgarten als einer Verwahrungsanstalt für Straftäter glich. Unter hohen Bäumen blühten Blumen, und am Kiosk gab es Obst, Kuchen und Getränke. Die Wärterin des Frauentraktes begrüßte mich freundlich und ließ mich, ohne zu fragen, ein. Sie kannte mich bereits von vielen Besuchen, und deshalb musste ich nur noch am Haupteingang meine Personalien angeben.

Die erste Begegnung mit Tara, als ich vergeblich versuchte, einen Zugang zu ihr zu finden, hat mich bis ins Mark erschüttert – die Schönheit dieser Frau, ihr stolzes Schweigen, die tanzenden Skorpione in ihren neumondschwarzen Augen, die von einem großen Willen zeugten. Vielleicht war es auch eine gewisse Ähnlichkeit zwischen uns, die ich spürte. Als ich wieder vor dem Gefängnistor stand, war mit mir etwas passiert. Ich war einer Frau begegnet, die ganz und gar nicht zu dem Bild eines Monsters passte, das die Dorfbewohner von ihr gezeichnet hatten. Als hätte ich etwas gefunden, wonach ich schon lange auf der Suche war. Gleichzeitig befürchtete ich, dass diese Frau es doch getan haben könnte.

»O Gott, lass es nicht wahr sein«, flüsterte ich. »Lass sie nicht die Mörderin zweier Kinder sein.« Ich wollte es einfach nicht glauben, nachdem ich sie gesehen hatte, diesen verzweifelten Blick in ihren schönen Augen.

Eine Woche später besuchte ich Tara wieder. Und da begann sie zum ersten Mal zu sprechen. Leise, fast flüsternd, beantwortete sie meine Fragen. Woche für Woche taute sie mehr auf. Die Wärterin hatte mir erzählt, Mitgefangene, die mich kannten, hätten sie bearbeitet, dass sie mir vertrauen könne, denn kein normaler Pflichtverteidiger käme mehr als einmal ins Gefängnis.

»Warum machst du das?«, hatte sie mich bei unserer zweiten Begegnung gefragt.

»Weil ich es als meine Pflicht empfinde und weil du ein Recht darauf hast.« Gerade dieses Rechtsempfinden musste ich ihr erst vermitteln, denn sie fühlte sich vollkommen ohnmächtig und ausgeliefert. Bei dieser Begegnung stellte ich bewusst keine einzige Frage nach der Tat, mich interessierten nur das Dorf, ihre Kindheit, wann sie geheiratet hat und wie die Kinder kamen. Ihre Antworten waren anfangs sehr knapp, reine Information. Erst nach und nach, als auch ich von mir und meinen Erlebnissen erzählte und sie manchmal sogar zum Lachen brachte, wurde sie offener. Ich erfuhr von ihrem Glück, das sie mit ihrem ersten Mann hatte, obwohl er viel älter war als sie, von ihrer Sehnsucht, fortzugehen und Lehrerin zu werden, und von ihrer Einsamkeit im Dorf, da niemand ihre Wünsche verstand.

»Ich wollte so gern, genau wie mein Mann, arbeiten und selbst mein Geld verdienen, weißt du«, sagte sie. »Ich wollte Lesen und Schreiben lernen. Aber das ging in meinem Dorf nicht. Dahin kam nicht einmal die Bildungsarmee. Ich wollte auch andere Dörfer sehen als Hessar, Komar und Haschtgerd. Einmal war ich sogar in Teheran, ganz allein«, doch da unterbrach sie sich und erzählte nicht weiter.

Als ich nach ihren Kindern fragte, antwortete sie eher ausweichend. Ich spürte, dass ich einen wunden Punkt berührte. Ahmad, Wahid und Seeba, sieben, fünf und drei Jahre alt, seien zu den Verwandten ihres verstorbenen Ehemanns gekommen, die sie schon früher nicht gemocht hätten und sie jetzt erst recht hassten, da sie Schande über die Familie gebracht habe. Sie vermisse ihre Kinder sehr. Doch als ich anbot, einen Besuch zu arrangieren, lehnte sie das strikt ab: »Nein, ich will das nicht. Sie sollen mich nicht hinter Gittern sehen. Sie sollen mich aus der Zeit davor in Erinnerung behalten. Es ist besser so.«

Das klang hart, aber vielleicht hatte sie Recht. Vielleicht war es dann für ihre Kinder weniger schwer, ein neues Leben anzufangen. Ohnehin war es schon zerrissen genug.

Bei jedem Treffen erfuhr ich ein wenig mehr von ihr, und eines Tages war es dann so weit. Nahezu tonlos erzählte sie, was in dem Jahr nach dem Tod ihres Mannes geschehen ist. Manchmal stockte sie plötzlich und starrte eine Weile vor sich hin, bevor sie weitererzählte. Als sie geendet hatte, schwiegen wir lange. Ich wusste nun, welche Qualen diese Frau durchgestanden, welche Demütigungen sie erlitten hatte. Und alles nur, weil sie schön und anders war, weil sie nicht so leben wollte, wie die Tradition es vorschrieb. Ich bewunderte ihre Stärke und Hartnäckigkeit. Anders als in der Stadt, wo Frauen, deren Mann gestorben ist, selten gezwungen werden, wieder zu heiraten, ist für eine Witwe auf dem Land ein Mann überlebensnotwendig, da sie kaum ihren Unterhalt verdienen können, denn die Dorfbewohnerinnen dulden keine ledigen Frauen.

Wut stieg in mir hoch auf die Dorfbewohner, auf die Maschateh, auf Mohameds Familie, auf eine Gesellschaft, die Frauen nicht erlaubte, ihr Leben so zu leben, wie sie es wollen. Und mir wurde klar, dass Tara auf keinen Fall eine Mörderin war. Denn das setzte ein geplantes Vorgehen voraus. Sie hatte nach ihrem Selbstmordversuch einen Filmriss gehabt, und damit war sie juristisch unzurechnungsfähig. Genau das musste ich dem Gericht klar machen.

Bei den ersten Verhandlungen hatte ich im Gerichtssaal Akbar und Fatemeh kennen gelernt. Sie waren Cousin und Cousine ersten Grades und entstammten einer wohlhabenden Gutsbesitzerfamilie. Man hatte sie als kleine Kinder verlobt, damit der Besitz in der Familie bliebe. Die Väter, zwei Brüder, hatten darüber bereits vor ihrer Geburt entschieden. Als Erwachsene konnten sie wenig dagegen tun. Es ist Gesetz, dass eine Tochter bei der Heirat die Erlaubnis ihres Vaters einholen muss. Und wenn dieser anderes vorhat, muss sie sich dem beugen. Es sei denn, sie ginge vor Gericht und bewiese, dass der Vater sie gegen ihren Willen zwingen will. Dann kann sie zwar unter Umständen Recht bekommen, doch das nützt ihr nicht viel, denn sie würde anschließend von der Familie verstoßen. Wenn ein Mädchen keinen Vater hat, bestimmt der Großvater väterlicherseits über den Ehepartner. Erst wenn keiner von beiden mehr am Leben ist oder wenn sie geschieden oder verwitwet ist und noch einmal heiraten möchte, braucht sie diese Erlaubnis nicht mehr. Fatemeh und Akbar hatten demnach keine Chance, sich den Plänen ihrer Väter zu widersetzen.

Mehr als bei jedem anderen Fall stürzte ich mich in die Recherche. Dr. Manssuri beobachtete mein Engagement mit Besorgnis. »Kind, Sie spielen mit dem Feuer, wenn Sie Frauen weiterhin so vehement verteidigen«, warnte er mich. »Lassen Sie sich mit diesen Schweinen nicht ein. Die neuen Machthaber sind strenger als zu Schahzeiten!« Mit den »Schweinen« meinte er ganz pietätlos die Revolutionswächter, die gerade den Frauen gegenüber immer rigider auftraten und ihnen ihre Rechte zu verweigern suchten. »Sie sind gefährlicher, als Sie vielleicht glauben.«

»Noch haben wir eine Rechtsprechung nach französischem Vorbild«, wehrte ich ab. »Und diesen Rahmen werde ich in jeglicher Hinsicht zugunsten meiner Mandantin ausschöpfen. Sie kennen mich. Ich kann es einfach nicht zulassen, dass diese Frau womöglich zum Tode verurteilt wird.«

Manssuri zuckte mit den Achseln. »Ich habe Sie jedenfalls gewarnt. Machen Sie, was Sie wollen.«

Ich wollte um Tara kämpfen. Sie war mir in den letzten Monaten ans Herz gewachsen wie kein anderer Mensch außerhalb meiner Familie. Wie sehr dieser Fall mein Leben verändern würde, ahnte ich damals noch nicht.

Bevor ich mein Plädoyer schrieb, wollte ich mir selbst ein Bild von Hessar und seinen Menschen machen. Das Dorf lag in einer schwer zugänglichen Region, knapp hundert Kilometer nördlich der Hauptstadt. Bis Karadsch fuhr ich etwa vierzig Kilometer auf der Autobahn. Danach gab es nur noch Landstraßen, die, je weiter entfernt sie von Teheran waren, umso mehr Schlaglöcher hatten. Die Kleinstadt ist nach wie vor der wichtigste wirtschaftliche und Verkehrsknotenpunkt in

Nordiran und Wohnsitz vieler Arbeitnehmer aus der Hauptstadt, die sich die teuren Mieten dort nicht leisten können. Das Klima ist angenehmer, da die Temperaturen im Sommer um fünf bis zehn Grad kühler sind und der Boden fruchtbar ist. Fatemeh und Akbar Kamali sind hier geboren. Ihr Besitz, mehrere Hektar Weideland, Schaf- und Ziegenherden sowie einige Obst- und Gemüseplantagen, verteilt sich von Karadsch über Haschtgerd nach Hessar.

In Haschtgerd machte ich Halt. Es war noch früh am Morgen und gerade Markt. Laut und wild gestikulierend priesen die Bazaris den Teheraner Großhändlern Obst, Gemüse und Teppiche an. Ich kaufte mir ein paar Datteln und Henna und fuhr weiter.

Nach einer Stunde Fahrt über eine holperige Landstraße, die sich in zahlreichen Serpentinen auf ein Bergplateau hochwand, erreichte ich Komar, ein größeres Dorf, das recht hübsche Häuser aus roten Backsteinen und sogar eine Schule besaß. Taras Bruder Karim wohnte hier. Ihn wollte ich als Ersten aufsuchen. Mohameds Familie, die ebenfalls hier lebte, hatte sich nicht zu einem Gespräch bereit erklärt. Tara hatte das bereits vermutet. Wahrscheinlich wollten sie auch nicht, dass ich zu ihren Kindern Kontakt bekam.

Karim wohnte in einem der vornehmeren Backsteinhäuser mit einem Gärtchen dahinter. Da er in Haschtgerd einen kleinen Gemüseladen besaß, ging es ihm finanziell recht gut. Eine etwas füllige junge Frau in einem geblümten Sommerkleid öffnete mir. Sie stellte sich als seine Frau Leila vor und bat mich ins Haus. Zwei Kinder, die durch die Küche tobten, schickte sie in ihr Zimmer. Sie stellte Tee und Obst auf den Tisch und holte Karim. Mir fiel auf, wie wenig Ähnlichkeit er mit seiner schönen Schwester hatte. Er war viel stämmiger und hatte nicht ihre katzenhafte Geschmeidigkeit. Auch schien er mir schüchterner. Ich hatte Tara mittlerweile als sehr lebendige und auch humorvolle Frau kennen gelernt. Lediglich die feinen, weißen Hände, die so gar nicht zu einem Gemüsehändler passen wollten, erinnerten mich an Tara.

Sie sei nach dem Tod Mohameds sehr eigenartig geworden, erzählte Karim, noch stolzer, als sie es früher schon war. Schon als Kind habe sie etwas Besonderes sein wollen und war wütend, weil sie nicht wie er in die Schule gehen durfte. »Am liebsten hat sie Lehrerin gespielt. Dann zwang sie die jüngeren Kinder der Nachbarschaft, sich vor sie zu setzen, und schrieb mit einem Stöckchen irgendwelches unverständliches Zeug an die Wand. Dazu erzählte sie oft die haarsträubendsten Geschichten. Sie hatte eine blühende Phantasie, wie ihre Mutter. Und wenn sich eins der Kinder davonstehlen wollte, hat sie es beschimpft. Sie konnte sehr wütend werden, wenn ihr etwas gegen den Strich ging. Nach dem Tod der Mutter hat sie dann auf die Felder gemusst. Ich glaube, das war ihr lieber, als den Haushalt zu verrichten, den sie ja auch noch am Hals hatte. Sie unterhielt sich gern mit den Leuten, ich bin da weniger gesellig. Wir sind überhaupt sehr verschieden. Sie wollte immer alles anders machen als die anderen.«

Auf meine Frage, inwiefern sie nach Mohameds Tod eigenartig geworden sei, antwortete Leila: »Wir haben ihr helfen wollen, einen neuen Mann zu finden, aber sie hat das strikt abgelehnt. Ihre Zeitehemänner, diesen Bademeister Yussuf und Akbar, hat sie nicht gut behandelt. Sie glaubte wohl, dass sie, wenn es hart auf hart kommt, bei uns unterkommen könnte. Aber so viel haben wir auch nicht. Wir müssen doch an unsere eigenen Kinder denken!« Heftig stellte sie ihre Teetasse auf den Tisch. Ihre Wangen hatten rote Flecken bekommen.

»Einmal, nachdem Yussuf sie verstoßen hat, weil er vergeblich an ihre Tür klopfte«, fuhr sie fort, »war Tara dann zu uns gekommen und hat uns um etwas Geld gebeten. Sie war ziemlich abgemagert, weil sie wohl das bisschen Unterhalt von Yussuf sparte, damit sie was hatte, wenn sie wieder allein war. Doch das haben wir nicht gemacht. Schließlich wollten wir sie dazu bringen, wieder richtig zu heiraten. Der Bademeister war doch keine schlechte Partie! Wir haben sie zum Übernachten eingeladen und die ganze Nacht auf sie eingeredet, einsichtig zu sein und doch zu heiraten, schon um der Kinder willen. Sonst bliebe ihr eines Tages womöglich nur die Prostitution, Choda möge uns beschützen! Aber sie blieb stur. Am nächsten Tag sah sie ganz verheult aus und wollte gleich früh weg. Sie nahm nicht mal ein Paket mit ein paar Lebensmitteln an. Ich habe sie dann aber heimlich Ahmad zugesteckt. Gott, war sie stolz.«

Ich betrachtete Leilas hübsches Gesicht, das eine lebhafte Mimik hatte. Diese Frau war mit sich im Einklang. Sie führte offensichtlich zu Hause das Regiment, und das genügte ihr.

»Wenn Sie nach Hessar fahren«, fragte sie mich zum Abschied, »besuchen Sie dann auch Karims Vater?«

»Ja«, sagte ich, »ich habe mich zumindest bei ihm angekündigt, allerdings keine Antwort erhalten.«

»Seien Sie vorsichtig«, warnte sie mich. »Er ist ein jähzorniger Mann und überhaupt nicht gut zu sprechen auf Tara.«

Die wenigen Kilometer von Komar nach Hessar waren sehr mühsam. Da die Straße nicht asphaltiert war, fuhr ich in einer einzigen roten Staubwolke. Mehr als Schrittgeschwindigkeit konnte ich meinem Paikan auf dem zunehmend schmaler werdenden Weg nicht zumuten. Auf einem Esel zu reiten wäre besser gewesen. Als eine nicht enden wollende Herde aus Schafen und Ziegen die Straße kreuzte, stellte ich den Motor ab. Es war bereits Mittag. Ich kletterte auf eine der Mauern, die zu beiden Seiten der Straße die Plantagen vor Mundräubern schützen sollten, und sah mich um. Im Westen und Osten säumten auf diesem Hochplateau die Bergzüge des Alborz den Horizont. Nur etwa einen Kilometer entfernt sah ich im Norden bereits die gelben Häuser von Hessar. Umgeben von Weizenfeldern, Gemüseplantagen und Wiesen schmiegten sie sich in das satte Grün der fruchtbaren Gegend. Verfallende Bewässerungsanlagen deuteten darauf hin, dass die Weiße Revolution auch bis hierher gekommen und doch wieder gescheitert war. Eine wichtige Einnahmequelle schien mir Viehzucht zu sein.

Frauen in solchen Gebieten haben es besonders schwer. Während die Männer in der Morgendämmerung das Vieh auf die Weide treiben oder auf die Felder gehen, machen sie die Hausarbeit und versorgen die Kinder. Und während die Männer sich ausruhen, müssen sie abends noch die Schafe und Ziegen melken und sich um die Weiterverarbeitung der Milch kümmern. Oft knüpfen sie nachts außerdem Teppiche, um die Haushaltskasse aufzubessern. Die Kinder arbeiten meist ab dem Schulalter mit. Lohnarbeiter können sich diese Familien nicht leisten. Deshalb nehmen sich die Männer hier weit häufiger als in der Stadt eine zweite Frau. Sie sollen die erste im Haushalt entlasten, aber auch sexuell, denn die Männer sind nach dem Hüten weit weniger erschöpft als die Frauen nach ihrer harten Arbeit und verlangen nicht selten täglich ihr Recht. Ich fragte mich, ob nicht allein schon aus diesem Grund Tara eine Bedrohung für die Frauen des Dorfes war.

Ich stellte mein Auto auf dem staubigen, sehr weiträumigen Dorfplatz ab. Er war von einstöckigen, manchmal kaum abgegrenzten Lehmhäusern umgeben. In der Mitte befanden sich steinerne Becken mit einem Wasserhahn, wo die Frauen sicher ihre Wäsche wuschen und den neuesten Klatsch austauschten. Nur selten verfügten diese abgelegenen Dörfer über fließendes Wasser. Einen Stromanschluss schien Hessar zumindest für einige Familien zu haben. Fast die Hälfte der Häuser wirkte verlassen. Aus den eingefallenen Dächern und Fensterhöhlen kletterte wilder Wein. Und in den Gärten wucherten Baldrian und Salbei. Wie viele Menschen hier wohl noch lebten? Vielleicht hundert oder hundertzwanzig? Kein Bewohner war zu sehen, bis auf zwei Kinder, die Himmel und Hölle spielten. Ich blickte unwillkürlich auf meine Schuhe, ob ich wohl mitmachen könnte. Aber das würde wohl meine schönen Pumps verderben.

Im Vergleich zu Komar wirkte Hessar viel ärmlicher und staubiger. Nur drei Gebäude waren aus Backsteinen, die Moschee, der Hammam und ein Wohnhaus, vor dem ein Landrover stand. Nach den Beschreibungen von Tara musste es Akbars Haus sein. Ich beschloss, als Erstes ihn und Fatemeh zu besuchen, da wir uns bereits kannten. Nur ungern hatten sie sich dazu bereit erklärt. Wenn wohl auch aus verschiedenen Gründen. Fatemeh, die vielleicht im achten Monat schwanger war, lag offensichtlich nichts daran, dass ich auch mit anderen Dorfbewohnern ins Gespräch kam.

Als ich dann in ihrem Wohnzimmer saß, spürte ich, wie unangenehm ihnen meine Anwesenheit im Dorf war. Ihr Haus hatte mich überrascht. Es hob sich in seiner städtischen Architektur deutlich ab von denen der anderen Bewohner. Das Wohnzimmer war wie ein L geformt und besaß eine Essecke. Kostbare Teppiche aus Täbris, wie ich an den Mustern erkannte, bedeckten den Boden und eine aus Frankreich stammende Chaiselongue mit drei Sesseln machten einen sehr europäischen Eindruck. Da ich neugierig war, ließ ich mir auch den Rest des Hauses zeigen. Es hätte in Teheran stehen können, eine große Küche, vier Schlafzimmer und sogar ein Bad. Das hieß, dass sie wohl eine Wasserleitung besaßen. Bei aller Vornehmheit war es überall auffällig unordentlich. Es stimmte wohl, dass Fatemeh sich kaum um den Haushalt kümmerte.

Vom ersten Augenblick an war sie mir unsympathisch, obwohl ich versuchte, ihr Leid als Mutter zu verstehen. Ihre fahrigen Bewegungen und ihre trüben, flinken Augen gefielen mir nicht. Sie schienen mir nicht sehr ehrlich. Im Verhandlungssaal war sie stets ausfallend geworden. Kaum einen der Anwesenden hatte sie ausreden lassen, sondern immer dazwischengekreischt mit ihrer hohen, viel zu lauten Stimme. Vor allem Tara beschimpfte sie unflätig. Hure, Mörderin und Lügnerin waren nur die harmlosesten Injurien. Der Richter hatte alle Mühe, ihr mehr Zurückhaltung aufzuerlegen. Einmal musste sie sogar den Raum verlassen. Die Eifersucht und die Trauer um ihre Kinder hatten sich in boshafte Energie verwandelt. Wenn sie schweigen musste, kaute sie an den

Nägeln. Ich musste mich zwingen, sie vorurteilslos zu sehen.

Taras Erzählungen nach sei sie anfangs durchaus nett zu ihr gewesen, als sie Fatemeh nach dem Tod ihrer Mutter im Haushalt und beim Brotbacken geholfen hatte. Doch Akbars Liebe, die sie selbst überraschte, habe alles verändert. Sie wollte diese Liebe nicht, obwohl auch sie nicht unberührt davon blieb.

»Diese Hure wollte mir meinen Mann wegnehmen«, hörte ich nun Fatemeh sagen. »Das hat sie alles eiskalt geplant. Sie wollte ihn allein für sich haben. Ich habe Akbar schon immer geliebt, wissen Sie? Er war mein Traummann, selbst nach dem Unfall, als er das Auge verloren hatte. Ich habe mir nie einen anderen Mann vorstellen können. Oh, wie war ich dumm, hätte ich sie nur nicht eingelassen, als meine Mutter gestorben war!« Im Weiteren erfuhr ich wenig Substanzielles über Tara.

Akbar war einsilbig. Scheinbar teilnahmslos saß er in seinem Sessel und zog an seinen Fingern, bis sie knackten. Er war ein attraktiver Mann in den besten Jahren. Der Widerspruch zwischen dem linken Auge und dem starren Glasauge irritierte mich jedes Mal, wenn ich mit ihm sprach, denn es war immer, als würden zwei Botschaften von ihnen ausgehen. Erst als ich nach jener Nacht fragte, als Akbar vor Taras Haus verprügelt worden war, kam Leben in ihn.

»Das war nur deine Schuld, Fatemeh. Mohameds Familie, die ja nichts wusste von der Zeitehe zwischen Tara und mir, hast du erzählt, nachts würden fremde Freier vor ihrer Tür stehen. Sie sollten sie einmal dabei überraschen. Und mir hast du gesagt, ich solle doch ruhig hingehen, Tara würde auf mich warten, nachdem sie mir nach unserer Heirat nicht die Tür aufgemacht hatte. Eine gemeine Intrige war das, die mich fast das Leben gekostet hätte, und lächerlich hast du mich obendrein gemacht. Deine Eifersucht war wirklich schamlos.« Akbar wirkte sichtlich erregt. »Dabei weißt du ganz genau, dass sie niemanden bei sich einließ«, fügte er leise hinzu.

Als ich wieder auf dem Dorfplatz stand, hatte ich das Gefühl, dass vieles unausgesprochen geblieben war und dass Akbar Tara wohl nach wie vor liebte.

Nun wollte ich Taras Vater aufsuchen. Ich fragte die Kinder, die noch immer über die in den Staub gemalten Felder hüpften, nach seinem Haus.

»Wer sind Sie?«, fragten sie mich. Ich sagte ihnen, dass ich eine Rechtsanwältin aus Teheran und wegen Tara hier sei.

»Hat man sie nicht schon längst aufgehängt? Unsere Eltern haben uns gesagt, sie ist eine böse Frau und hat Akbars Kinder umgebracht.« Arglos imitierten sie lachend, wie jemand stranguliert wird, indem sie sich würgten und die Augen verdrehten.

»Ob einer schuldig ist, muss erst bewiesen werden«, sagte ich ihnen trocken, »und deshalb bin ich hier.«

Die Jungen zeigten auf die Kuppeln der Moschee. »Gehen Sie die kleine Gasse mit den hohen Mauern dahinter lang, dann wieder links. Das fünfte Haus auf der rechten Seite ist es dann. Da hängt draußen so ein Schild mit einem Schuh dran.«

Ich dankte ihnen und überquerte den Platz. Als ich an die Tür klopfte, rührte sich nichts. Erst nachdem ich mehrmals laut den Namen von Taras Vater gerufen und mich vorgestellt hatte, antwortete eine aufgeregte

Frauenstimme: »Mein Mann ist nicht da. Gehen Sie!« Ich sagte ihr, dass ich ihm geschrieben hätte und gern mit ihm sprechen würde.

»Das interessiert mich nicht. Mein Mann ist nicht da.« Offensichtlich hatte Taras Vater aus Feigheit seine Frau vorgeschickt.

»Aber ich brauche für meine Recherchen auch seine Aussagen. Können Sie ihn nicht doch holen?«

»Er will Sie nicht sprechen! Ein für alle Mal!« Nach wie vor öffnete sie nicht das Tor, was mich langsam wütend machte.

»Hören Sie, so können Sie nicht mit mir umgehen. Ich bin Anwältin in einem Prozess, der als Angehörige auch Sie betrifft!«

Als sich immer noch nichts tat, versuchte ich es etwas sanfter. »Immerhin ist Ihr Mann doch Taras Vater. Er könnte helfen, die Wahrheit darüber herauszufinden, was an jenem Morgen wirklich passiert ist.«

Die Antwort war eindeutig: »Mein Mann will sie nie wiedersehen. ›Sie ist nicht mehr meine Tochter‹, hat er gesagt. ›Diese Frau hat nur Unglück über uns gebracht und Gott soll sie ihrer gerechten Strafe zuführen!‹ Wir wollen einfach nichts mehr mit ihr zu tun haben.«

Leila hatte Recht gehabt, hier stand ich im wahrsten Sinne des Wortes vor verschlossenen Türen.

Taras Vater war Schuster, möglicherweise kein besonders guter. Denn als sich im Dorf ein Konkurrent niederließ, verschlechterte sich seine Auftragslage dramatisch. Und bald musste er, so wie früher seine Frau und auch Tara, auf den Feldern arbeiten. Das hat ihn noch missmutiger werden lassen, als er ohnehin schon war, wie mir Tara erzählte. Nach ihrer Hochzeit mit Mohamed hatte er wieder geheiratet und noch einmal Kinder bekommen. Tara wurde von der neuen Frau von Anfang an abgelehnt. Ihre Besuche bei der Stieftochter beschränkten sich auf das Neujahrsfest. Und selbst da ließ sie Tara spüren, dass sie das nur ungern tat.

»Ihre Ablehnung war sehr kränkend für mich«, meinte Tara. Sogar auf ihre verstorbene Mutter wäre sie noch eifersüchtig gewesen. »Das letzte Mal haben sie mich bei Mohameds Beerdigung besucht.« Die Stiefmutter hatte jedoch keinen Finger gerührt, um ihr zu helfen, sondern sich wie ein ganz normaler Besuch benommen. Darüber war Tara sehr traurig gewesen. Auch danach, als es ihr schlecht ging und sie einmal um ein paar Lebensmittel gebeten hatte, war sie von ihr abgewiesen worden. Sie hätten genug mit sich zu tun. Sie solle heiraten, dann wäre sie versorgt, hatten sie ihr damals beschieden.

»Das alte Lied, weißt du. Ich habe mich damals so gesehnt nach meiner Mutter. Sie hätte mich vielleicht unterstützt und beschützt. Und vielleicht wäre dann alles anders gekommen ...« Tara hatte bei unserem Gespräch resigniert abgewinkt. »Ich weiß es nicht. Meinen Großvater mochte meine Stiefmutter übrigens auch nicht. Er war wirklich der Einzige meiner Familie, der mir beistand, obwohl er selbst kaum was hatte. Er hat mir auch davon abgeraten, mein Haus zu verkaufen, um an Geld zu kommen. Mein Vater hatte mir das vorgeschlagen. ›Du bekommst zu wenig dafür, und danach hast du nicht einmal mehr ein Dach über den Kopf‹, hat mein Großvater immer gesagt. Solange er noch gut zu Fuß war, hat er uns von Komar aus, wo er wohnte, einmal im Monat besucht. Und immer hat er meinen Kindern Süßigkeiten mitgebracht und mir Mut gemacht. Sie liebten ihn über alles. Für sie war er der wahre Großvater und nicht mein Vater.«

Ich lief zurück zum Dorfplatz. Inzwischen hatten sich drei Frauen am Brunnen versammelt, die sich angeregt unterhielten. Als ich zu ihnen trat, verstummten sie und blickten mich argwöhnisch an.

»Ich bin Taras Pflichtverteidigerin und möchte einige Recherchen anstellen«, stellte ich mich vor. »Gerade wollte ich zu ihrem Vater, doch der ist angeblich nicht da. Vielleicht können Sie mir ja auch weiterhelfen.«

Der Name Tara verschloss ihre Gesichter vollends. »Gehen Sie. Wir wissen nichts«, sagte eine ältere Frau, deren Tschador ihre Fischaugen nahezu verdeckte.

»Was wollen Sie noch hier«, sagte eine andere, die kaum noch einen Zahn im Mund hatte. »Es ist doch alles klar. Wir sind froh, dass Tara endlich hinter Schloss und Riegel sitzt. Denn da gehört sie hin. Komm, Khadidscheh, wir gehen.« Ich spürte eine Feindseligkeit, die mich erschreckte.

»Zeigen Sie mir wenigstens Taras Haus«, bat ich sie.

Eine der Frauen, die bisher geschwiegen hatte und deutlich jünger war als die anderen, deutete auf ein kleines Häuschen an der Westseite des Platzes: »Da hat sie gewohnt. Sie hat es nicht leicht gehabt, wissen Sie. Wir waren einmal befreundet gewesen. Aber dann wurde sie immer eigensinniger, und als dann Fatemeh das ganze Dorf gegen sie aufbrachte, habe auch ich kaum noch mit ihr gesprochen. Vielleicht hätten wir ihr mehr helfen sollen, anstatt die Türen vor ihr zu verschließen.«

»Halt die Klappe«, fuhr sie die zahnlose Alte an. »Du redest dich noch um Kopf und Kragen. Wir wissen nichts, und damit basta.«

Ich wollte die junge Frau noch einiges fragen. Doch sie wandte sich ab und widmete sich ihrer Wäsche.

»Wie heißt du?«

»Alemeh«, antwortete sie leise. »Ich kann nicht mit Ihnen sprechen. Bitte, Sie müssen das verstehen. Grüßen Sie Tara und sagen Sie ihr, dass es mir sehr Leid tut, was mit ihr passiert ist.«

Eine hohe Mauer aus Backsteinen umschloss das Tor zu Taras Haus. Ich öffnete es mit ihrem Schlüssel, den das Gericht konfisziert hatte. Der Zugwind wirbelte Staub auf, als ich den kleinen Hof betrat. Ein paar Hühner rannten gackernd davon. Auf einer Leine hing eine zerschlissene Decke. Mich schauderte bei dem Gedanken, dass Tara damit womöglich die toten Kinder bedeckt hatte. Links sah ich eine kleine offene Küche, neben der ein umgekippter Brottrog stand. Rechts, hinter einer Bretterwand, vermutete ich die Toilette. Die Eingangstür zum Haus war angelehnt. In einem größeren Raum lagen verstreut ein paar Holzscheite. Tara hatte mir erzählt, dass sie Holz gesammelt hätte, nachdem die Kohle verbraucht war. Auf einem Hocker standen zwei leere Töpfe.

Über eine geländerlose Treppe an der Außenwand stieg ich in das obere Stockwerk. Ich betrat einen Flur, von dem links und rechts zwei kleine Zimmer abgingen. In dem einen stand eine Truhe mit Wäsche, auf der Kleider lagen. Das kleinere war das eigentliche Wohnzimmer. Hier musste Seeba geschlafen haben, als die Tat passierte. Auf dem Boden um den Korssi herum lagen zerwühlte Decken und Kissen. In der Metallschale fand ich verkohlte Holzstücke. Mein Blick fiel auf das Foto einer schönen jungen Frau. Es war mit Reißzwecken an der Wand befestigt. Die Augen erinnerten mich an Tara, sie hatten den gleichen, etwas vorwitzigen, lebendigen Blick. Wahrscheinlich war es ihre Mutter. Ich nahm das Bild ab und steckte es ein. Tara würde sich bestimmt darüber freuen. Neben dem Foto war ein Webrahmen befestigt mit einer Bank davor. Rechts in der Ecke stand ein alter Petroleumkocher. Auf dem Boden stapelte sich benutztes Geschirr, über das kleine rote Ameisen krochen. Keiner hatte sich mehr die Mühe gemacht, es abzuwaschen.

Ein Geräusch auf dem Hof ließ mich zusammenzucken.

»Ist da wer?«, hörte ich eine Männerstimme rufen.

Sollte es sich Taras Vater doch noch anders überlegt haben? Ich lief zur Treppe und sah einen nicht mehr ganz jungen Mann mit einem imposanten Bart heraufschnaufen.

»Was machen Sie denn hier?«, fragte er mich verblüfft. »Hier war doch abgeschlossen!«

Ich stellte mich vor, und wir kamen ins Gespräch. Er war der frühere Bürgermeister, der über kleine Rechtsdelikte und andere Belange des Dorfes zu entscheiden hatte. Nach der Revolution war er von einem Mullah abgelöst worden. Dennoch sah der Bürgermeister ab und zu nach dem Rechten. Der Mann machte einen intelligenten und aufgeschlossenen Eindruck. Fast war ich überrascht über seine Freundlichkeit nach allem, was ich bisher im Dorf erlebt hatte. Von ihm erfuhr ich in der folgenden Stunde einiges mehr über Tara und die Bewohner von Hessar, und sein Urteil schien mir etwas ausgewogener.

»Tara ist eine besondere Frau«, sagte er, »viel zu schön

und zu klug für dieses Dorf, obwohl sie ungebildet war. Sie hätte in der Stadt aufwachsen sollen oder zu einer anderen Zeit.«

Dass sie die Kinder umgebracht haben sollte, wollte ihm einfach nicht in den Kopf. »Aber man hat sie hier auch schlimm behandelt. Dabei hätte sie auf den Feldern arbeiten können. Anfangs durfte sie ja sogar. Aber dann haben es die Frauen verhindert. Sie hatten Angst vor ihr, Angst vor ihrer Schönheit, dass sie ihnen die Männer wegnimmt.« Frauenneid ist doch eine gefährliche Waffe, dachte ich. Ich versuchte mir vorzustellen, wie es mir wohl in diesem Dorf ergangen wäre, und schüttelte mich unwillkürlich.

»Hessar ist ein sehr konservatives Dorf«, fuhr der Bürgermeister fort. »Hier hat selbst die Revolution nicht viel verändert. Weder für die Frauen noch überhaupt. Außer dass in der Moschee jetzt Bilder von Khomeini hängen und Volksmudschaheddin noch heftiger verfolgt werden. Ein Mann aus dem Dorf hatte Kontakte zu ihnen. Und sein Neffe, dem es gelungen war, zum Studium nach Teheran zu gehen, war ein aktives Mitglied. Vor einiger Zeit hatte der sich dann einmal ein paar Tage im Haus seines Onkels versteckt, weil er offenbar gesucht wurde. Ich wusste das, ohne etwas zu unternehmen, denn ich finde das ganz in Ordnung, was die Mudschaheddin machen. Aber dann haben ihn Nachbarn verpfiffen. Die Revolutionswächter umstellten daraufhin das ganze Dorf und durchsuchten alle Häuser. Schließlich fanden sie den Neffen und steckten ihn ins Gefängnis. Da mir der Junge Leid tat, habe ich den Mullah so lange bearbeitet, bis er beim Komiteh ein gutes Wort für ihn eingelegt hat. Nach sechs Monaten kam er dann frei. Was seine Eltern damals durchmachen mussten, kann man kaum beschreiben. Schrecklich!« Er schüttelte den Kopf und lächelte wehmütig.

Der Mann wurde mir immer sympathischer. »Langsam muss man ja wieder vorsichtiger werden, seit Taleqani tot ist. Angeblich sei er an einem Herzinfarkt gestorben, weil seine Söhne verhaftet worden sind. Aber ob das wohl stimmt?«

Ich überlegte, ob ich ihm vertrauen könnte. Aber da er so vorbehaltlos mit mir gesprochen hatte, nahm auch ich kein Blatt vor den Mund und sagte ihm, dass ich daran nicht glaubte.

Wir hatten inzwischen Taras Haus verlassen und waren hinter der Moschee in Richtung Friedhof gegangen, der ein ganzes Stück außerhalb des Dorfes lag. Die Abendsonne, die hinter dem Damawand verschwand, färbte den Weg ziegelrot. Es war deutlich kühler geworden.

»Auch hier hat der Mullah die Verwaltung übernommen«, erklärte mir der Bürgermeister. »Früher war das meine Sache gewesen. Das Land gehört dem Staat. Anders als in der Stadt müssen die Leute aber hier nichts für ihr Grab bezahlen.«

Wir standen am nördlichen Ende des steinigen Geländes, auf dem nur wenige größere Marmorplatten herausragten. Offensichtlich die Gräber der Kamalis, denn nur Reiche konnten sich diesen Luxus leisten.

»Hier liegt Mohamed, Taras Mann.« Der Bürgermeister zeigte mir einen größeren Feldstein auf einer mit wilden Kräutern überwucherten Sandfläche. »Wussten Sie, dass er als sehr junger Mann aus politischen Gründen im Gefängnis war?«

Ich verneinte. Davon hatte mir Tara nichts erzählt.

»Dort hat man ihn schwer gefoltert. Als er mit seiner ersten Frau und anfangs auch mit Tara keine Kinder bekam, glaubte ich schon, dass es eine Folge davon war. Er hat sehr darunter gelitten. Ich weiß noch, wie glücklich er war, als Tara ihm ihren Ahmad schenkte. Sein eigener Bruder hatte ihn übrigens verraten.«

»War das der, der Akbar kurz vor der Katastrophe vor Taras Haus verprügelte?«, fragte ich.

»Ja. Als er Mohamed an den SAVAK verriet, hatte er ihn damals wohl aus dem Weg haben wollen, um als Zweitgeborener doch noch die Teppichwerkstatt erben zu können. Das ist ihm ja auch gelungen. Tara hatte immer Angst, dass er ihr nach dem Tod ihres Mannes eines Tages die Kinder wegnehmen könnte, damit sie in seiner Werkstatt arbeiten. Er war berüchtigt für Kinderarbeit. Und nun ist es auch so gekommen. Arme Tara. Wenn Mohamed ein junger Mann gewesen wäre, als sie heirateten, wäre alles anders gekommen.«

Die Schatten der zwei Ahornbäume in der Mitte des Friedhofs zogen sich schon bis zum Tor. Ich fürchtete, im Dunkeln nach Hause fahren zu müssen, und verabschiedete mich.

Am Morgen vor der Gerichtsverhandlung stand ich vor dem Spiegel und schminkte mir die Lippen. In Gedanken wiederholte ich mein Plädoyer. Seit Wochen hatte ich daran gearbeitet, immer wieder gefeilt, bis ich es endlich überzeugend genug fand. Zwei Verhandlungstage, in denen Zeugen und die von dem Fall Betroffenen erneut befragt worden waren, lagen bereits hinter mir, heute sollte der letzte Tag der ersten Runde sein.

Im Radio berichteten Kommentatoren wie jeden Morgen über die Botschaftsbesetzung. Neue Enthüllungen wurden angekündigt über iranische Agenten, Politiker, Journalisten oder Schriftsteller, die für Amerika gegen die neue Republik spioniert hätten. Eine wohl durchdachte Erpressungszeremonie, um kritische Stimmen zum Schweigen zu bringen. Ein Vierteljahr zuvor, am 4. November 1979, waren Studenten mit einem Transparent in die amerikanische Botschaft eingedrungen: »Wir muslimische Studenten, Anhänger des Imam Khomeini, haben aus Protest gegen die Verbrechen der USA und die Aufnahme des Verbrechers Pahlawi in diesem Land die amerikanische Botschaft besetzt.« Khomeini hatte den Besetzern seine Unterstützung zugesagt und den Kampf gegen Amerika als die noch bedeutendere Revolution ausgerufen. Bereits drei Tage nach der Besetzung hatte Regierungschef Bazargan seinen Rücktritt erklärt und der Revolutionsrat die Macht übernommen. Damit hatte Khomeini seine Ankündigung, sich nur um religiöse Angelegenheiten zu kümmern und die politische Macht anderen zu überlassen, ad acta gelegt. Arbeitslosigkeit, wirtschaftliches Chaos und Willkür der Revolutionswächter hatten seinen Einfluss jedoch geschwächt. Viele Iraner waren resigniert und enttäuscht von seinen Versprechungen. Mit der Verteufelung Amerikas konnte der Ajatollah nun die in eine kritische Phase getretene Februarrevolution retten. Abermals mobilisierte er Millionen für die Sache des Islam, denn der Widerstand gegen die Supermacht USA, die das Land wie eine Kolonie behandelt hat, erfüllte die meisten Iraner mit Stolz. Wieder rief es abends von den Dächern: »Allah 'o Akbar, Khomeini Rahbar!« Die Volksmudschaheddin waren endgültig von der politischen Bühne verschwunden, was nicht nur ich sehr bedauerte.

Ali, er war inzwischen drei, zog sich im Flur die Schuhe an. Am Frühstückstisch hatte er mir zum ersten Mal ganz aufgeregt einen Traum erzählt. Sonst waren wir Großen es immer, die ihre Träume am Morgen erzählten, besonders in meiner Familie. »Nanni«, so nennen mich meine Kinder, »ich habe was geträumt, ich war in einem Garten mit einem Pool, und da saß Farschid mit seinen Cousinen und erzählte von ganz vielen Leuten. Doch irgendwann ist er müde geworden, irgendwie ganz schwach, so als ob er weinen wollte, und hat zu mir gesagt: ›Erzähl du weiter. Du warst doch auch dabei.‹« Ich hatte ihm über den Kopf gestrichen und gesagt: »Ein schöner Traum, Ali.« Meine Gedanken waren schon bei Tara.

Nachdem ich ihn im Kindergarten abgeliefert hatte, fuhr ich zum Justizgebäude. Als ich den Verhandlungsraum der Großen Strafkammer betrat, hatten die fünf Richter bereits auf dem Podium Platz genommen. Ich setzte mich neben Tara und steckte ihr das Foto zu. Mit einer heftigen Bewegung drückte sie es an die Brust und flüsterte: »Danke!« Links neben uns saß an einem Tisch der Staatsanwalt, der in seinen Akten blätterte. Er schien mir nervös. Wir waren es wohl beide. Ich drehte mich um und erblickte Fatemeh und Akbar im Zuschauerraum. Fatemeh war deutlich dicker geworden, seit wir uns das letzte Mal vor einem Dreivierteljahr gesehen hatten. Entweder sie war nach der Geburt nicht wieder schlank geworden oder schon wieder schwanger. Bis auf einige Presseleute, Studenten und Referendare waren keine Zuschauer im Saal.

Der Vorsitzende Richter eröffnete die Sitzung. Als Erstes sprach der Staatsanwalt. In knappen Worten formulierte er auf der Grundlage von Indizien seine Anklage und forderte »zweimal Todesstrafe«. Danach war ich an der Reihe. Ich drückte Tara, die in einen schwarzen Tschador gehüllt bleich neben mir saß, beruhigend die Hand und ging nach vorn. Mein Plädoyer hatte ich in drei Teile gegliedert. Im ersten erzählte ich ausführlich über Taras Kindheit, über das Leben eines Mädchens auf dem Dorf, das mit neun Jahren seine Mutter verloren hat und mit vierzehn verheiratet worden war, über ihre Ehe mit Mohamed und ihr Leben nach seinem Tod. Wie sie arbeiten wollte und hungern musste, weil man sie nicht mehr auf die Felder ließ, und sie von den Dorfbewohnern mit allen Mitteln gezwungen wurde, fragwürdige Zeitehen einzugehen.

»Muss eine Frau wirklich heiraten, um sich ernähren zu können? Muss sie wirklich zwangsläufig und bedingungslos ›dem Mann ein Acker sein‹?«

Bei dieser Anspielung auf den Koran ging ein Raunen durch den Saal. »Hat nicht auch sie ein Recht, sich den Mann auszusuchen, mit dem sie eine Ehe eingehen will, freiwillig? Und nicht nur als Sigheh- oder Zweitfrau? Eine Analphabetin, die nie auch nur die Chance auf Bildung hatte, hat um ihre Würde gekämpft, um das Recht, ihr Leben selbst zu bestimmen. Was, meine Herren, ist falsch daran?«

Dann kam ich zur Tat. In diesem Teil sprach ich nicht nur von einer mutmaßlichen Täterin, sondern von mehreren. Denn für mich waren auch die Heiratsvermittlerin, die Dorffrauen und Fatemeh, der Mullah und Akbar zumindest mitschuldig an dem, was geschehen war.

Denn sie hatten Tara keine Luft zum Atmen gelassen und sie mit Hass und Intrigen verfolgt. Selbst Akbars feige Liebe hatte sie erstickt.

»Die Schlinge, die das Dorf um Taras Hals legte, hat sie in größter Verzweiflung schließlich selbst zugezogen. Was danach passierte, ist das Werk eines Menschen, der seelisch und körperlich am Ende war, einer Frau, die nicht mehr Herrin ihrer Sinne und Handlungen war und damit auch nicht verantwortlich dafür gemacht werden kann.«

Während des Vortrags sah ich, wie der Vorsitzende Richter mehrmals den Kopf schüttelte und mitleidig Tara anblickte, auf deren Wangen sich große rote Flecke abzeichneten. Fatemeh hingegen protestierte lauthals und beschimpfte mich. Der Richter verbot ihr daraufhin das Wort und drohte mit Saalverweis, wenn sie weiterhin ungefragt dazwischenredete. Ihren hasserfüllten Blicken konnte ich deutlich entnehmen, wie sie auf Rache sann. Auch der Staatsanwalt schien wütend auf mich zu sein. Den Reaktionen der Richter hingegen las ich zunehmende Sympathie für Tara ab. Das zeigte mir, dass ich auf dem richtigen Weg war, und ging zur Konklusion über.

Ausführlich erläuterte ich den gerichtsmedizinischen Bericht der Obduktion und schlussfolgerte daraus, dass Tara, falls sie diese Morde überhaupt begangen hat, im Affekt gehandelt habe, in einer Situation, in der sie nicht zurechnungsfähig war. »Bevor hier überhaupt ein angemessenes Urteil gesprochen werden kann«, beendete ich meinen Vortrag, »beantrage ich deshalb das psychologische Gutachten eines Sachverständigen.«

Noch während ich zurück zu meinem Platz ging, sprangen Fatemeh und der Staatsanwalt auf und protestierten. »Sie ist eine ganz normale Verbrecherin. Was soll man da noch beweisen!« Fatemeh war außer sich.

Der Staatsanwalt bestärkte sie darin: »Ein psychologisches Gutachten, so ein Unfug! Sie muss bei vollem Bewusstsein gewesen sein. Wie hätte sie sonst die Kinder danach ins Bad bringen können, um vorzutäuschen, dass sie ertrunken seien?!«

»Genau diese Frage wird eben nur ein Psychologe klären können«, antwortete ich ruhig. »Denn es ist vollkommen unklar, in welcher geistigen Verfassung ein Mensch ist, der gerade versucht hat, sich das Leben zu nehmen. Vermutlich wird sie in blinde Panik verfallen sein, um die Tat von sich abzulenken, die ihr ebenso ungeheuerlich erschienen sein muss wie uns.«

Die Richter stimmten mir zu. Denn der Forderung einer weiteren Beweisaufnahme, egal von welcher Seite, muss nachgegeben werden. Die erste Runde hatte ich gewonnen. In ein paar Wochen oder Monaten, wenn die Gutachten vorlägen, würden wir weitersehen.

Der Vorsitzende Richter erklärte die Sitzung für beendet. Zwei Gefängniswärterinnen führten Tara hinaus. Ich sah, wie Akbar ihr nachblickte. Die ganze Zeit hatte er, ohne sich zu rühren, aufmerksam zugehört. Keinerlei Gefühlsregung war seinem Gesicht abzulesen.

Ein halbes Jahr später fand die nächste Sitzung statt. Sie fiel in eine politisch äußerst brisante Zeit, denn am 22. September waren irakische Truppen in den Iran einmarschiert. Der erste »Golfkrieg« hatte begonnen, bei dem der Irak das Übergreifen der islamistischen Ideologie auf seine schiitische Bevölkerungsmehrheit zu verhindern versuchte, während dem Iran der Krieg gelegen kam, um von innenpolitischen Konflikten abzulenken und seine neuen politischen Spielregeln mit aller Härte durchzusetzen. Nach der Botschaftsbesetzung war dies die zweite Möglichkeit zur Machtsicherung und zum Ausschalten des politischen Gegners, denn im Juni war es erneut zu einer Massendemonstration der Volksmudschaheddin und blutigen Schlägereien mit den Hisbollahs gekommen. All das beunruhigte mich sehr, denn seit geraumer Zeit waren Gerüchte über eine Änderung des Rechtswesens in Umlauf.

Ich hatte das Gutachten des Psychologen über Tara schon einige Tage vorher bekommen. Wie erhofft, kam er zu dem Ergebnis, dass Tara aufgrund des Selbstmordversuchs zur Tatzeit unzurechnungsfähig war und im Affekt gehandelt hat. Laut Gesetz sei sie damit unschuldig, denn ein Mensch, der in diesem Zustand eine Tat begeht, handelt nicht mit Absicht und kann demnach auch nicht dafür verantwortlich gemacht werden. Ich atmete erleichtert auf. Doch bei der nächsten Verhandlung bezweifelte der Staatsanwalt die Neutralität des Psychologen und beantragte drei neue Sachverständige. Die Kosten hierfür wollte Fatemeh übernehmen. Die Verhandlung wurde erneut vertagt.

Wieder vergingen Monate, in denen der erst im Januar 1980 vom Volk gewählte Staatspräsident Banisadr auf Druck Khomeinis außer Landes gehen musste und Mohammed Resa Pahlawi im Kairoer Exil starb. Im Januar 1981 lagen die neuen Gutachten vor und ich wurde zur Abschlussverhandlung eingeladen. Dieses Mal saß ich schon auf der Bank, als Tara hereingeführt wurde. Sie schien mir noch dünner zu sein, als sie ohnehin schon war. Ich versuchte ihr mit einem Lächeln Mut zu machen, aber ich war mir nicht mehr so sicher, ob auch die neuen Gutachter zu ihrem Gunsten aussagen würden. Vielleicht hatten Fatemeh und der Staatsanwalt es geschafft, die Psychologen zu beeinflussen. Inzwischen war in diesem Land alles möglich geworden. Und mein ungutes Gefühl bewahrheitete sich. Zwei der Gutachter hielten Tara für schuldig und nur einer für unzurechnungsfähig. Dennoch erging zu meiner großen Überraschung folgendes Urteil: lebenslänglich. Nur einer der vier Richter hatte sich dagegen ausgesprochen und die Todesstrafe beantragt. Der Prozess war damit nach fast zwei Jahren abgeschlossen. Ich konnte es kaum fassen. Tara war gerettet! Zufrieden lächelte ich ihr zu. Ihrem ungläubigen Gesichtsausdruck entnahm ich, dass sie das soeben Gehörte noch gar nicht so richtig fassen konnte.

Beim Hinausgehen verstellte mir der Staatsanwalt den Weg: »Ich sage Ihnen: Das war nicht das letzte Wort, das hier gesprochen wurde. Ich werde dafür sorgen, dass diese Mörderin aufgehängt wird. Verlassen Sie sich darauf!«

Hinter mir hörte ich Fatemeh schreien: »Mörderin! Wer eine Mörderin verteidigt, ist selbst eine!« Ich drehte mich um und sah, wie Akbar sie sanft am Arm nahm und hinausführte. Ein kurzer Blick, der mich streifte, verriet mir, dass er erleichtert war.

Der Ausgang des Prozesses beflügelte mich, denn dieser Fall war alles andere als einfach gewesen und mir so nah gegangen wie keiner zuvor. Fast bedauerte ich es, dass ich Tara nun nicht mehr wiedersehen würde. Sie wird mir fehlen, dachte ich beinahe wehmütig und hoffte auf irgendeine Gelegenheit, ihr im Gefängnis einmal wieder zu begegnen. Ich hätte es mir lieber nicht wünschen sollen!

Vier Wochen nach der Urteilsverkündung erhielt ich ein Schreiben vom Gericht. Der Staatsanwalt war in Revision gegangen und damit das Urteil noch nichts rechtskräftig. Also hatte er seine Drohung am Ende der Sitzung doch wahr gemacht. Er wollte Taras Tod, daran ließ er keinen Zweifel. Die Akte lag nun bei der 10. Kammer des Bundesgerichtshofs, der prüfen sollte, ob die Gutachten glaubwürdig sind und das Urteil rechtfertigen. Alles war wieder offen. Wut und Enttäuschung erfassten mich gleichermaßen. Sollte alles umsonst gewesen sein und sich dieser Staatsanwalt doch noch durchsetzen? Würde es mir ein zweites Mal gelingen, Taras Hals aus der Schlinge zu retten? Unter Khomeini war die Lage der Frauen im Iran nicht besser geworden, im Gegenteil. Die Mullahs beschnitten immer mehr ihrer Rechte. Systematisch verdrängten sie die Frauen von der Bühne des öffentlichen Lebens. Und das ist nicht nur eine Metapher. Selbst in der Oper durften sie bald nur noch im Chor und keine Solopartien mehr singen.

Eine der folgenreichsten Veränderungen waren die Eingriffe in das 1967 erlassene Familienschutzgesetz. Dieses Gesetz hatte zum ersten Mal Frauen vor willkürlicher Scheidung Schutz gewährt und ihnen ein Anrecht auf ihre Kinder zugesprochen. Außerdem mussten die Männer ihre Frauen um Erlaubnis bitten, wenn sie weitere Frauen heiraten wollten. Taten sie das nicht, drohte ihnen und dem Notar, der ihre Heirat beglaubigt hatte, eine Gefängnisstrafe von bis zu sechs Monaten. Die Zeitehe wurde ganz verboten. Obwohl sich besonders auf dem Land die meisten Männer nicht daran hielten und auch die Frauen kaum eine Chance hatten, sich dem Willen ihrer Männer zu widersetzen, war dieses Familienschutzgesetz des Schahs zumindest juristisch ein Fortschritt für die Frauen gewesen.

Nachdem Khomeini wichtige Teile und den ursprünglichen Sinn dieses Gesetzes ausgehebelt hatte, wurde die Zeitehe wieder eingeführt. Wieder konnten zwölfjährige Mädchen zur Ehe gezwungen werden, Männer bis zu vier Frauen heiraten und sich unzählige Konkubinen in einer Sigheh halten. Wollte sich eine Frau scheiden lassen, musste sie mehrere genau definierte Gründe anführen, die selten genug anerkannt wurden. Beim Mann hingegen reichte allein dessen Absicht, um geschieden zu werden. Die Kinder sprach das Gericht in den meisten Fällen dem Vater zu. Ebenso, wenn die Frau nach der Scheidung wieder heiraten wollte. Geschiedene Frauen waren nichts mehr wert. Äußerst selten fanden sie einen neuen Mann.

Erfahrungsgemäß dauerte es sehr lange, bis der Bundesgerichtshof eine Entscheidung traf. Mir blieb die Hoffnung, dass die 10. Kammer keinen Grund finden würde, das Gerichtsurteil über Tara anzufechten, denn alles war juristisch korrekt verlaufen. Ich musste nur Geduld haben und abwarten. Doch das fiel mir schwer, und so stürzte ich mich umso intensiver in die Bearbeitung anderer Fälle.

Obwohl nicht klar war, wie die Sache mit Tara weitergehen würde, gratulierte mir Dr. Manssuri zum bisherigen Ergebnis. Ich hatte in seinen Augen sehr gute Arbeit geleistet. Die Zusammenarbeit mit ihm funktionierte nach wie vor ausgezeichnet. Er war gerade ziemlich frustriert, da er seinen Prokuristen, der mit ihm verwandt war, entlassen musste. Er hatte ihn bestohlen. Beinahe wäre der Fall vor Gericht gekommen, aber Dr. Manssuri musste aufpassen, denn er gehörte zu einer adeligen Familie, und das war an sich schon gefährlich in der damaligen Zeit. Einen Angehörigen zu verklagen hätte auch ihn womöglich in Gefahr gebracht.

Ich mochte seine Mitarbeiter, den Hausdiener, einen pensionierten älteren Herrn, der die Kanzlei sauber machte und ständig Tee und Kaffee kochte und für Gebäck sorgte, und seine Sekretärin, die aus sehr armen Verhältnissen kam. Mit ihrer Arbeit bei Dr. Manssuri finanzierte sie ihre Abendschule zur Vorbereitung auf das Abitur und gönnte sich keine Freizeit, bis sie endlich studieren konnte. Ich half ihr manchmal in Mathematik. Als sie Dr. Manssuri verließ, stellte ich meine eigene Sekretärin und eine Juristin ein. Sie hatte keine Chance mehr, das zweite Staatsexamen abzulegen und eine eigene Kanzlei aufzumachen, denn während der ersten zehn Jahre nach der Revolution waren damals in Teheran keine neuen Anwälte zugelassen worden. Manchmal arbeiteten beide Frauen auch für Dr. Manssuri, um ihn in seiner etwas altertümlichen Arbeitsweise zu entlasten.

Ende 1981, das war noch vor dem Erlass der Schleierverordnung für Frauen, habe ich ihn mit der recht unkonventionellen Lösung eines Falls schwer beeindruckt. Er rief mich eines Tages in sein Zimmer und stellte mich einem Mandanten vor, in dem ich einen der reichsten Teehändler Irans erkannte. Er suchte Hilfe bei Dr. Manssuri, weil die Revolutionswächter auf dem Flughafen vier Tonnen Tee im Wert von vier Millionen Tuman aus Indien beschlagnahmt hatten, die er hatte einführen wollen.

Nachdem mir Dr. Manssuri die Vorgeschichte erklärt hatte, sagte er abwinkend: »Übernehmen Sie den Fall,

Frau Maali. Das Honorar können Sie selbst bestimmen. Ich habe überhaupt keine Lust, mich mit den Revolutionswächtern anzulegen.«

Ich kannte seine hartnäckige Abneigung gegen die Mullahs und alles, was mit der Revolution zu tun hatte, und sagte zu. Ungeniert vereinbarte ich zwanzig Prozent vom Streitwert. Das war das Doppelte, was Dr. Manssuri sonst nahm. Das war viel Geld, aber erstens nahm ich es von keinem Armen und zweitens würde es sehr schwierig sein, das beschlagnahmte Gut den Fängen der Mullahs zu entreißen. Die Idee, wie ich es anstellen könnte, kam mir im Fahrstuhl, als wir das einst von den Deutschen erbaute Gebäude, auf dessen Dach sich das Zeichen »MAN« drehte, verließen.

In jenen Wochen war alles dermaßen durcheinander, da sich jeder dafür zuständig fühlte, jemanden zu verhaften, aber keiner, ihn wieder freizulassen. Auch Besitz wurde willkürlich beschlagnahmt, aus welchen Gründen auch immer, und keiner fühlte sich verpflichtet, ihn wieder herauszugeben. Daraus hatte sich schnell ein System von Bestechung entwickelt, das ich nutzen wollte.

Als Erstes ging ich, sehr zum Erstaunen meines Mandanten, in eine Boutique, die sich im Kutsche-Berlin, einem kleinen Einkaufszentrum unweit der deutschen Botschaft, befand. Ich suchte mir einen halblangen Mantel aus und fragte nach einer Hose. Mit Damenhosen könne er leider nicht dienen, sagte mir der Verkäufer, reichte mir aber zwei Teile, die der Sache zumindest nahe kamen. Es waren zwei einzelne Röhren, die man, von einem Gummizug gehalten, übers Knie ziehen konnte. Ich ging hinter einen Vorhang und zog mich um. Wenn ich den Mantel zuknöpfte, sahen diese Teile wie ganz normale Hosen aus. Raffiniert! Ich musste richtig lachen, als ich das sah. Das ist es! Ich behielt die Sachen an und reichte die Rechnung, immerhin einhundertfünfzig Toman, an den Mandanten weiter: »Bezahlen Sie!«

»Wie bitte?«, fuhr er mich an. »Sie sollen Ihre Arbeit machen und hier nicht Kleider kaufen, die ich auch noch bezahlen soll!« Offensichtlich hatte ihn die Warterei vor einer Frauenumkleidekabine bereits sichtlich genervt.

»Wollen Sie, dass ich Ihr Problem löse, oder nicht?«

»Natürlich will ich das.«

»Dann tun Sie, was ich von Ihnen verlange! Ab sofort, wenn ich sage ›Bezahlen!‹, dann bezahlen Sie, und zwar ohne Fragen zu stellen! Haben Sie mich verstanden?«

Verblüfft schaute er mich an. Ich sah, wie es in seinem Kopf arbeitete. Dann nickte er langsam. Er hatte kapiert und bezahlte.

Als Nächstes suchte ich nach einem Kopftuch. Das war damals gar nicht so einfach. Noch war das Schleiergesetz der Mullahs nur im Gespräch, und man wusste nicht, ob es durchkommen würde. Wir gingen von Boutique zu Boutique, nichts. Letztendlich hatten wir Glück bei einem Herrenausstatter, einer der ältesten Boutiquen Teherans, berühmt für elegante Krawatten und Schals aus feinstem Tuch. Ich ließ meinen Mandanten ein quadratisches Seidentuch kaufen und band es mir über die Schulter. Dann setzten wir uns in sein Auto und fuhren zum Flughafen.

Auf dem Parkplatz band ich mir das Tuch fest um den Kopf, dass kein Haar hervorlugte, und wir ließen uns zum Staatsanwalt des Flughafens führen, der ein Mullah war und über die Herausgabe der Importe zu bestimmen hatte. Erstaunt registrierte er bei der Begrüßung, dass ich, obwohl das Gesetz noch in der Schwebe lag, Mantel, Hose und Kopftuch trug. Eine Anwältin, die schon jetzt die islamischen Gesetze respektierte?!

»Was kann ich für Sie tun?«, fragte er uns freundlich.

»Mein Mandant schämt sich, dass er in den letzten fünf Jahren keine islamische Steuer gezahlt hat.« Dabei handelte es sich um ein Fünftel des jährlichen Gewinns, das ein guter Moslem laut Koran in die Imamkasse zu zahlen hat. »Er hat mir diese Nachlässigkeit gebeichtet und mich darum gebeten, ihm nun zu helfen, das nachzuholen. Sonst hätte er ein schlechtes Gewissen. Es geht um zweihunderttausend Toman.«

Ich sah, wie der Mullah bei der immensen Summe schluckte. Er habe nichts dagegen, ließ er uns wissen. »Allah ist jeder reuige Sünder recht.«

Ich bat um die Kontonummer der Imamkasse und schickte den Teehändler zum Überweisen auf die Bank am Flughafen. »Bezahlen Sie das!«

Während wir allein waren, redete ich mit dem Mullah über unsere Familien, die Revolution und seine Arbeit. Und als der Teehändler mit der Quittung zurückkam, sagte ich zu ihm: »Ich möchte mich auch bei Ihnen persönlich bedanken, dass die Sache so unkompliziert über die Bühne gegangen ist und mein Mandant nun wieder gut schlafen kann. Zweihunderttausend Toman für Sie sind meines Erachtens angemessen.« Dann bat ich um seine Kontonummer.

Der Mullah bekam große Augen. Er hatte ganz sicher mit einer Null weniger gerechnet und wollte das Angebot ablehnen. Wir diskutierten eine Weile, doch schließlich konnte ich ihn überzeugen, das Geld anzunehmen.

Wieder schickte ich den Teehändler, dem sichtlich der Schweiß ausbrach, zur Bank.

Als er draußen war, beugte sich der Mullah vertraulich zu mir: »Sagen Sie, Frau Maali, was kann ich um Choda willen für *Sie* tun?«

»Tja.« Ich tat so, als ob ich nachdenken müsste. »Da fällt mir etwas ein. Wissen Sie, mein Mandant wurde leider in den letzten Tagen hier sehr schlecht behandelt. Man hat dem armen Menschen vier Tonnen Tee aus Indien, die zur Einfuhr bestimmt sind, beschlagnahmt. Es wäre natürlich sehr nobel von Ihnen, wenn er sein Gut umgehend zurückbekommen könnte.«

»Kein Problem«, sagte der Mullah und bat um die Papiere und Quittungen, die ich selbstverständlich schon bereitgelegt hatte. Nach einem kurzen Blick darauf klingelte er nach den Revolutionswächtern und befahl ihnen, die Importe auf der Stelle freizugeben.

Ich bedankte mich und verließ das Zimmer. Draußen wartete bereits ungeduldig der Teehändler: »Und? Haben Sie was erreicht? Oder bin ich die vierhunderttausend Toman nun auch noch losgeworden?«

»Folgen Sie diesen Herren zum Lager. Sie können Ihre Ware dort mitnehmen«, sagte ich lächelnd. »Und vergessen Sie nicht, zwanzig Prozent gehen auf mein Konto!!«

Dies war der kürzeste und lukrativste Fall meines Lebens. So schnell hatte ich noch nie so viel Geld verdient. Ich konnte es gebrauchen, denn damit finanzierte ich die Fälle, für die ich kein Geld nahm. Außerdem hatte ich gerade eine aus dem Gefängnis entlassene Referendarin eingestellt, die nirgendwo mehr Beschäftigung gefunden hatte.

Sie war nicht die Einzige, der ich Unterschlupf gewährte. In unserer Sommervilla in der Nähe von Karadsch mit einem großen Garten und Swimming-Pool, die mein stilles Refugium war, lebte seit einiger Zeit ein ehemaliger Schüler von mir. Seine Eltern hatten mich darum gebeten. Nori war ein aktives Mitglied der Mudschaheddin, wie ich eines Tages herausgefunden hatte. Seit ihrem blutig niedergeschlagenen Aufstand vom 23. Juni 1981 war sein Leben in höchster Gefahr. Viele Mitglieder und auch Sympathisanten mussten danach in den Untergrund gehen, da sie einer extrem grausamen Verfolgung ausgesetzt waren, die übrigens von ehemaligen SAVAK-Mitgliedern unterstützt wurde. Wenn man bei Hausdurchsuchungen irgendeinen Hinweis auf die Mudschaheddin fand – Ausweise, Zeitungen oder Flugblätter –, wurden die Familienmitglieder verhaftet, gefoltert, nicht selten sofort erschossen. Selbst Kinder waren davon nicht ausgenommen. Die Willkür kannte keine Grenzen. Einmal erlebte ich, wie ein junges Mädchen wegen Waffenbesitz verhaftet wurde, weil man bei ihr einen Pfefferstreuer gefunden hatte. So etwas war alltäglich. In vielen Städten gab es sogar öffentliche Hinrichtungen. Massoud Radschawi, der damalige Führer der Mudschaheddin, ging ins Exil, um von dort aus den Kampf gegen dieses sich immer offensichtlicher gerierende Terrorregime weiterführen zu können.

Meinen Hass auf die Mullahs hatten diese Ereignisse nur verstärkt, und ich begann Flugblätter zu schmuggeln. Ich wusste, dass diese Aktionen sehr schnell ein Himmelfahrtskommando werden konnten, doch mein Gefühl, etwas gegen dieses System unternehmen zu müssen, war stärker. Eines Tages bat mich Nori, auf der

Trauerfeier für die Mutter einer gemeinsamen Freundin einem Bekannten einen Zettel zuzustecken, der mir daraufhin einen Stapel Flugblätter gab. Ich sollte sie in unsere Villa nach Karadsch bringen.

Die Fahrt wurde zu einem Albtraum. Auf der dreispurigen Autobahn von Teheran nach Karadsch gab es für gewöhnlich nie Stau. Doch ausgerechnet an jenem Tag war plötzlich alles dicht, nichts bewegte sich mehr. Von einem jungen Mann erfuhr ich, dass Revolutionswächter auf der Suche nach einem Verdächtigen die Straße abgesperrt hatten. Auf einer frei gemachten Spur mussten die Autos langsam zur Kontrolle vorfahren.

Mir brach der Schweiß aus, denn es war durchaus möglich, dass sie genau mich suchten. Ich hatte die Flugblätter in einer etwas größeren Handtasche mit Reißverschluss versteckt. Als Erstes zerriss ich das Futter und verstaute sie dahinter. Dann warf ich, was sich an typisch weiblichen Utensilien darin befand, Bürste, Parfüm, Taschentücher, Lippenstift, durcheinander und ließ die Tasche offen, damit der Inhalt gut sichtbar war. Ich löste mein Haar, legte mir ein schwarzes Spitzentuch, das ich bei der Trauerfeier getragen hatte, darüber und schminkte meine Lippen tiefrot. Schließlich machte ich noch die zwei oberen Knöpfe meiner Bluse auf.

Mit dem Mut der Verzweiflung fuhr ich auf die Kontrollspur, so, als ob ich mein Auto freiwillig untersuchen lassen möchte. Ein Revolutionswächter mit einer Kalaschnikow in der Hand winkte mir anzuhalten. Ein zweiter befahl mir mit einer unmissverständlichen Geste seiner Waffe, das Fenster herunterzukurbeln. Wie beabsichtigt, saugte sich der Blick des Mannes an meinem Brustansatz fest.

»Mein Bruder, bitte durchsuchen Sie zügig mein Auto. Ich bin in Eile«, sagte ich so lasziv wie möglich.

Der Wächter lächelte zweideutig. Er hielt mich offensichtlich für eine Nutte, jedenfalls nicht für eine Schmugglerin von politisch hoch brisantem Material. »Hatschi Chanum, fahr weiter.« Die Anrede war eine ironisch gemeinte Anspielung auf einen Menschen, der eine Pilgerreise gemacht hat. Ich bedankte mich mit einem verführerischen Lächeln und nahm die nächstmögliche Ausfahrt. Als ich mich einigermaßen sicher fühlte, hielt ich in einer kleinen Nebenstraße an und schloss die Augen. Mir war schlecht und meine Knie zitterten dermaßen, dass ich minutenlang unfähig war, die Kupplung zu treten. Es ist eigentlich immer so in meinem Leben. Solange ich in Gefahr bin, verhalte ich mich ruhig und vernünftig und finde einen Weg, später erst, wenn alles vorbei ist, schlagen die Gefühle über mir zusammen.

Irgendwann war unser Sommerhaus nicht mehr sicher für Nori, und er schlüpfte bei anderen Verwandten von uns oder Freunden unter. Aber wir blieben in Kontakt. Eine Zeit lang rief er jeden Morgen um vier an und legte sofort wieder auf. Damit ließ er uns wissen, dass er am Leben war. Hin und wieder, wenn er sich an einer sicheren Stelle wähnte, nannte er uns am Telefon eine Nummer und eine Uhrzeit. Daraus konnten wir dann schließen, wo er sich gerade befand, denn wir hatten möglichen Aufenthaltsorten eine Nummer gegeben. Manchmal trafen wir uns dann, was höchst gefährlich war.

Eines Morgens rief Nori nicht mehr an. Am Abend zuvor hatten wir uns noch bei einer Freundin gesehen. Auch in den folgenden Tagen und Wochen hörten wir nichts mehr von ihm. In größter Sorge riefen seine Familie und ich der Reihe nach alle Gefängnisse an, befragten Staatsanwälte und suchten Friedhöfe nach frischen Gräbern ab. Vergebens. Anderthalb Monate später erst erfuhren wir, was nach jenem letzten Treffen passiert war.

Nori hatte einen Freund angerufen, bei dem er die nächste Nacht verbringen wollte, und in dem vereinbarten Geheimcode gefragt, ob die Luft rein sei. Der Freund bejahte das. Nori ahnte nicht, dass sie verraten worden waren und Revolutionswächter das Haus besetzt hatten. Sein Freund hatte den Anruf gefesselt entgegennehmen müssen. Als Nori den Hof überquerte, hat er sich vielleicht gewundert, weshalb dort nicht wie sonst Kinder umhersprangen. Gewöhnlich hat er immer erst eine Weile mit ihnen gespielt. Aber er ging dennoch hoch zur Wohnung seines Freundes. Als er aufschloss, wurde er auf der Stelle erschossen. Er war gerade dreiundzwanzig geworden.

Ich versuchte meinen Schmerz zu betäuben, indem ich jeden Freitag morgens um fünf zum Friedhof ging, wo ich einen Grabstein für ihn gekauft hatte. Manchmal kam auch seine Mutter mit. Doch nicht einmal dem Toten gönnte man Ruhe. Eines Tages fanden wir den Grabstein zerschlagen. Ich kaufte einen neuen und stellte ihn auf. Ein paar Wochen später war er erneut zerstört. Wieder ersetzte ich ihn. Beim nächsten Friedhofsbesuch bot sich seiner Mutter und mir der gewohnte Anblick. Der Stein lag, in der Mitte durchgehauen, auf dem Weg. Wer immer es war, sie wollten uns mürbe machen und zum Aufgeben zwingen. Ein letztes Mal nahmen wir die Bruchstücke mit und ersetzten sie durch einen neuen Grabstein. Danach vergriff sich niemand mehr an ihm.

Das Leben ging weiter. Alles geht immer irgendwie weiter, auch wenn wir das Gefühl haben, der Boden öffnet sich unter uns.

Ich war nie ein Mitglied der Volksmudschaheddin, doch gehörten dieser Bewegung meine Sympathien, ich habe sie mit vielen Aktionen, in denen ich mein Leben in Gefahr brachte, aktiv unterstützt. Darüber schreiben kann ich nach wie vor nicht, da ich weder mich noch meine Freunde, die daran beteiligt waren und im Iran leben, in Lebensgefahr bringen möchte.

Eines Tages rief mein ehemaliger Studienkollege Nima an und nannte mir verschlüsselt eine Adresse, wo wir uns treffen sollten. Er lebte erneut im Untergrund. Auch »Der Weg der Arbeiter« wurde inzwischen vom Regime verfolgt. Bei unserem Treffen erschrak ich wiederum über Nimas Aussehen. Nur waren es dieses Mal nicht die Spuren der Folter, die ihn entstellten, sondern eine Art Maskerade, die ihn unkenntlich machen sollte. Er hatte sich die schwarzen Haare blond gefärbt, selbst seinen Schnurrbart, und trug eine Sonnenbrille. Seelisch war er in einer fürchterlichen Verfassung. Seine beiden Brüder, die bei den Volksmudschaheddin kämpften, waren verhaftet und im Schnellverfahren zum Tode verurteilt worden. Ihre Leichen hatten die Mörder zerstückelt und in einem Plastiksack ihren Eltern geschickt. Sie wohnten in einem kleinen Dorf am Kaspischen Meer. Als sie ihren Verwandten, Nachbarn und den Dorfbewohnern davon erzählten, wollte keiner etwas damit zu tun haben, nicht einmal der Mullah, der Nimas Brüdern sogar den Platz auf dem Friedhof verweigerte. Ganz allein und ohne eine Trauerfeier hätten seine Eltern ihre Söhne begraben müssen. Nicht einmal Nima konnte ihnen beistehen, da er als einer der führenden Mitglieder von »Der Weg der Arbeiter« dort in eine sichere Falle gelaufen wäre. Als er mich bat, seine Eltern zu besuchen, um ihnen in ihrer Trauer, Verzweiflung und Einsamkeit beizustehen, sagte ich, ohne zu überlegen, zu. Er war mein Freund. Ich musste das tun, obwohl ich wusste, in welche große Gefahr ich mich damit begab.

Am nächsten Morgen machte ich mich auf den Weg. Fereidun begleitete mich. Ich hatte erst allein fahren und ihm das Ziel meiner Reise verheimlichen wollen, es mir aber dann anders überlegt und ihm die Wahrheit erzählt. Trotz seiner Sympathie für das neue System war er zutiefst erschrocken gewesen über diese Tat und wollte mich auf keinen Fall allein fahren lassen. Ich war ihm dankbar dafür. Wir hatten nicht mehr viele Gemeinsamkeiten seit der Revolution.

Zwei Tage verbrachten wir bei Nimas Eltern, argwöhnisch beäugt von den Dorfbewohnern und in ständiger Angst vor den Revolutionswächtern. Die meiste Zeit saßen wir einfach nur da und sagten kein Wort. Nach draußen zu gehen, wagten wir nicht. Dieses schweigende Beieinandersitzen war vielleicht die beste Art der Anteilnahme, die wir Nimas Eltern an seiner statt zeigen konnten.

Jahre später ist mein Studienkollege endlich den Fängen der Revolutionswächter entkommen. Mithilfe der UNO hat er aus dem Iran über die Türkei flüchten können und lebt heute in Schweden.

Anders als Nori oder Nima hatten sich die meisten meiner Klassenkameraden und Schüler für Khomeini entschieden. Viele von ihnen waren freiwillig in den Krieg gegen den Irak gezogen oder wurden sogar Revolutionswächter. Das war nicht ungefährlich für mich, sollten sie mich in schlechter Erinnerung haben. Einmal kollidierte ich mit einem Auto, dem zu meinem Entsetzen drei bärtige junge Männer in Zivil entstiegen, die sich als Revolutionswächter auswiesen. Ich sah mich schon verhaftet und für Monate im Gefängnis, als plötzlich aus dem Wagen ein vierter Mann stieg und breit lächelnd auf mich zukam.

»Frau Maali! Ich bin Mahmud, Ihr Schüler, erkennen Sie mich? Wie schön, Sie mal wiederzusehen!« Er winkte den anderen dreien, sich zurückzuziehen, und begrüßte mich überschwänglich.

Mir fiel ein Stein vom Herzen. Dennoch war mir die Sache nach wie vor nicht geheuer. Als Schuldige in diesem Unfall hatte ich ein nicht geringes Problem. Nicht nur mein Auto war beschädigt, sondern auch das der Revolutionswächter, und damals konnte man im Iran nicht so einfach in eine Werkstatt fahren und sagen: »Hier, reparieren Sie das bitte!« Ersatzteile waren Gold wert.

Mahmud besah sich den Schaden. »Machen Sie sich keine Sorgen. Das kriegen wir schon hin.« Dann nannte er mir eine Werkstatt, in der wir uns treffen sollten.

Am nächsten Tag lachten uns dort die Automechaniker zunächst aus, als wir nach den Ersatzteilen fragten. Doch dann zeigte einer der Wächter unauffällig seinen Ausweis, und noch am selben Abend konnte ich die reparierten Autos abholen und bezahlte obendrein nur den halben Preis. Beim Abschied gab mir einer der jungen Männer seine Visitenkarte und sagte: »Mahmud hat uns viel von Ihnen erzählt, von Ihrer Arbeit damals als Sportlehrerin. Wenn Sie Probleme haben, wenn Sie was brauchen, melden Sie sich einfach unter dieser Nummer.« Ich habe mich höflich bedankt, sie jedoch nie angerufen. Man spielt nicht mit dem Teufel.

Immer wieder geriet ich in Situationen, in denen es als Anwältin dennoch gut war, jemanden zu kennen, der mit dem neuen Regime zusammenarbeitete. Einmal in der Woche ging ich normalerweise auf einen Markt, um Obst und Gemüse für die Woche einzukaufen. Auf einem früheren Parkplatz hatten sich dort nach der Revolution Händler aus der Umgebung Teherans kleine offene Stände aufgebaut, wo sie recht preiswert ihre Waren anboten. Manchmal kostete das Kilo Orangen nur ein paar Rial. Besonders gern kaufte ich bei zwei jungen Männern aus Dörfern nahe dem Kaspischen Meer. Sie waren Cousins und hießen Goleidschani und Schahsavari. Das »i« am Ende wies auf ihre Heimatorte hin. Ihre Vorfahren lebten seit Jahrhunderten in Goleidschan und Schahsavar. Diese Gegend ist äußerst fruchtbar und reich an Zitronen- und Orangenplantagen, Reis- und Teefeldern. Der Verkauf dieser Produkte ist recht einträglich, weshalb die Menschen am Kaspischen Meer oft sehr wohlhabend sind. Anders als in den meisten Dörfern Aserbaidschans, die aus Lehm sind und Flachdächer haben, sind ihre Häuser aus Ziegeln gebaut, mit spitzen Dächern wie in Deutschland. Sie haben viele Zimmer, große Terrassen, kostbare Möbel und üppige Gärten. Die Straßen sind bis auf wenige Ausnahmen gepflastert, an den Rändern mit blühenden Büschen begrünt.

In dieser Gegend sind es die Frauen, die über die Ökonomie verfügen. Sie arbeiten auf den Feldern und verkaufen die Ernte dann auf den Märkten oder die jungen Mädchen am Straßenrand. Die Männer bekommen nur ein Taschengeld und sitzen gewöhnlich Zigaretten rauchend in den Teestuben. Die beiden Cousins waren eine Ausnahme. Der eine von ihnen hatte studiert und ein halbes Jahr lang als Lehrer gearbeitet, bis er wie meine Schwester bei einer Säuberungsaktion vom Lehramt suspendiert wurde. Seitdem arbeitete er für seinen Vater und verkaufte mit seinem Cousin auf jenem Markt in Teheran Orangen, Clementinen und Zitronen.

Eines Tages kam ich wieder zu ihrem Stand und bemerkte bei beiden eine gewisse Unruhe. Sie wirkten sehr verstört. Und als ich sie fragte, was denn passiert sei, erzählten sie mir, dass sie Ärger mit der Polizei hätten. Ein reicher Freund der Familie hatte ihnen für die Zeit seiner Abwesenheit sein Teheraner Haus zur Verfügung gestellt, und das sei ausgeraubt worden. Die gestohlenen Antiquitäten, Teppiche, Geschirr, alles sehr kostbar, mussten sie nun dem Besitzer ersetzen, da die Polizei nichts unternahm. Die Arbeit eines ganzen Jahres auf dem Markt war umsonst. Die beiden Cousins wirkten dermaßen verzweifelt, dass ich Mitleid bekam und ihnen meine Hilfe als Anwältin anbot. Ich ließ mir die Aktenzeichen des Vorgangs bringen und besuchte am nächsten Tag einen guten Bekannten bei der Kriminalpolizei. Ich hatte ihm schon oft einen Gefallen getan und hoffte auf seine Unterstützung. Nachdem ich ihm den Vorfall geschildert hatte, versprach er mir, sich darum zu kümmern. Er war froh, auch einmal etwas für mich tun zu können.

Es dauerte keine Woche, bis das gestohlene Gut gefunden und in das Haus zurückgebracht wurde. Interessanterweise bat mich der Bekannte, den Fall als abgeschlossen zu betrachten und keine weiteren Untersuchungen über die Täter anzustellen. Ich akzeptierte das, vermutete aber, dass die Polizei selbst hinter dem Raub steckte und mein Bekannter womöglich Kollegen schützen wollte. Das war nicht unüblich, denn die Korruption blühte wie nie zuvor. Zum Dank berechneten sie danach meine Einkäufe weit unter dem angegebenen Preis. Meinen anfänglichen Protest ignorierten sie beharrlich. Mehrmals war ich außerdem Gast in ihren Heimatdörfern, wo sie und ihre Verwandten mich wie eine Königin bewirteten.

Anderthalb Jahre waren seit der Urteilsverkündung vergangen. Meine Auftragslage war hervorragend, und ich hatte inzwischen meine eigene Kanzlei im selben Gebäude wie Dr. Manssuris bezogen. Da sie in der Nähe der deutschen Botschaft lag, war ich sogar eine Art Hausanwältin der dortigen Mitarbeiter geworden. Wenn ein Botschaftsangestellter ein juristisches Problem hatte, kam er einfach schnell zu mir herüber, und ich versuchte, ihm unbürokratisch zu helfen.

Ich dachte oft an Tara, hatte aber in der Zwischenzeit keinerlei Kontakt mit ihr. Ob man sie über die Berufung des Staatsanwalts informiert hatte? Ich vermutete es. Aber ob sie verstand, was das bedeutete, in welch neuer Gefahr sie schwebte? Ich hatte nach wie vor nichts vom Bundesgerichtshof gehört, und die Zeit arbeitete gegen sie.

Mittlerweile hatte Khomeini trotz eines Bombenanschlags der Volksmudschaheddin, bei dem Ajatollah Beheschti, der zweitmächtigste Mann nach ihm, und zweiundsiebzig andere geistliche Politiker ums Leben gekommen waren, seinen Einfluss weiter ausgebaut. Als er auch noch seinen größten geistlichen Widersacher, Ajatollah Schariat Madari, entmachtete, war die noch bestehende Opposition vollends ausgeschaltet.

Am 2. Juli 1982 verabschiedete die Regierung den Entwurf eines neuen islamischen Strafrechts, das die geltende Rechtsprechung aus der Regierungszeit Schah Mohammed Resa Pahlawis ersetzen sollte. Das alte »neue« Recht, auch Scharia genannt nach dem arabischen Wort für »Weg«, orientiert sich an islamischen Lebensregeln, die sich über Jahrhunderte auf der Grundlage des Korans etabliert haben. Die Strafen sind archaisch und unterscheiden sich nach der Art der Delikte. Die so genannten Hadd-Strafen, das »Gottesgericht«, betreffen Ehebruch, Alkoholgenuss, Stehlen und Rauben. Ehebruch, Homosexualität und Prostitution gelten als sexuelle Verbrechen und werden besonders hart bestraft. Unzucht unter Unverheirateten wird mit hundert Peitschenhieben geahndet, Ehebruch mit dem Tod durch Steinigung, wobei die Richter und Zeugen in die Exekution einbezogen werden, indem sie den ersten Stein werfen müssen. Der Tatbestand wird durch die Aussage von vier glaubwürdigen Zeugen, die bei Falschaussage vierundsiebzig Peitschenhiebe erhalten können, oder durch das Geständnis des Täters bestätigt. Letztlich ist damit keine einwandfreie Feststellung der Schuld möglich. Als einzig ausreichend gilt demnach das Geständnis. Dieben droht der Verlust von vier Fingern der rechten Hand, des Fußes oder lebenslange Haft.

Verbrechen wie Korruption, Betrug, Fälschung oder Brandstiftung, aber auch Erregung öffentlichen Ärgernisses und Verstöße gegen die Kleiderordnung sind Tazir-Delikte und werden mit Züchtigung betraft. In welcher Form dies geschehen soll, bestimmt jetzt der

Mullah und kein Gericht. Bei Verletzung des Schleierzwangs erhält eine Frau zum Beispiel über siebzig Peitschenhiebe. Hat sie dreimal die Kleidervorschriften missachtet und wurde die Strafe anschließend vollzogen, dann erwartet sie beim vierten Vergehen dieser Art die Todesstrafe.

Mord, Totschlag oder Körperverletzung fallen unter Ghessas, das »Menschengericht«, das auf Vergeltung der Betroffenen den Tätern gegenüber – »Wie du mir, so ich dir« – beruht. Leben für Leben, Auge für Auge, Bein für Bein. Im Falle eines aus Versehen verübten Totschlags darf die Todesstrafe nicht verübt werden. Falls die psychologischen Gutachten vom Bundesgerichtshof also angezweifelt würden, wäre auch unter dem neuen Gesetz die Todesstrafe für Tara zwingend. Es sei denn, die Betroffenen oder deren Familienangehörige, also Akbar und Fatemeh, verzichteten auf diese Art der Vergeltung. Dann käme sie frei. Die Familie des Opfers kann allerdings auch statt der körperlichen Vergeltung ein Blutgeld verlangen. Dessen Höhe hängt vom jeweiligen Gold- und Silberwert ab, der täglich von der Zentralbank neu festgelegt wird. Zur damaligen Zeit waren das umgerechnet ungefähr zwei- bis dreitausend Euro.

Anhand zahlreicher Beispiele wurde das neue Gesetz in den folgenden Monaten diskutiert, das in Zukunft auch viele andere Vorschriften im täglichen Leben sanktionieren sollte. Der Schleierzwang in der Öffentlichkeit, der bisher von den Mullahs oft schon durchgesetzt, aber juristisch noch nicht abgesichert war, sollte ab November 1984 rechtskräftig werden.

»Vielleicht ist euch etwas zuwider, während es gut für euch ist«, wurden wir schon auf den ersten Seiten des

Korans, dem wir nun zu folgen hätten, ermahnt. »Und vielleicht liebt ihr etwas, während es schlecht für euch ist.« Das also sollte im Vertrauen auf Gottes Weisheit und Barmherzigkeit zukünftig gut für uns sein? Behandelt zu werden wie unmündige Kinder? Ein Passus machte mich im Zusammenhang mit Taras Fall besonders wütend: Wenn ein Vater oder Großvater sein Kind beziehungsweise seinen Enkel tötet, wird er nicht bestraft. Frauen aber werden getötet. In einer solchen Rechtsprechung haben staatlich ausgebildete Richter nichts mehr zu sagen. An ihre Stelle treten Mullahs als Vorsitzende Richter, die nie eine juristische Fakultät von innen gesehen haben. Auch Staatsanwälte haben innerhalb dieses Systems im Verhandlungssaal keinen Platz mehr. Es wird ihnen lediglich zugebilligt, die Anklageschrift vorzubereiten, die der Mullah bei der Verhandlung dann verliest.

Mit meinen Kolleginnen innerhalb der Demokratischen Frauenbewegung diskutierten wir schon seit Jahren die möglichen Folgen des islamischen Strafrechts und was wir dagegen unternehmen könnten. Aus Protest gegen den Schleierzwang beabsichtigten viele meiner Freundinnen kaum noch auf die Straße zu gehen. Ich sah das anders. »Genau das, dass die Frauen zu Hause eingesperrt sind«, sagte ich ihnen, »wollen die Islamisten ja erreichen. Am liebsten hätten sie, wenn wir nur zweimal das Haus verließen: zu unsrer Hochzeit und zu unsrer Beerdigung. Diesen Triumph dürfen wir ihnen nicht gönnen. Was macht es schon, ein Stück Stoff zu tragen, dafür aber weiterhin in der Gesellschaft und für unsere Überzeugungen zu wirken?«

Wie viele andere Frauen- und Menschenrechtsorganisationen, Parteien gab es keine mehr, die uns hätten unterstützen können, schrieben wir gegen die Einführung der Scharia Petitionen, verfassten Flugblätter und demonstrierten, obwohl uns das in Lebensgefahr brachte. Doch das Einzige, was wir erreichten, war eine fünfjährige Probezeit dieser Gesetze. Das Gesetz wurde wieder verlängert und gilt heute noch.

Am 12. Oktober 1982 traten das Vergeltungsrecht Ghessas und die Hadd-Strafen in Kraft und führte zu einer Verhaftungswelle wegen Unzucht und Ehebruch. Für alle aufgeklärten Menschen meines Landes war dies ein schwarzer Tag, denn er versetzte uns mit einem Schlag zurück in eine Rechtsauffassung aus dem frühen Mittelalter. Auch Taras Fall war im August wieder aufgenommen worden und würde unter der islamischen Rechtsprechung neu verhandelt werden. Wenn nicht ein Wunder geschah, bedeutete das die sichere Todesstrafe für sie.

Tief besorgt machte ich mich ein paar Tage später auf den Weg ins Gefängnis. Ich musste Tara vorbereiten auf das, was auf sie zukommen könnte. Während ich im Aufenthaltsraum auf sie wartete, unterhielt ich mich mit den Gefängniswärterinnen. Sie erzählten mir erstaunliche Sachen. Tara sei aus ihrer Lethargie, die sie monatelang umfangen hatte, erwacht und könnte inzwischen lesen und schreiben. Mitgefangene Frauen hätten sie das gelehrt und sie hätte ihnen dafür das Knüpfen von Teppichen beigebracht. Sie sei äußerst beliebt unter den Frauen, aber auch unter dem Gefängnispersonal, da sie immer ein offenes Ohr für die Probleme der anderen hätte und ihr Humor den tristen Gefängnisalltag erträglicher machte.

»Auch beim Arbeiten ist sie eine der Fleißigsten«, berichteten die Wächterinnen. »Sie schuftet für vier, und wenn eine der Frauen krank ist, springt sie für sie ein.«

Als Tara hereingeführt wurde, bemerkte ich, dass sie etwas zugenommen hatte. Ihr Gesicht wirkte entspannter, ihre Haltung selbstbewusster. Ich sagte ihr, wie sehr es mich freute, dass sie nun keine Analphabetin mehr sei.

Tara lächelte beinahe stolz: »Ich habe mich damit abgefunden, dass ich mein Leben im Gefängnis verbringen werde, und versuche einfach, das Beste daraus zu machen. Manchmal glaube ich, hier im Gefängnis habe ich sogar mehr Freiheiten als in Hessar. Seltsam, nicht?«

Wie sehr hoffte ich, dass es dabei bleiben möge. Vorsichtig erklärte ich ihr, dass ein neues Gesetz herausgekommen sei und der Prozess wieder von neuem beginnen würde. Ich erklärte ihr die neue Rechtsprechung, bei der ihre Chancen um so vieles schlechter standen, aber Tara blieb optimistisch: »Warum sollen sie mich jetzt töten? Vielleicht haben mir ja Akbar und Fatemeh inzwischen verziehen?«

Ich wagte nicht, ihr von Fatemehs unversöhnlichem Hass zu erzählen, und verabschiedete mich. Meine kurze Besuchszeit war vorbei.

Fünf Monate später, im März 1983, erhielt ich einen Brief des Gerichts, in dem ich darum gebeten wurde, Tara bei der Wiederaufnahme des Prozesses erneut zu verteidigen. Obwohl die Pflichtverteidigung nicht mehr zwingend war, gab es Ausnahmen: wenn der Prozess bereits vor der Einführung der Scharia begonnen hatte und wenn es sich um einen besonders großen Fall handelte. Bei Tara traf beides zu.

An einem extrem heißen Augusttag, nach islamischer Vorschrift mit Kopftuch und in langem Mantel, betrat ich den Gerichtssaal. Ich schwitzte unter meiner Verkleidung, als solches empfand ich sie, und verwünschte schon aus diesem Grund die neue Kleiderordnung. Die Zahl der Anwesenden hatte sich deutlich reduziert. Tara saß bereits auf der Anklagebank. Zwei Reihen hinter ihr hatten Akbar und Fatemeh Platz genommen. Besucher waren nicht zugelassen worden. Auf dem Podium erblickte ich den Vorsitzenden Richter, einen Mullah. Sein weißer Turban befremdete mich. Er saß allein dort. Von den fünf früheren Richtern war keiner mehr zugelassen worden. Ein mir fremder Richter saß nur noch als Sekretär dabei. Den Staatsanwalt vermisste ich.

Was in der nächsten Stunde passierte, war keine Verhandlung mehr, sondern eine Art religiöser Veranstaltung, bei der es nur zwei agierende Parteien gab, die betroffenen Eltern der getöteten Kinder und den Mullah. Akbar und Fatemeh wurden angehört und anschließend im wahrsten Sinne des Wortes vom Mullah ins Gebet genommen. Ausführlich sprach der Geistliche über die Notwendigkeit des Verzeihens und las die entsprechenden Koranverse vor. Über das Prinzip der Gerechtigkeit soll das der Solidarität zwischen den Muslimen stehen. Zwar dürften sie Böses mit Bösem vergelten. Besser sei es jedoch zu verzeihen: »O ihr, die ihr glaubt, vorgeschrieben ist euch die Wiedervergeltung im Mord. Wenn ihr nachsichtig seid und vergebt, so ist Allah voller Vergebung und barmherzig. Der aber, dem etwas verziehen wird, bei dem lasse man Güte walten, doch Entschädigung sei ihm reichlich. Denn die erhalten ihren Lohn zweifach hierfür, dass sie geduldig waren und das

Böse mit Gutem abwehrten. Allah liebt die Rechtschaffenen.«

Von den Gutachten der Psychologen und Taras Unzurechnungsfähigkeit sprach er kein Wort. Vergeblich versuchte ich, ihn darauf aufmerksam zu machen. Es spielte keine Rolle für seine Art der Rechtsprechung. Er appellierte allein an die Gnade der Betroffenen, die nach all den inzwischen vergangenen Jahren ihre Trauer sicher schon überwunden hätten. Ich fragte mich unwillkürlich: Selbst wenn Tara zu Blutgeld begnadigt würde, wovon sollte sie das bezahlen? War es da nicht einfacher, sie hinzurichten? Welch gnadenlose Logik eines unmenschlichen Gesetzes. Akbar hielt sich nach wie vor zurück. Kein einziges Wort hatte ich während des ganzen Prozesses bisher von ihm gehört.

Nach einer knappen Stunde war die Verhandlung beendet, das Urteil sollte den Beteiligten in einigen Wochen schriftlich zugehen.

Ich saß neben Tara und konnte das Ganze noch immer nicht ganz fassen. Auch Tara rührte sich nicht. Kerzengerade saß sie da und sah auf das Podium, wo eben noch der Mullah gesprochen hatte. Nach und nach erhoben sich die Anwesenden und gingen zum Ausgang.

Plötzlich tippte Fatemeh Tara von hinten auf die Schulter und sagte: »Du wirst deiner gerechten Strafe nicht entgehen. Selbst wenn ich inzwischen einen Sohn und eine Tochter geboren und ihnen wieder die Namen Nasser und Sara gegeben habe, die meiner Kinder, die du auf dem Gewissen hast. Ich bin mit Akbar glücklich. Aber du wirst hängen! Dafür werde ich sorgen und wenn ich Ajatollah Khomeini persönlich darum bitte!«

Tara war blass geworden. Vielleicht hatte sie geglaubt,

die eindringlichen Worte des Mullahs hätten Fatemehs Herz erweicht. Ohne sich umzudrehen, flüsterte sie: »Warum bist du so unversöhnlich, Fatemeh, du bist mich doch los, für immer.«

Ich bat Fatemeh zu gehen und übergab Tara den Wächterinnen.

Zwei Wochen später hielt ich das Urteil in der Hand: »Auf der Grundlage von Ghessas – Tod durch Erhängen«. Unverzüglich ging ich in Revision, obwohl ich wusste, dass es kaum Sinn hatte. Aber ich wollte Zeit gewinnen. Einfach nichts zu tun, war mir unmöglich. Wieder wanderte die Akte zurück zum Bundesgerichtshof. Nur sieben Wochen brauchten die neuen Machthaber, um das Urteil zu bestätigen. Es war unwiderruflich rechtskräftig, es sei denn, ich könnte Akbar und Fatemeh zur Gnade bewegen. Sie waren es, die über Leben oder Tod Taras zu bestimmen hatten. So schreckliche Dinge auch unter Mohammed Resa Pahlawi passiert waren, das Gesetzbuch zumindest war ein gerechteres gewesen.

In den nächsten Wochen, es war mittlerweile Winter geworden, fuhr ich mehrmals nach Hessar. Doch jedes Mal stand ich bei den Kamalis vor verschlossenen Türen. Wie eine Bettlerin klopfte ich an das große, alte Holztor. »Lasst mit euch reden und Gnade vor Recht walten!« Vergebens. Sie lehnten das Gespräch mit mir ab. Hier gab es keine Gnade und auch kein Recht mehr. Selbst die Bewohner von Hessar waren inzwischen viel versöhnlicher gegenüber Tara gestimmt. Dass sie im Gefängnis saß, genügte ihnen als Sühne, und Fatemeh sollte zufrieden sein, dass sie wieder einen Nasser und eine Sara habe.

Sollte ich aufgeben und den Dingen ihren Lauf lassen? Aber dann sah ich Tara vor mir, wie sie hinreißend komische Geschichten aus ihrer Kindheit oder von den Frauen im Gefängnis erzählte, hörte ihr unbekümmertes Lachen, das sie nach und nach wieder zurückgewonnen hatte, sah die tanzenden Skorpione in ihren Augen, wenn sie wütend war. Die Direktorin des Frauengefängnisses hatte mir eines Tages erzählt, dass Tara sogar dafür gesorgt hatte, dass die Frauen ihre Zellen renovierten, die noch bis vor kurzem in einem schlimmen Zustand gewesen wären. Sie hätten das mit dem Verkauf von Teppichen finanziert, deren Herstellung seit Taras Ankunft professionalisiert worden war. Das Geld für Holzrahmen, Wolle und Knüpfwerkzeuge spendete teilweise die Anstaltskasse, das meiste aber stifteten Angehörige der Gefangenen.

»Seitdem sind die Frauen sehr motiviert und streiten sich viel weniger als früher«, hatte die Direktorin stolz gemeint.

Ich konnte mir einfach nicht vorstellen, dass diese schöne und kluge Frau sterben sollte. Sie war mir nah wie kaum ein anderer Mensch. Vielleicht liebte ich sie sogar. Nein, ich durfte nicht aufgeben. Ich glaubte fest daran, dass ich wie fast immer auch diesmal Erfolg haben würde. In einer Zeit, als Fereidun beruflich für neun Monate unterwegs war, mein normaler Büroalltag weiterging und nicht zuletzt Farschid und Ali ihr Recht verlangten, mobilisierte ich meine ganze Energie für Tara. Zum Glück boten mein jüngerer Bruder Massoud und ein Cousin aus Täbris ihre Hilfe bei der Betreuung der Kinder an.

Jeden Freitag besuchte ich Tara, einfach nur, um ihr

Mut zu machen und zu zeigen, dass ich um sie kämpfte. Die Wächterinnen warteten immer schon auf mich, und manchmal luden sie mich zum Essen ein. Obwohl mir das anfangs eher seltsam vorgekommen war, hatte ich nach einer Weile diese Einladung gelegentlich angenommen. Auch die auf ihre Verurteilung wartenden Frauen freuten sich auf mein Kommen und versuchten, mit mir über ihre Probleme zu reden. Sie wussten, dass ich nicht wie die anderen Anwälte als Erstes über Geld reden würde. Eines Tages saßen im Besucherraum mehr als zehn Frauen und warteten auf mich. Kaum hatte ich mich gesetzt, fingen sie an, mir ihren Fall zu schildern und ob ich nicht etwas für sie tun könne. Da sie alle gleichzeitig redeten, entstand ein solches Durcheinander, dass ich irgendwann laut um Ruhe bat und ihnen vorschlug, jede Woche zwei von ihnen anzuhören. Und dann würde ich sehen, was sich machen ließe.

Einerseits machte ich das für Tara, um ihr das Leben im Gefängnis zu erleichtern. Denn jede der Frauen versuchte nun, ihr etwas Gutes zu tun, damit sie sich wiederum bei mir für sie verwendete. Aber auch ich profitierte von diesen wöchentlichen Gefängnisbesuchen, denn ich schrieb gerade an meiner Doktorarbeit zum Thema »Frauen im Iran – Von der Sassaniden-Dynastie bis zur Revolution«. Ein Teil der Untersuchung betraf Frauen und Strafrecht, und hier konnten mir die Wächterinnen helfen. Damals gab es keine verlässlichen Statistiken darüber, und ich brauchte Angaben über Anzahl und Art der Verbrechen, ob die Frauen zum Beispiel wegen Ehebruch, Tötung, Körperverletzung oder Drogenmissbrauch verurteilt waren.

Eine der Frauen, deren Fall ich mir an einem jener

Freitage anhörte, hieß Kobra. Sie saß wegen Drogenmissbrauchs ein und bat mich, ihr bei der Scheidung zu helfen. Ihr Mann hatte mit Opium gehandelt und sie abhängig gemacht. Als sie eine Entziehungskur machen wollte, hatte er sie damit erpresst, dass er sie bei der Polizei anzeigen wollte. Eines Tages wurden sie dann doch verhaftet. Mehr als zwei Kilogramm Opium hatte die Polizei bei ihrem Mann gefunden. Und nun versuchte er, sie zur Hälfte für mitschuldig zu erklären. Ich sagte ihr, dass es eine Chance gebe, da seine Haftstrafe sicher nicht unter fünf Jahren liegen würde und sie damit laut Gesetz ein Recht auf Scheidung hätte.

»Doch wovon willst du dann leben?«, fragte ich sie. Für Frauen war die Zeit nach der Haft besonders schwer.

»Ich kann bei meinen Eltern wohnen, die recht wohlhabend sind. Aber nur unter der Bedingung, dass ich clean bin, und das habe ich inzwischen geschafft. Ich brauche das Zeug nicht mehr.« Kobra lachte mit einer Stimme, die eher einem Donnergrollen glich. Ihrem Körper waren die Spuren des Opiummissbrauchs deutlich anzumerken. Unter dem Tschador stachen die Schultern hervor, und das Gesicht hatte die Farbe von dunkler Asche. Sie sah viel älter aus, als sie vermutlich war.

Tara bekam nach wie vor jeden Tag Unterricht von einer der Mitgefangenen, die einst Lehrerin war und mir ebenfalls ihre Geschichte erzählte. Sie war mit einem Mann verheiratet worden, den sie nicht liebte. Beide kamen aus vermögenden Verhältnissen und hatten sich den Erwartungen ihrer Eltern fügen müssen. Auch der Mann liebte seine Frau nicht, und von Anfang an stritten sie sich um jede Kleinigkeit. Als Hochzeitsgeschenk hatten sie ein Haus erhalten, in dem sie noch den Fußboden verlegen mussten. Der Mann wollte das unbedingt selbst machen. Wieder stritten sie sich heftig, und dabei fiel ein Kanister Terpentin auf eine im Aschenbecher brennende Zigarette und setzte das Haus in Flammen. Der Mann kam dabei ums Leben. Die Frau überlebte die Verbrennungen und wurde wegen versuchten Mordes verhaftet.

»Und nun besuchen mich meine Schwiegereltern ständig«, beklagte sich die Lehrerin. »›Nimm die Schuld auf dich, dann verzeihen wir dir‹, sagen sie. ›Und du kannst am Leben bleiben. Unter einer Bedingung: Du musst den Bruder deines Mannes heiraten, denn dann bleibt das Geld in der Familie.‹« Ohnmacht und Wut spiegelten sich in ihrem noch jungen Gesicht, das über dem rechten Auge von einem großen roten Brandmal entstellt war. »Aber ich habe ihn doch gar nicht getötet. Es war ein Unfall! Er hat mich verprügelt und dabei ist es passiert. Ich hasse diese Familie. Mit meinem Schwager, den ich genauso wenig mag, würde ich doch auch wieder nur unglücklich werden. Was soll ich bloß tun??«

In mancher Hinsicht erinnerte mich diese Geschichte an Taras Probleme nach Mohameds Tod. Es war so demütigend mitzuerleben, wie Frauen über ihre Ehe, für viele der wichtigste Teil des Lebens, nicht selbst bestimmen durften! Ich versprach ihr, mich mit ihrem Anwalt in Verbindung zu setzen. Nach einigen zermürbenden Diskussionen brachte ich ihn endlich so weit, dass er die Untersuchungskommission davon überzeugte, die Beweisführung nicht allein auf die Behauptungen der Schwiegereltern zu stützen. Wie ich später erfuhr, hatte die Lehrerin Glück und kam tatsächlich frei.

Ihre Dankbarkeit, dass ich mich um ihren Fall kümmerte, übertrug sie auf Tara. Fast täglich gab sie ihr eine Stunde Unterricht und legte all ihren Ehrgeiz hinein, sie orthographisch und grammatikalisch richtige Briefe schreiben zu lehren. Ich beobachtete diese Bemühungen mit Freude. Aber je größere Fortschritte Tara machte, umso absurder kam es mir vor, dass diese Frau, die ihrem Leben noch einmal einen Sinn gegeben hatte, hingerichtet werden sollte.

Mitte Dezember fuhr ich in einen Tschador gehüllt wieder nach Hessar. Vielleicht konnte ich die Männer des Dorfes überzeugen, Akbar umzustimmen. Nach wochenlangen Diskussionen, Bitten und Flehen war es mir gelungen, dass in der Moschee über Taras Fall eine Versammlung einberufen wurde. Die Fahrt war noch beschwerlicher als sonst, da ich mich durch meterhohe Schneewehen kämpfen musste. Ein ehemaliger Kollege begleitete mich. In einem Nebengelass der Moschee warteten die Männer bereits auf uns. Der Mullah, der Bürgermeister und ein paar Dorfälteste saßen in einem Kreis und tranken Tee. Ich begrüßte sie und setzte mich dann etwas abseits, denn sagen durfte ich nichts. Das übernahm mein Kollege für mich. Er gab die Fragen an mich weiter, ich antwortete, und er wiederholte das Gesagte den anderen, obwohl sie mich ja schon gehört hatten. Eine absurde und demütigende Farce für mich. Doch ich musste diese Tradition akzeptieren, wenn ich etwas erreichen wollte.

Während sich der Bürgermeister zurückhielt und Akbar wie immer schwieg, wunderten sich die Alten der Runde anfangs, dass ich mit so viel Einsatz eine Mörderin zu retten versuchte. Immerhin hätte Tara zwei Kinder umgebracht. Sie befürworteten das neue islamische

Recht: »›Wer getötet hat, soll auch getötet werden‹, so hat es Mohammed verfügt.«

Ich erklärte ihnen daraufhin ausführlich das Recht eines jeden Menschen auf Verteidigung, da man nie genau wisse, ob ein Mensch wirklich schuldig ist, und erzählte ihnen von den psychologischen Gutachten und dem bisherigen Verlauf der Verhandlung. Nach einer halben Stunde merkte ich, wie die Stimmung umschwenkte und den Männern meine Position einleuchtete. Von da an bedrängten die Männer Akbar fast drei Stunden lang, dass er Tara verzeihen sollte.

Der Bürgermeister redete besonders heftig auf ihn ein: »Ihr seid auch nicht unschuldig daran, wie es gekommen ist, und habt doch inzwischen zwei neue Kinder. Sei barmherzig und schenk Tara das Leben. Was habt ihr davon, wenn sie stirbt? Davon werden die Kinder auch nicht wieder lebendig. Macht euch die Rache wirklich glücklicher?«

Akbar war anzumerken, dass er sich in seiner Haut unwohl fühlte und den Raum am liebsten verlassen hätte, aber das Ende einer solchen Sitzung bestimmte der Mullah. »Vielleicht, ich weiß es nicht«, antwortete er mit einem resignierten Schulterzucken. »Es ist wegen Fatemeh. Ich habe Tara immer gemocht. Aber wie konnte sie so etwas tun? Ich verstehe das einfach nicht ...« Seine Stimme hatte einen traurig sanften, sympathischen Klang.

»Und du kannst Fatemeh nicht eines Besseren belehren?«, rief ich empört. »Wer hat denn bei euch das Heft in der Hand, sie oder du?«

Ich wusste, dass ich ihn damit vielleicht unnötig provozierte, aber mich ärgerte seine Feigheit. Mein Kollege gab das Gesagte auch entsprechend weniger emphatisch wieder.

Akbar sagte nichts darauf, aber auch das war mir Antwort genug.

»Tja, da können wir nichts machen«, sagte der Mullah zu mir. »Wir haben alles versucht. Möge Choda ihr beistehen.« Mit ein paar Gebeten und den üblichen Höflichkeitsfloskeln beendete er die Sitzung.

Verzweifelt fuhr ich zurück nach Teheran. Wieder einmal war mein Besuch umsonst gewesen.

Zu Hause gab ich Massoud und meinem Cousin die Autoschlüssel und bat sie, Ali und Farschid zu Azar zu bringen. Ich musste für eine Weile allein sein. Seit Monaten hatte sich in mir so viel Wut und Trauer angestaut, dass ich nur noch weinen wollte. Doch als ich dann in meiner leeren Wohnung saß, konnte ich es einfach nicht. Meine Augen blieben trocken. Ich hatte mich immer zurückgehalten, vor anderen zu weinen, vor allem vor den Frauen nicht, wenn ich ihre schrecklichen Geschichten hörte, ich wollte stark sein und nicht genauso schwach wie sie. Ich erlaubte nie jemandem, mich schwach zu sehen. Und nun konnte ich nicht einmal mehr weinen.

Ich öffnete eine Flasche Wein, die mir einmal eine Freundin mitgebracht hatte, und schenkte mir ein großes Wasserglas voll ein. Normalerweise lehnte ich Alkohol ab, jetzt aber trank ich Glas für Glas die Flasche leer, bis ich völlig betrunken war. Da endlich schluchzte und schrie ich stundenlang meine ganze Wut heraus, bis ich irgendwann erschöpft in einen traumlosen Schlaf fiel.

Am nächsten Morgen war meine Stimme weg. Als ich

ein paar Tage später immer noch nicht reden konnte, ging ich zum Arzt. Er stellte fest, dass einige Stimmbänder gerissen waren, und erteilte mir für die nächsten Wochen Sprechverbot. Damit ich gar nicht erst in Versuchung käme, den Mund aufzumachen, gab er mir einen Mundschutz, der mich an das Verbot erinnern sollte. Von nun an kommunizierte ich nur mit Zetteln. Ob zu Hause, in der Kanzlei, freitags im Gefängnis oder beim Einkaufen, immer führte ich meinen Notizblock bei mir. Das hatte manchmal sogar Vorteile. Einmal hielt mich ein Polizist an, weil ich zu schnell gefahren war, und ich befürchtete schon eine heftige Geldbuße. Doch als er meinen seltsamen Mundschutz sah und ich statt einer Antwort meinen Notizblock zückte, sah er von einer Strafe ab und winkte mich lachend weiter.

In jenen Wochen begann ich monatlich in der renommierten Tageszeitung *Kayhan* eine Kolumne über Frauenrechte zu veröffentlichen, insbesondere über Familienrecht, Vormundschaftsregelung und Scheidungsrecht. Alle vier Wochen kam ein Reporter zu mir ins Büro, ich gab ihm meine Notizen, und er schrieb dann die Kolumne. Sie war bald sehr beliebt, vor allem unter den Leserinnen, und machte mich in kürzester Zeit im Iran bekannt, denn bisher hatte es so etwas für Frauen nicht gegeben.

Was Tara betraf, so wurde ich von Woche zu Woche unruhiger. Es konnte nicht mehr lange dauern, bis der Hinrichtungstermin festgelegt würde. Meine Spielräume, noch etwas für sie tun zu können, schienen mir ausgereizt. Sie selbst war der letzte Poker, der in diesem fürchterlichen Spiel übrig geblieben war. Stark genug dafür war sie jetzt. Doch bisher hatte sie sich innerlich abgeschirmt, den Berichten über meine Aktivitäten lächelnd zugehört, aber wenig dazu gesagt. Als hätte sie dieses frühere Leben verdrängt, als wäre es ausgelöscht und nur dieses neue, hier im Gefängnis, das einzig reale. Ihre Welt war die Gemeinschaft der Frauen hinter Gittern. Vielleicht fürchtete sie sich sogar, wieder in die Freiheit draußen zu kommen. Aber was hieß Freiheit? Es ging um ihr Leben! Das, spürte ich, verdrängte sie. Vielleicht glaubte sie auch nach wie vor, dass Akbar und Fatemeh ihr verzeihen würden. Ich hatte ihr bisher nichts von meinem letzten Besuch in Hessar erzählt, weder von meiner Wut noch von meiner Hoffnungslosigkeit, die sich meiner zu bemächtigen begann. Meine geschädigten Stimmbänder hatte ich auf einen Wutausbruch zu Hause geschoben.

Bei einem meiner Freitagsbesuche zeigte mir Tara ein Blatt Papier, auf dem sie mit noch ungelenker Hand etwas aufgeschrieben hatte:

»Wohl ist der Leib, die Seele nicht zu teilen – wir: du und ich ...
Das Wunder, dass wir in einem Winkel hier hold vereint
Zugleich getrennt sind viele tausend Meilen – wir: du und ich!

Wer sagt: ›Oh, jener ewig Lebendge ist tot!‹
Wer sagt: ›Oh, jene Sonne der Hoffnung ist tot!‹
Das ist der Feind jener Sonne: Er kroch auf das Dach,
Band sich die Augen zu, rief dann: ›Die Sonne ist tot!‹«

Es waren Zeilen des Dichters Rumi. Sie hatte sie nach dem Diktat ihrer Lehrerin geschrieben. Liebte sie Akbar?, fragte ich mich. Sie sprach nie darüber. Ihre Gefühle für ihn waren mir bisher ein Rätsel geblieben. Bei Akbar war ich mir aus vielen kleinen Details, die ich an ihm beobachtet hatte, fast sicher, dass er Tara liebte. Wenn er über sie sprach, wurden seine durch das Glasauge gespaltenen Züge weicher, seine Stimme noch sanfter, auch wenn er das vor Fatemeh zu verbergen suchte. Wenn hier noch jemand etwas für Tara tun könnte, dann sie selbst.

Ich bat sie darum, das Blatt behalten zu dürfen, und schlug ihr vor, einen Brief an Akbar zu schreiben. »Bitte ihn um Verzeihung, Tara, das könnte dich retten.«

Ich war froh, dass ich inzwischen wieder reden und meinen obligatorischen Notizblock weglassen konnte. Vorsichtig machte ich einige Andeutungen über meinen letzten Besuch. Tara reagierte ungewöhnlich heftig und lehnte das ab: »Ich kann das nicht. Das war zu viel, auf beiden Seiten. Ich möchte ihn vergessen, für immer.«

Seit langer Zeit sah ich wieder die Skorpione in ihren Augen tanzen. Sie zog ihren Tschador fester um die Brust und blickte auf ihre Hände. Ich wusste, dass sie von jetzt an schweigen würde. So gut kannte ich sie inzwischen. Ich verabschiedete mich und hoffte, dass sie darüber nachdenken würde.

Beim nächsten Besuch zeigte sie sich tatsächlich einsichtig. Ich hatte ihr dieses Mal vorgeschlagen, Briefe an ihren Vater, den Mullah und den Bürgermeister zu schreiben, in denen sie sie bitten sollte, sich für ihre Begnadigung einzusetzen.

Wieder reagierte sie anfangs zornig: »Ich bin das Opfer. Sie haben mir zu viel angetan, als dass ich sie um Verzeihung bitten könnte. Sie sollen mir etwas schuldig bleiben.«

Aber letztlich habe ich es geschafft, dass sie ihre stolze Passivität aufgab, die mich zunehmend wütend machte. Sie schrieb, auch wenn es mehr oder weniger mein Text war, den ich ihr in den Briefen diktierte. Sogar an Akbar. Davon hatte ich sie letztlich auch überzeugt. Nur zwei Sätze standen in dem Brief: »Bitte komm mich einmal besuchen. Verzeih mir. Tara.« Es war das Höchste, was ich ihr hatte abringen können. Heimlich legte ich noch das Blatt mit den Zeilen von Rumi dazu. Sie hätte es sicher nicht erlaubt, aber Akbar war ein gebildeter Mann. Es würde ihn sicher rühren.

Ich brachte die Briefe persönlich nach Hessar, denn ich hoffte, sie würden dadurch ernster genommen. Es war Mitte Januar, und noch immer erschwerte hoher Schnee die Fahrt. Umso mehr ärgerte ich mich, dass Taras Vater wieder nicht aufmachte, als ich ihm den Brief übergeben wollte. Er wolle ein für alle Mal nichts mehr mit dieser Frau zu tun haben, ließ er mich unmissverständlich wissen. Akbar hatte ich gebeten, dass er mich im Büro anrufen sollte, wenn er den Brief gelesen hätte.

Vier Tage später rief er tatsächlich an. Er könne nächste Woche nach Teheran kommen, sagte er mir. An seiner Stimme merkte ich, wie erregt er war. Ich hätte gern gewusst, ob er Fatemeh von seiner Absicht, Tara zu besuchen, erzählt hatte.

Es war schwerer, als ich gedacht hatte, die Besuchserlaubnis zu erhalten. Akbar war kein Familienangehöriger, er galt nicht einmal mehr als ihr Ehemann, weil die Zeitehe zu lange zurücklag. Ich musste bis zum obersten Direktor gehen und ihm erklären, dass dieser Besuch die letzte Chance für Tara war. Wenn sie Akbar überzeugen könnte, ihr zu verzeihen, käme sie vielleicht doch noch frei. Der Direktor bewilligte den Besuch, ermahnte mich aber, dass ich zu niemandem darüber sprechen sollte.

Am vereinbarten Tag kam er mit seinem Landrover zu meinem Büro und holte mich ab. Als mir die Wächterinnen öffneten, schauten sie mich bewundernd an. Sie wussten, was ich da geschafft hatte, und versprachen mir, die beiden ungestört zu lassen. Dann führten sie Akbar in ein Zimmer, über dem in kleiner Schrift stand: »Besuchereingang«. Tara war noch nie darin gewesen, denn weder ihr Vater noch ihr Bruder hatten sie jemals im Gefängnis besucht. Wenn ich da war, gingen wir immer ins Anwaltszimmer. Ich sah zwei Kabinen mit je einem Stuhl, die ein Gitter trennte. Dann schloss sich die Tür. Nach einer Weile hörte ich, wie die Wächterinnen Tara brachten und sich zurückzogen. Sie waren allein.

Ich habe nie erfahren, was in jener Stunde gesprochen wurde. Als Akbar wieder herauskam, sah ich ein glückliches Strahlen in seinem Gesicht, das mir schon fast unheimlich war. Als wir das Gefängnis verließen, lud er mich überschwänglich, fast ein wenig aufdringlich, zum Essen ein. Doch irgendwie war mir das alles zu viel. Akbar machte mir Angst mit seinen Gefühlen, die er über mich ausschüttete. Ich schob einen Termin vor und versprach, ihn anzurufen, wenn ich Zeit hätte. Eine Woche darauf trafen wir uns an der Khomeini-Kreuzung in einem Restaurant und aßen Abguascht zusammen. Das ist ein sehr traditionelles Essen im Iran, Lammfleisch mit verschiedenen Bohnensorten, Tomaten und vielen Gewürzen, zu dem man Brot reicht.

An jenem Tag erzählte er mir, dass er Tara verzeihen würde: »Ich habe mit Fatemeh gesprochen. Sie ist zwar nicht gerade begeistert, aber schließlich muss sie ohnehin das machen, was ich sage.«

Das klang großspurig, doch ich war viel zu glücklich über diese Wende, um ihm nicht zu glauben.

Zu Hause tanzte ich durch die Wohnung und wirbelte Ali mit mir. »Tara wird freikommen!«, jubelte ich. »Ich habe es geschafft. Ich habe es doch noch geschafft!«

Drei Wochen später traf ich nach einem Gerichtstermin im Justizgebäude zwei der Gefängniswärterinnen. Anders als sonst spürte ich, dass sie mir irgendwie auswichen. Als ich sie fragte, was denn los sei, erfuhr ich den Grund: Tara sollte am nächsten Morgen hingerichtet werden. Ungläubig starrte ich sie an. Sie nickten. »Es ist wahr, Frau Maali, hat man Sie nicht darüber informiert?«

Ein paar Minuten stand ich wie gelähmt. In meinem Kopf herrschte vollkommene Leere. Mit allem hatte ich gerechnet, aber nicht damit, dass Akbar seine Meinung wieder ändern könnte. Es war mir vor lauter Glück einfach nicht mehr in den Sinn gekommen. Aber warum hatte man mir den Termin nicht mitgeteilt?

Ich dankte den Wächterinnen und wandte mich zum Gehen. »Wir sehen uns dann ja morgen«, hatten sie mir zum Abschied gesagt. Wie gern hätte ich dieses »morgen« aus meinem Kalender gestrichen. Aber vielleicht irrten sie sich ja? Der Gedanke verlieh mir neue Energie. Ich stieg die Treppen zum Zimmer des Vorsitzenden der Strafkammer hinauf. Als ich vor seiner Tür stand, verabschiedete er gerade einen Anwalt, mit dem ich persönlich verfeindet war. Er hatte mich einmal selbst als Ehebrecherin bezeichnet, nur weil ich Frauen vor der Steinigung zu retten versuchte.

Ich würdigte ihn keines Blickes und wandte mich ohne große Höflichkeitsfloskeln an den Vorsitzenden: »Warum haben Sie mir nicht geschrieben, dass der Hinrichtungstermin für Tara Zendeh bereits feststeht?«

»Es ist gesetzlich nicht vorgeschrieben, die Anwälte zu benachrichtigen«, erhielt ich lakonisch zur Antwort. »Wenn Sie Interesse daran gehabt hätten, dann hätten Sie danach gefragt.«

Ich war fassungslos. Wenn ich Interesse daran gehabt hätte? Welch unglaublicher Zynismus lag in diesem Satz, wo er doch genau wusste, was ich bisher für Tara getan hatte. Ich hätte ihn anspucken können, so wütend war ich in jenem Moment. Ohne mich zu verabschieden, drehte ich mich um und ging.

Die nächsten Stunden haben sich als ein entsetzlicher Alb für immer in meine Träume gegraben.

Kurz vor Mitternacht saß ich im Zimmer des Gefängnisdirektors. Unmittelbar nach mir war der Ghasi-Asghar, der höchste religiöse Richter, eingetroffen. Dann kamen Akbar und Fatemeh. Akbars Gesicht glich einer weißen Maske, als wären alle Gefühle für immer darin ausgelöscht. Beim Hereinkommen hatte er den Blickkontakt mit mir vermieden. In Fatemehs Augen hingegen sah ich das Glitzern des Triumphs: Sieh, ich habe gesiegt! Mir war schlecht vor innerer Anspannung. Noch gab es eine Hoffnung, denn die Begnadigung durch die Betroffenen konnte noch in letzter Minute erfolgen. Hier, in diesem Raum, hatte ich vielleicht die letzte Chance, Akbar und Fatemeh umzustimmen. Während der folgenden vier Stunden, bis Tara kam, redete ich mit einer Verzweiflung, als sollte ich selbst gehängt werden, auf die beiden ein. Es gab keine neuen Argumente, außer dem einen: »Was nützt euch der Tod einer Unschuldigen?« Sogar der Direktor und der Richter versuchten, sie zu erweichen. Vergeblich.

»Nein«, war das Einzige, was wir von Fatemeh hörten, »ihr Tod gehört mir, den lasse ich mir nicht nehmen.«

Akbar blieb stumm. Sein gesundes Auge hatte den gleichen leeren Ausdruck wie sein Glasauge. Wie hatte Fatemeh es geschafft, diesen Menschen nach seiner Euphorie noch vor wenigen Wochen wieder so in ihre Gewalt zu bekommen? Wer weiß, womit sie ihm gedroht, wie sie gegen ihn im Dorf intrigiert hat. Sie war eine Meisterin darin. Schlaff saß Akbar auf seinem Stuhl. Dieser Feigling! Was ist eine Liebe wert, die nicht handelt? Drei Wörter genügten, ein Leben zu retten: »Ich verzeihe dir.« War das wirklich so schwer? Ich hasste diese neue »Islamische Republik«, die das Leben des Einzelnen so gering schätzte, die es erlaubte, so viel Macht, so viel Willkür in eines Menschen Hand zu legen.

Gegen vier führten zwei Wächterinnen Tara herein. Sie trug einen schwarzen Tschador über ihrem grauen Kopftuch. In ihrem Gesicht spiegelte sich eine unbestimmte Erwartung. Als sie sah, wer sich im Zimmer befand, blieb sie abrupt stehen und wankte. Ihre Wangen hatten jegliche Farbe verloren. Doch nur für Sekunden. Dann entkrampfte eine Art Erleichterung ihre Züge. Sie hatte verstanden.

»Mein Kind«, sagte der Mullah, »hast du noch einen Wunsch?«

»Ja«, sagte Tara, »dass ich die rituellen Waschungen machen und das Morgengebet sprechen darf.« Ihre Stimme war erstaunlich klar.

Die Wärterinnen führten sie in ein Nebenzimmer. Sie streifte mich mit einem Blick, in dem mehr Gefasstheit lag, als ich vermutet hatte. Als wollte sie mir sagen: »Mach dir keine Sorgen, Behjat.« Während sie betete, ging ich noch einmal zu Akbar und flehte ihn an, seine Meinung zu ändern. Er schüttelte den Kopf.

Ein eisiger Wind fuhr uns an, als wir das Gefängnisgebäude verließen. Über dem Platz mit dem Kiosk durchfegten Schneeböen die Dunkelheit. Mehrere Reporter verfolgten uns mit Blitzlichtern, bis wir zu einem kleinen, von hohen Mauern eingefassten Hof kamen, zu dem ihnen der Zutritt verweigert wurde.

Hier also sollte Taras Leben zu Ende gehen. Nach islamischer Tradition muss eine Hinrichtung nach Sonnenuntergang und vor Sonnenaufgang stattfinden. Es war sechs Uhr dreißig. Noch war die Sonne nicht aufgegangen. Ich blickte mich um. An einem Balken hing das Seil, ein Krankenwagen stand bereit, um die Leiche abzutransportieren. Der Fahrer und der Gerichtsmediziner rauchten. Als sie uns sahen, machten sie schnell die Zigaretten aus. Es hatte aufgehört zu schneien. Am fahlen Frühmorgenhimmel verblassten die Sterne.

Tara wurde unter den Galgen geführt. Regungslos stand sie da und sagte kein Wort. In ihren Augen lagen weder Entsetzen noch Trauer, eher Sehnsucht, Eigensinn und Verachtung. Eine heiße Welle der Wut durchschoss mich. Wieso wollte diese wunderbare starke Frau sich einfach so in ihr Schicksal ergeben?

»Sag endlich was!«, schrie ich sie an! »Bitte Akbar um Verzeihung. Tu einfach irgendwas, aber rede!! Es ist deine letzte Chance!« Ich hatte es so satt, immer nur allein um sie zu kämpfen.

Tara blickte mich mit einem Ausdruck an, in dem ein fast grausamer Stolz lag, und sagte ruhig: »Ich entschuldige mich nicht. Lass sie mir schuldig bleiben.«

Die Wächterinnen führten sie zu einem Brettertisch unter das Seil und banden ihr die Hände mit Handschellen zusammen. Dann legten sie ihr umständlich die Schlinge über den Tschador. Sie weinten. Als der Arzt das sah, empfahl er ihnen, die Schlinge um den nackten Hals zu legen, damit es schneller ginge. Sie gehorchten, aber ihre Hände zitterten so sehr, dass sie es einfach nicht zustande brachten, die Knoten der Tücher zu lösen. Tara bat daraufhin den Gefängnisdirektor, selbst ihren Tschador herunterzuziehen. Die Wächterinnen lösten ihr die Handschellen, und sie zog das Seil geschickt über ihren schmalen Hals. Das Angebot, ein Tuch über die Augen zu binden, lehnte sie ab. »Ich möchte sehen, was mit mir geschieht.« Es waren ihre letzten Worte.

Als sie das sagte, kam Bewegung in Akbar, der die ganze Zeit regungslos vor sich hin gestarrt hatte. Flehend blickte er Fatemeh an. Schon schöpfte ich Hoffnung, aber sie schüttelte energisch den Kopf und nahm ihn wie ein Kind an die Hand.

Ein schwarzer Körper baumelt über dem weggestoßenen Tisch. Langsam dreht er sich nach links und dann nach rechts. Keinen Laut werfen die Mauern zurück. Als habe der rotierende Körper alle Geräusche dieser Welt verschlungen.

Ich blickte um mich. Alle hatten sich abgewandt, auch Fatemeh und Akbar. Da verlor ich die Fassung. Wie von Furien gejagt, stürzte ich auf sie zu, packte ihre Köpfe und drehte sie in Richtung Tara: »Hier, guckt, seht hin! Deswegen seid ihr doch hier! Ihr wolltet doch sehen, wie sie stirbt, ein zweites Mal stirbt, denn schon in Hessar hattet ihr sie getötet!« Die Wächterinnen zogen mich fort und beruhigten mich. Wieder erfasste eine entsetzliche Stille den Hof.

Einige Minuten später gab der Arzt ein Zeichen. Die Wärterinnen lösten daraufhin die Schlinge und nahmen den Körper herunter. Bei der Berührung des Bodens knickten wie bei einer Gummipuppe Taras Beine ein. In diesem Moment hörte ich das Flattern eines Vogels. Ich hob meinen Kopf und schloss endlich die Augen.

An jenem Morgen habe ich nur meinem blinden Freund Zahid zugestanden, mich weinen zu sehen. Ich war zu stolz, um meiner Familie oder meinen Kollegen meine Schwäche und Verzweiflung zu zeigen. Um zehn war ich bereits wieder bei einer Verhandlung. Kühl und sachlich, vielleicht etwas lauter und schärfer als sonst, verteidigte ich eine vergewaltigte Frau, die als Ehebrecherin angeklagt war.

Am nächsten Tag stand ein großer Artikel über Taras Hinrichtung in *Kayhan*, der Zeitung, für die ich meine wöchentliche Kolumne schrieb. »Mörderin hingerichtet. Aus Eifersucht hat die Mutter dreier Kinder die Kinder ihrer Rivalin getötet«, las ich in fetten Lettern. Ausführlich wurde auch meine Rolle dabei dargestellt, insbesondere meine Ablehnung der Zeitehe, die Tara zu dieser Tat geführt hätte, und meine Kritik an der islamischen Rechtsprechung.

Wütend rief ich sofort in der Redaktion an: »Wie können Sie es wagen, mich so in Gefahr zu bringen? Wenn

Sie Kritik an der Zeitehe üben wollen, dann lassen Sie gefälligst meinen Namen aus dem Spiel, oder wollen Sie, dass ich ins Gefängnis komme?!«

Eine weitere Zusammenarbeit mit dem Blatt lehnte ich von da an ab. Die Frauen im Gefängnis hingegen besuchte ich weiter. Doch es war nicht mehr wie früher. Mir fehlte etwas, wenn ich das Gefängnis betrat, ein Gesicht, eine Stimme, ein Lächeln. Dennoch kämpfte ich weiter für diese Frauen. Jetzt erst recht. Taras Tod hatte mein Engagement für die Rechte der Frauen nur verstärkt. Jedes Mal, wenn ich eine von ihnen vor dem sicheren Todesurteil retten konnte, sagte ich mir: Das habe ich für dich getan, Tara.

Epilog

August 1989: Mein Bruder Hossein schloss mich auf dem Kieler Bahnhof in die Arme. Vier Jahre hatten wir uns nicht gesehen.

»Erkennst du mich überhaupt wieder?«, lachte ich. »Ich habe sogar einen neuen Namen: Moaali.« Dass ich nicht mehr Maali hieß, hatte ich dem Fehler eines iranischen Sachbearbeiters zu verdanken. Nach der Revolution mussten wir dreimal unsere Pässe abgeben und neue beantragen. Beim dritten Mal stand plötzlich ein ›o‹ vor dem ersten ›a‹ im Pass. Da ich am nächsten Tag aber nach Europa flog, blieb keine Zeit mehr, es zu ändern.

Ali freute sich, seinen Onkel, an den er sich nur dunkel erinnerte, wiederzusehen. Wir hatten eine längere Reise hinter uns. Ein Rechtsfall hatte mich nach Ulm geführt. Anschließend waren wir nach Barcelona weitergereist. Dort wollte ich für mich und Ali, der damals zwölf war, Residencia beantragen, eine unbefristete Aufenthaltserlaubnis. Man erhielt sie nur unter der Bedingung, einige Jahre lang einen größeren Betrag auf einem spanischen Konto zu deponieren. Geld hatte ich inzwischen genug dafür gespart, aber die spanischen Behörden verlangten auch ein im eigenen Land ausgestelltes Gesundheitszeugnis von Ali. Deshalb hatte ich ihn mitgenommen. Für Farschid war das leider nicht möglich. Er durfte als siebzehnjähriger Wehrpflichtkandidat den Iran bereits nicht mehr verlassen. Für mich bedeutete die Residencia eine Art Absicherung, um jederzeit ohne Visum flüchten zu können.

Seit Taras Tod und meinem verstärkten Engagement

für die Rechte der Frauen, vor allem aber durch die Mitgliedschaft in der Demokratischen Frauenbewegung, war ich zunehmend gefährdet. Einmal entging ich nur knapp einer Verhaftung, weil ich mich zu einer Sitzung der Demokratischen Frauenbewegung verspätet hatte. Als ich ankam, war das ganze Haus umstellt. Ein Revolutionswächter stoppte mich zwar kurz, winkte mich dann aber weiter. Vom Ehemann einer Freundin erfuhr ich später, dass alle anwesenden Frauen bei diesem Treffen verhaftet worden waren und langjährige Freiheitsstrafen erhalten hatten. Dass ich nicht auch verhaftet wurde, verdanke ich ihrer Standhaftigkeit. Trotz schwerer Folter hat mich keine von ihnen verraten.

Unser nächster Aufenthalt war Paris. Dank des Interesses eines französischen Professors an meiner Doktorarbeit war ich an die Sorbonne eingeladen worden. Ich hatte die Chance, unter ihm meine Promotion über die Frauen im Iran fortzusetzen, die in Teheran aus politischen Gründen nicht angenommen wurde. Doch wie groß war meine Enttäuschung, als dieser Professor bei meiner Ankunft im Urlaub war, obwohl wir noch wenige Tage zuvor unseren Termin telefonisch vereinbart hatten. So wenig Zuverlässigkeit hatte ich nicht erwartet. Die folgenden zehn Tage, die Ali und ich in Paris verbrachten, haben diesen ersten Eindruck leider nicht wieder gutmachen können. Sicher, die Stadt ist wunderbar und ich liebe die französische Sprache. Aber nahezu täglich erlebte ich eine Ausländerfeindlichkeit, die mich zutiefst irritierte. Einmal standen wir auf der Metrostation »Bastille«, als eine Frau auf mich zukam und fragte, wie sie zu einer bestimmten Station kommen könnte. Ich faltete sofort meinen Metroplan auseinander und beschrieb ihr mit dem bisschen Französisch, das ich beherrschte, den Weg. Doch wie überrascht war ich, als sie mich, statt sich zu bedanken, beschimpfte! Ali hatte die ganze Zeit verstört neben mir gestanden und mich immer wieder gefragt: »Nanni, warum ist diese Frau so böse zu uns?«

Wie froh waren wir deshalb, unsere Europareise bei meinem Bruder in Kiel beenden zu können. Hossein hatte in Deutschland noch einmal angefangen zu studieren. Er lebte in einer einfachen, dafür aber billigen Studentenwohnung mit Ofenheizung ohne Bad. Die Toilette im Treppenhaus teilte er mit zwei anderen Mietern.

Drei Tage nach unserer Ankunft reichte mir Hossein den Telefonhörer. »Jemand aus Teheran. Er sagt, er sei ein Bekannter von Hamed.«

Ich zuckte bei dem Namen zusammen. Bitte lass es nicht wahr sein, flehte ich innerlich. Doch was ich dann erfuhr, bestätigte meine schlimmsten Erwartungen. Hamed, mein ehemaliger Schüler und Assistent, war verhaftet und meine Kanzlei vom Revolutionskomiteh durchsucht und versiegelt worden. Minutenlang saß ich da und drehte den Hörer in der Hand. In meinem Kopf hämmerte nur ein Gedanke: Sie suchen mich, sie suchen eigentlich mich! Und das bedeutete, ich konnte vorläufig nicht zurück in den Iran. In diesem Moment brach buchstäblich eine Welt für mich zusammen.

Ich hatte diesen Anruf befürchtet. Seine Vorgeschichte hatte einige Monate zuvor in Teheran begonnen und ist so brisant, dass ich sie leider noch immer nicht vollständig erzählen kann.

Ich hatte Nargez, einer iranischen Hausangestellten, geholfen, sich von ihrem Mann, den sie nicht liebte, scheiden zu lassen. Kurz darauf war sie vom Geheimdienst verhaftet worden und sollte wegen angeblicher Spionage und Ehebruch zweimal zum Tode verurteilt werden. Mir gelang es damals, sie unter größten Mühen freizubekommen. Aber es war unklar, ob sie nicht erneut verhaftet werden würde, und Nargez versuchte unterzutauchen. Seitdem war auch ich höchst gefährdet.

Kurz danach war ich in Spanien, was mich wiederum verdächtig machte. Und kaum war ich zurückgekehrt in den Iran, erhielt ich in meiner Kanzlei Besuch vom Komiteh. In scharfem Ton befragten sie mich, was ich über Nargez wüsste, die spurlos verschwunden sei. Ich wusste, dass ein falsches Wort meine Verhaftung bedeuten konnte, und bot all meine schauspielerischen und rhetorischen Fähigkeiten auf, um die Revolutionswächter von meiner Ahnungslosigkeit zu überzeugen.

»Woher soll ich wissen, wo sich eine ehemalige Mandantin aufhält, bin ich ihr Kindermädchen?«, versuchte ich ihren Ton mit einem Lächeln zu entschärfen.

Zum Glück hatte ich meinen Reisepass bei mir, aus dem hervorging, dass ich mich zum Zeitpunkt von Nargez' Verschwinden im Ausland aufhielt, und die Revolutionswächter mussten schließlich unverrichteter Dinge wieder abziehen. Aber ich war gewarnt, und die spanische Residencia schien mir erstrebenswerter denn je.

Kurz darauf begann ich meine Europareise, die mich zu meinem Bruder nach Kiel geführt hatte. Auch Hamed, mein ehemaliger Schüler, hielt sich zu dieser Zeit in Deutschland auf. Er hatte vor, hier sein von der Kinderlähmung verkrüppeltes Bein operieren zu lassen und dann ganz ins Exil zu gehen, da er die politischen Entwicklungen im Iran immer unerträglicher fand. Obwohl er nur nachmittags arbeitete, hatte er sich in meiner

Kanzlei gut entwickelt, und er genoss mein absolutes Vertrauen. Auch in Nargez' Fall hatte er mich unterstützt. Nun wollte er ein neues Leben beginnen, vielleicht studieren, um dann sogar als Anwalt arbeiten zu können. Deutschland erschien ihm hierfür am geeignetsten, seine Pläne zu verwirklichen. In dieses Land, das so vielen Menschen Asyl bot, setzte er all seine Hoffnungen, Wünsche, die möglicherweise Illusionen waren.

Gleich nach meiner Ankunft in Kiel hatten wir uns getroffen. Ich war überrascht, wie sehr er sich in kürzester Zeit verändert hatte. In Teheran war er noch so optimistisch und voll Elan gewesen. Und nun erlebte ich einen schwer depressiven Mann, desillusioniert und traurig, der nur noch eins wollte: nach Hause. Weder hatte er es geschafft, sein Bein operieren zu lassen, noch war er mit den Deutschen warm geworden. Eine unglückliche Liebesgeschichte hatte ihm den Rest gegeben.

»Diese Deutschen sind kalt und herzlos«, sagte er mit einer abfälligen Handbewegung. »Ich kann hier nicht bleiben. Ich kann es einfach nicht. Ich muss zurück.«

Sein irrationales Heimweh beunruhigte mich. Es machte ihn blind für die Gefahren, die mit seiner Rückkehr möglicherweise verbunden waren. Sanft versuchte ich, ihn zu warnen und ihn von den weitaus besseren Entwicklungsmöglichkeiten, die er hier in Deutschland hätte, zu überzeugen. Störrisch wie ein Kind wischte er all meine Argumente vom Tisch. »Ich will nach Hause«, sagte er immer wieder.

Zwei Tage später saß er im Flugzeug nach Teheran. Ich hatte ihm auf sein Flehen hin sogar noch das Geld für das Flugticket gegeben und darum gebeten, einem Freund aus Teheran vor der Abreise meine Telefonnummer zu geben. Er sollte zum Flughafen kommen und mich anrufen, falls Hamed bei seiner Ankunft im Iran von »seinen Brüdern mit Musikinstrumenten« begrüßt würde. Das war das Codewort für eine mögliche Verhaftung. Obwohl Hamed nicht daran geglaubt und mich wegen meines Pessimismus ausgelacht hatte, hatte er sich daran gehalten. Leider waren meine dunklen Ahnungen keine Hirngespinste gewesen.

Hamed wurde tatsächlich von Revolutionswächtern mit Kalaschnikows empfangen. Unmittelbar danach stürmten sie meine Kanzlei und beschlagnahmten sämtliche Akten. Wenn sie mich angetroffen hätten, wäre auch ich verhaftet worden. Der Fall Nargez war uns zum Verhängnis geworden.

Die Revolutionswächter folterten Hamed so lange, bis er bereit war, als Lockvogel zu dienen, um mich zurückzuholen. Unter strengster Überwachung und Androhung sofortiger Erschießung, falls er versuchen sollte zu fliehen, entließen sie ihn für einige Tage aus dem Gefängnis. Freunde und Bekannte sollten glauben, er sei frei. In dieser Zeit rief er mich mehrmals an und fragte mich, wann ich denn zurückkäme. Ich antwortete stets ausweichend, da ich ahnte, wer in Wirklichkeit dahinter steckte. Eines Tages fragte mich eine unbekannte Stimme, ob ich »Schwester Moaali« sei, bevor sie den Hörer an Hamed weitergab. Da wusste ich es sicher: Hamed stand unter Bewachung, denn nur die Revolutionswächter sprachen Frauen mit »Schwester« an. Auf diesen Anruf reagierte ich sehr grob und beschimpfte Hamed. Danach hörten die Telefonate auf. Inzwischen hatte die Schule begonnen, und es war klar, dass ich vorerst nicht mehr in den Iran zurückkehren würde.

Hamed war neun Monate in Haft. Aufgrund der Folterungen verlor er eine Niere. Seitdem ist er ein gebrochener Mann. Enttäuschung, Haft, Folter und Verrat haben sein Leben seelisch wie existenziell zerstört, denn er verlor neben seiner Arbeit bei mir auch seine Stelle beim Justizministerium. Wie mir Fereidun erzählte, arbeitete er später als Vertreter für ein Schmuckgeschäft.

Solange ich im Iran gefährdet war, musste ich in Deutschland bleiben, was mein Mann nicht verstehen konnte. Weil ich ihm wenig von meinen politischen Aktivitäten erzählt hatte, war ihm das Ausmaß der Gefahr, in der ich schwebte, nicht bewusst. Für ihn zählte nur, dass ich ihn und unseren ältesten Sohn verlassen hatte. Täglich telefonierten Farschid und ich miteinander. Er war siebzehn, und ich spürte, wie sehr er unter der Trennung von mir und seinem Bruder litt. Da er über vierzehn war, durfte er nicht ohne Pass reisen. Jungen ab diesem Alter mussten seit dem Irak-Krieg für eine mögliche Einberufung im Land bleiben und erhielten deshalb keinen Reisepass.

Farschid war die beste Geisel für die Revolutionswächter und musste viele Schikanen erleiden. So durfte er nicht an internationalen Wettkämpfen teilnehmen, obwohl er als Titelverteidiger im Schmetterlingsstil zu den besten Schwimmern des Landes gehörte. Zwar genehmigte man ihm erst scheinbar die Teilnahme, aber dann, am Flughafen, schickten ihn die Revolutionswächter wieder zurück. Damit demütigten sie ihn und wollten eigentlich mich damit treffen. Wenn es ihnen schon nicht über die Folter Hameds gelungen war, mich zurückzuholen, so hofften sie, es über die Liebe zu meinem Sohn zu erreichen. Ich litt furchtbar unter dieser Vorstellung. Farschids Qualen waren auch die meinen. Aber was hätte ihm und Ali eine tote Mutter genutzt? Wie gefährlich das Regime war, bekam Farschid bald auch aus anderen Gründen zu spüren.

Eines Nachts wurde er von den Wächtern mit einer Freundin aufgegriffen. Die beiden mussten mit auf die Wache, und Farschid wurde so lange geschlagen, bis er blutete. Dieser verbotene Ausflug hätte den Tod des unverheirateten Paares bedeuten können, wenn Fereidun, mein so grundehrlicher Mann, nicht die Wächter angelogen hätte, dass sein Sohn und dessen Freundin verlobt seien. Erst dann kamen sie frei. »In jener Nacht haben sie das Kind aus mir herausgeprügelt!«, sagte mir Farschid später.

Im Herbst besuchte mich Azar. Sie hatte es einfach nicht mehr ausgehalten und sich ein Visum besorgt. Nach wie vor standen wir einander sehr nahe. Sie blieb einige Wochen bei mir, und als sie sah, dass es mir und Ali unter den Fittichen unseres Bruders Hossein einigermaßen gut ging, reiste sie beruhigt wieder ab. Fereidun durfte mich nicht besuchen. Er erhielt drei Jahre lang keine Reiseerlaubnis. Ich erlaubte ihm später, mich zu verstoßen. Wir hatten – außer unseren Kindern – nicht mehr viel gemeinsam. Die Scheidung gab uns beiden die Möglichkeit, ein neues Leben zu beginnen.

Während der ersten Monate meines Aufenthalts in Deutschland galt noch mein Geschäftsvisum, das ich besaß, weil ich in Teheran für die deutsche Botschaft gearbeitet hatte. Als es zum Jahresende ablief, erhielt ich von der Ausländerbehörde in Kiel sogar noch einmal eine Verlängerung. Aber dann musste ich mich allmählich entscheiden, wo ich bleiben wollte. Einen Asylantrag zu stellen, versuchte ich vorerst zu vermeiden. Zum einen hoffte ich noch immer, dass eine Rückkehr in den Iran möglich wäre. Zum anderen hatte ich starke Berührungsängste dem Wort »Asylbewerber« gegenüber, obwohl ich ganz objektiv ein Flüchtling war. Ich wollte lieber Studentin sein oder ganz normal berufstätig. Heute schäme ich mich dafür. So begann ich als Erstes an der Volkshochschule Deutsch zu lernen. Ali lernte es en passant in der Schule. Zu meiner großen Freude machte er schnell Fortschritte und fand unter seinen Klassenkameraden bald Freunde. Überhaupt kam er mit der neuen Situation besser zurecht, als ich befürchtet hatte.

Das erste Silvester in Deutschland hat sich mir im wahrsten Sinne des Wortes unter schrecklichen Qualen eingebrannt. Auf dem Kieler Exerzierplatz, wo ich mit Ali, meinem Bruder und Freunden den Beginn des neuen Jahres feiern wollte, fuhr mir eine Rakete unter den Rock, sodass ich mit schweren Verbrennungen am Bauch ins Krankenhaus gebracht werden musste. Seltsamerweise hatte ich einige Stunden zuvor einen Traum, in dem ich mich von oben in einem weißen Bett liegen sah. Das bedeutete entweder Tod oder Krankheit. Obwohl mir dieser Traum große Angst gemacht hatte und ich am liebsten zu Hause geblieben wäre, war ich dennoch mit den anderen nach draußen gegangen, da ich meine Familie nicht enttäuschen wollte.

Drei Wochen lag ich anschließend im Krankenhaus und war weitere drei Monate kaum fähig, die Wohnung zu verlassen. So unangenehm das war, in dieser Zeit habe ich sehr viele liebe und aufmerksame Menschen kennen gelernt, die mir geholfen haben, diese schwere Krise zu überstehen – Freunde und Krankenschwestern, die sich

Zeit für mich nahmen, Ärzte, die stundenlang an meinem Bett saßen und mir sogar zu meinem Geburtstag gratulierten. Das überraschte mich besonders, und beunruhigte mich sogar, da ich mich schon wieder verfolgt sah. Ich glaubte nämlich, dass Hossein bei meiner Einlieferung ins Krankenhaus als Personalien, wie im Iran üblich, nur meinen Namen, den meines Vaters und das Geburtsjahr angegeben hatte. Da er aber schon lange in Deutschland lebte, hatte er selbstverständlich auch mein Geburtsdatum genannt.

Die Erfahrungen der ersten Monate bestärkten mich letztlich darin, Deutschland als meine neue Heimat zu wählen. Nach Frankreich zu gehen, kam für mich nach meinen Erlebnissen auf der letzten Reise nicht infrage. Spanien wäre einfacher gewesen. Da ich die Residencia besaß, hätte ich problemlos dort bleiben können. Aber die spanischen Verhältnisse schienen mir viel zu chaotisch. Wenn man einen Termin auf einem Amt hatte, hieß es sehr oft, der Zuständige sei außer Haus. Es konnte fünf Tage dauern, bis man einen Beamten erreichte. Mit so viel Unzuverlässigkeit konnte ich nicht umgehen. In Frankreich war es ähnlich. Wenn ich in Deutschland hingegen an Behörden schrieb, bekam ich innerhalb weniger Tage eine Antwort. Selbst wenn sie negativ war, so erhielt ich doch eine Reaktion auf mein Gesuch. Ebenso erstaunte mich, dass bereits zwei Wochen, nachdem klar war, ich kehre vorerst nicht in den Iran zurück, eine Aufforderung an mich erging, Ali in einer Schule anzumelden. Woher wusste man, dass ich ein Schulkind hatte? Alles hatte seine Ordnung, und das gefiel mir. Das machte mich auch sicherer. Außerdem lebte Hossein hier.

Eines Tages fragte ich meinen Bruder: »Sag mal, warum ist es so still hier, warum stehen wir nicht im Stau, hupen die Autos nicht und nervt mich keiner?«

»Ganz einfach«, antwortete er, »weil wir in Kiel sind und nicht in Berlin, Frankfurt oder Köln.«

Ich lachte, es war wohl so, dass ich mittlerweile einen idyllischen kleinen Küstenort dem Höllenlärm und der Luftverschmutzung der Zwölfmillionenstadt Teheran vorzog.

Im November 1991 stellte ich meinen Asylantrag – und erlebte meine erste Enttäuschung: Er wurde abgelehnt. Obwohl ich beim Bundesamt die Wahrheit darüber erzählt hatte, weshalb es unmöglich war zurückzukehren, glaubte man mir nicht. So nahm ich mir einen Anwalt und klagte mein Asylrecht ein. Dieser Prozess zog sich über ein Jahr hin.

In der Zwischenzeit versuchte ich, auch beruflich in Deutschland Fuß zu fassen. Ich machte mir als Sachverständige für persisches Recht einen Namen und studierte vier Semester Jura, in denen ich meinen Magister machte. Leider reichte das nicht aus, um auch als Anwältin zugelassen zu werden und im Gerichtssaal aufzutreten. Dazu hätte ich das ganze Studium in Deutschland noch einmal absolvieren müssen, und hierfür fehlte mir einfach die Kraft. Um praktische Erfahrungen mit dem deutschen Recht sammeln zu können, arbeitete ich neben dem Studium in der Hamburger Kanzlei Scheuermann & Partner, die sich auf Wirtschaftsrecht spezialisiert hatte. Mein Bereich waren Streitfälle zwischen deutschen und iranischen Firmen. Anfangs fuhr ich als fest angestellte Anwältin jeden Tag von Kiel nach Hamburg. Als sich jedoch nach einigen Monaten die Beziehungen zwischen beiden Ländern verschlechterten und sie immer weniger Geschäfte miteinander machten, gab es nicht mehr genügend für mich zu tun, und ich arbeitete nur noch wenige Tage in der Woche als freie Mitarbeiterin. Ich war im Grunde froh darüber, da mich die einseitige Orientierung der Kanzlei auf Wirtschaftsrecht nicht befriedigte. Mich interessierten Familienrecht, Ausländerrecht und Strafrecht, vor allem im Hinblick auf Frauen, weitaus mehr.

Farschid war noch im Iran. Fast vier Jahre hatte ich meinen älteren Sohn nicht gesehen. Manchmal dachte ich schon, er existiert nur noch in meinem Herzen und in meinen Träumen. Bisher waren alle Versuche, ihn nach Deutschland zu holen, fehlgeschlagen. Erst nachdem ich es geschafft hatte, ihm eine Zulassung für ein Studium zu besorgen, stiegen seine Chancen. Nun war es ihm möglich, ein Studentenvisum zu beantragen. Zuvor musste er allerdings erst einmal vierhundert Deutschstunden nehmen. Wieder vergingen Monate ungeduldigen Wartens. Dann hatte Farschid endlich seine Zulassung zu einem Studium der Sportwissenschaften in der Tasche, und am 6. Juni 1993, diesen Tag werde ich nie vergessen, durfte er ausreisen.

Ich war dermaßen nervös und angespannt, dass mein Bruder Hossein und Ali mich auf den Flughafen begleiteten. Mein Herz schlug wie eine Horde galoppierender Pferde. Glück, Unsicherheit, Angst wirbelten wild durcheinander. Immer wieder lugten wir durch den Ausgang, ob wir Farschid an den Gepäckfließbändern erkennen könnten. Plötzlich trat ein junger Mann aus der Tür, der mich irgendwie an ihn erinnerte. Es war tatsächlich Farschid, und doch war es ein Fremder. Das Erste, was mir auffiel, war sein Dreitagebart. Ich hatte ein bartloses Kind verlassen, und nun stand mir ein Mann gegenüber.

Verlegen blickten wir uns an und wagten keine Berührung. Ich glaubte schon, unter der Anspannung zusammenzubrechen, da schlangen sich Farschids kräftige Schwimmerarme um mich und ich hörte ihn in mein Ohr flüstern: »Bloß nicht weinen, Nanni!«

Das Wiedersehen fiel Farschid nicht leicht. Wir waren nicht mehr diejenigen, die er sich vorgestellt und die er erwartet hatte. Auch ich war älter geworden und sein Bruder kein kleiner Junge mehr. Ich sehe Farschid noch vor mir, wie er an jenem ersten Tag plötzlich auf den Balkon ging und hemmungslos weinte. Als wir ihn trösten wollten, schickte er uns weg. Ich fühlte mich entsetzlich hilflos und konnte nichts anderes tun, als Farschid Zeit zu geben, mit der neuen Situation fertig zu werden. Vielleicht war ihm erst in dem Moment, als wir allein waren, bewusst geworden, was seine Ankunft in Deutschland wirklich bedeutete. Er hatte seinen Vater verlassen, seine Großeltern, seine Freunde, seine Freundin – und seine Heimat. Zwar besaß er einen iranischen Pass und hätte immer mal wieder nach Hause fliegen können. Doch sein Entschluss, in Deutschland zu leben, war endgültig. Wann immer wir ihm vorschlugen, Teheran zu besuchen, winkte er ab. Er hatte eine unglaubliche Angst, nicht wieder nach Deutschland zurückkehren zu dürfen, dass man ihm wie bei den Wettkämpfen früher am Flughafen in letzter Minute die Ausreise verweigern könnte.

Um Farschid die Eingewöhnung zu erleichtern, griff ich zu einer für ihn sehr hart anmutenden Maßnahme: Ich schickte ihn, kaum dass er drei Tage bei mir war, für vier Wochen zu einem internationalen Universitätsferienkurs in ein Camp. Er sollte Tag und Nacht unter Gleichaltrigen deutsch sprechen müssen und nur nach Hause kommen, wenn er schmutzige Wäsche hatte. Das schien mir der schnellste Weg zur Integration. Ich kannte zu viele Ausländer, für die gerade ihre mangelnden Sprachkenntnisse der größte Hemmschuh war, hier wirklich Fuß zu fassen. Farschid war entsetzt, als ich ihm diesen Vorschlag unterbreitete, und beschimpfte mich als Rabenmutter. Doch ich duldete keine Widerrede. Immerhin hatte ich schon anderthalbtausend Mark dafür bezahlt, der Lebensunterhalt für Ali und mich für fast zwei Monate. Farschid gehorchte und ließ sich wochenlang kaum blicken. Ich war traurig und glücklich zugleich darüber.

Farschids Ankunft hatte alte Wunden aufgerissen, die ich geheilt glaubte. Eines Tages hatte ich vergeblich versucht, mich an eine große Straße in Teheran zu erinnern, die ich täglich mehrere Male entlanggegangen war. Und dieses an sich unbedeutende Detail machte mir bewusst, dass mir meine Heimat allmählich zu entgleiten drohte und wie sehr ich die Menschen, die mir dort nahe standen, vermisste. Eine große Sehnsucht erfasste mich, und in der Nacht verfolgte mich ein immer wiederkehrender Albtraum. Ein schwarzer Körper, der sich langsam an einem Seil dreht. Tagelang war ich »wolkig«, wie ich es nenne, wenn mir nach Weinen zumute ist, war kaum ansprechbar und ging selten aus dem Haus. Jeder Flüchtling kennt solche Momente. Ali litt unter dieser Stimmung, da ich gewöhnlich ein äußerst aktiver und optimistischer Mensch bin. Deshalb bat er Farschid, der in seinem Camp große Fortschritte machte, zu uns zu kommen. Es überraschte mich, ihn zu sehen, da er sich strikt an mein Gebot gehalten hatte. Beim Tee brachte er dann wie zufällig die Sprache auf die bewusste Straße, deren Name mir nicht mehr einfallen wollte, und beide erinnerten sich gegenseitig an viele Details der Gegend und all die hübschen Mädchen, die man dort treffen konnte. Diese Schelme, dachte ich, das haben sie extra für mich gemacht, und musste gleichzeitig lachen und weinen. Meine Söhne hatten mich geheilt. Beim Abschied umarmte mich Farschid. Es war das erste Mal seit seiner Ankunft. Ich glaube, er hatte damals verstanden, was ich als »Rabenmutter« für ihn getan hatte, und mir wieder etwas zurückgegeben.

Ende 1993 fand die Verhandlung über meinen Asylantrag statt. Einen Dolmetscher, den man mir bestellt hatte, lehnte ich ab. Ich verteidigte mich lieber selbst, und mein Antrag wurde problemlos anerkannt. Im November hielt ich meinen Flüchtlingspass in der Hand. Das war ein wunderbares Gefühl, auch wenn ich damit noch nicht als vollwertige deutsche Staatsbürgerin galt und mehr Pflichten als Rechte besaß. Die vollständige Anerkennung wurde mir erst mit der doppelten Staatsbürgerschaft gewährt, die ich als erste Ausländerin in Deutschland im Januar 2000 erhielt.

Mit meinem Flüchtlingspass konnte ich jedenfalls wieder reisen. Dieser Luxus hatte mir in den letzten Jahren gefehlt, obwohl ich mich eigentlich nicht beklagen durfte über die Zeit davor. In meinem Fall war die Kieler Ausländerbehörde relativ großzügig gewesen. So hatte ich nicht all das durchmachen müssen, was ein normaler Asylbewerber in Deutschland auszustehen hat. Ich wohnte in einer eigenen Wohnung, ich durfte arbeiten und mich sogar zwischen Kiel und Hamburg, wo ich arbeitete, frei bewegen.

Und doch hat mich in dieser Zeit ein Traum verfolgt, der immer wieder in einer tiefen Grube in einem weiten, ausgetrockneten Flussbett endete. Es fing jedes Mal damit an, dass ich meine Koffer packte und mich auf den Weg in den Iran machte. Aber ganz gleich, ob ich die Eisenbahn, einen Bus oder irgendein anderes Verkehrsmittel nahm, früher oder später gab es eine Panne; sogar Flugzeuge schafften es, mitten in der Luft stehen zu bleiben. Jedes Mal stiegen Scharen von Reisenden mit mir aus, waren auf einmal fort, und ich fand mich ganz allein wieder, in dieser Grube in dem öden Flussbett, aus der ich nicht herauskam, so verzweifelt ich mich auch mühte und schließlich nach Hilfe schrie – bis ich davon aufwachte. Am Tag danach war ich jedes Mal so durcheinander, dass ich schließlich psychologische Hilfe suchte. Die Erklärung war einfach: Ich wollte all das wiederhaben, was mein Leben im Iran ausgemacht hatte, und rebellierte aus tiefster Seele gegen die Rolle »Flüchtling in Deutschland«. Da es ein Zurück für mich nie mehr geben würde, blieb mir aber nichts als die Flucht nach vorn. Während ich um meine Anerkennung bangte, begann ich also für mich und meine Söhne neues Terrain zu erkämpfen.

Mit dem ersehnten Flüchtlingspass fuhr ich als Erstes in die österreichischen Alpen. Hossein hatte mir diese Reise geschenkt, denn er wusste, wie sehr ich meine regelmäßigen Ausflüge in die über 3500 Meter hohen Berge um Teheran vermisst hatte.

In Deutschland konnte ich bald auf andere Weise das fortsetzen, was ich im Iran begonnen hatte. Meine Sprachkenntnisse, 1994 war ich als Dolmetscherin für Persisch und Aserbaidschanisch zugelassen worden, halfen mir dabei. Um die hiesigen Probleme der Frauen kennen zu lernen, arbeitete ich drei Monate lang ehrenamtlich im Kieler Frauenhaus. In dieser Zeit konnte ich meine Erfahrungen und gewonnenen Erkenntnisse daraus gleich praktisch bei der Mitarbeit am »Kieler Interventionskonzept« gegen Gewalt an Frauen, kurz KIK, einbringen. Die meisten der Frauen, die ich in jener Zeit dort erlebt und betreut habe, waren Ausländerinnen, die über eine Heirat nach Deutschland gekommen waren und noch keine unbefristete Aufenthaltserlaubnis besaßen. Um diese zu bekommen, mussten sie mindestens vier Jahre lang verheiratet sein, vollkommen abhängig von ihrem Ehemann, der sie körperlich, sexuell und seelisch misshandelte. Sie suchten Zuflucht im Frauenhaus, wagten jedoch nicht, ihn anzuzeigen, denn dann wären sie in kürzester Zeit abgeschoben worden. Erst nach Ablauf dieser gesetzlich vorgeschriebenen Frist und einem weiteren Trennungsjahr durften sie sich scheiden lassen. Mir erschien das eine unzumutbar lange Zeit für diese Frauen, und zusammen mit den Mitarbeiterinnen des Kieler Frauenhauses kämpften wir gemeinsam mit vielen anderen Frauenorganisationen in Deutschland für eine Änderung dieses Paragraphen 19 des Ausländergesetzes. Endlich hatten wir Erfolg: Im April 1999 wurde die Frist auf zwei Jahre reduziert, im Härtefall sogar auf ein Jahr.

Bei den Kooperationstreffen für das KIK im Amtsgericht, die alle drei Monate stattfanden, lernte ich Ende 1996 eine Frau kennen, der ich die Idee für meine jetzige Arbeit verdanke: Ursula Schele. Sie arbeitete beim Notruf für vergewaltigte Mädchen und Frauen und fragte mich, ob ich nicht Lust hätte, in Kiel bei einem Behandlungszentrum für Folteropfer mitzuarbeiten. Der Trägerverein Refugio war kurz zuvor von ihr mit vielen engagierten Menschen aus der Flüchtlingsarbeit, aus Parteien und Migrationsvereinen gegründet worden. In Berlin, Hamburg, Stuttgart, München, Bremen und anderen europäischen Städten hatte sich diese Form der Hilfe bereits etabliert.

Ich musste nicht lange überlegen. Eine solche Arbeit war genau das, was ich im Grunde gesucht hatte. Hier konnte ich all meine bisherigen Erfahrungen im Iran und in Deutschland einbringen.

Mindestens ein Fünftel der Flüchtlinge, die sich in Deutschland befinden, haben massive Gewalt erlitten. Sie wurden geschlagen, gefoltert, vergewaltigt oder mussten zusehen, wie ihre Angehörigen misshandelt wurden. Das unmittelbare Erleben eigener Ohnmacht angesichts normalerweise undenkbarer menschlicher Grausamkeit führt bei einem Großteil der Überlebenden zu einem tief greifenden Trauma und Vertrauensverlust, nicht selten dem gesamten sozialen Umfeld gegenüber. Traumatisierte Flüchtlinge haben permanent Angst, sind oft depressiv und selbstmordgefährdet. Sie brauchen dringend Sicherheit und therapeutische Hilfe, um ihr Leben wieder auf einigermaßen sicheren Boden zu stellen.

Auffällig viele werden jedoch trotz oder besser gerade wegen ihrer Traumatisierung nicht als Flüchtlinge anerkannt. Das liegt daran, dass sehr viele nicht in der Lage sind, über die erlittenen Qualen zu sprechen. Die wenigstens Beamten verstehen auch, dass ihre Befragungstechnik bei der »Anhörung« Asylsuchende nur allzu leicht an erlittene Folterverhöre erinnern kann, und kaum einer ist dem Problem der geradezu symptomatischen Blockaden bei traumatisierten Flüchtlingen fachlich gewachsen. Das Ergebnis ist tragisch: Gerade besonders schutzbedürftige, traumatisierte Flüchtlinge werden häufig für unglaubwürdig befunden und am Ende trotz drohender Gefahren in ihrer Heimat abgeschoben.

Zur Überwindung dieses Dilemmas bereits zu Beginn der Anhörung durch das Bundesamt für die Anerkennung von Flüchtlingen fachliche Unterstützung anzubieten, therapeutische Gutachten und Stellungnahmen in das Verfahren einzubringen, geeignete Dolmetscher und vor allem eine angemessene kostenlose psychotherapeutische Behandlung zu vermitteln, all das gehörte bald mit zu den zentralen Aufgaben des neu gegründeten Vereins.

1997 begann Refugio in Kiel mit der konkreten Arbeit. Der Name »Refugio. Zentrum für die Behandlung, Beratung und Psychotherapie von Folter-, Flucht- und Gewaltopfern in Schleswig-Holstein e.V.« war anfangs mehr Programm als Realität. Ein Programm, das sich ein paar engagierte Menschen in den Kopf gesetzt hatten und das sie mit viel ehrenamtlichem Engagement zu realisieren suchten, in einem Büro mit anderthalb Zimmern, zur Untermiete beim Kieler Flüchtlingsrat.

Als Erstes schrieb ich Hunderte von Briefen und telefonierte mir die Finger wund, bis ein Netzwerk von knapp siebzig Therapeuten und Dolmetschern aufgebaut war, die bereit waren, Refugio kostenlos für Kriseninterventionen und Therapien zur Verfügung zu stehen. Nun konnte meine eigentliche Tätigkeit als Koordinatorin dieses Netzwerkes beginnen, die sich bis heute, bei einem rasant gewachsenen Arbeitsvolumen, kaum geändert hat.

Wenn Flüchtlinge zu uns kommen, vermittelt von Behörden, Beratungsstellen, Kirchengemeinden oder Freunden und Bekannten, führe ich erst einmal ein Aufnahmegespräch mit ihnen, um ihre Situation und den Beratungs- und Behandlungsbedarf einzuschätzen. Bei der Aufnahme lese und bespreche ich das Anhörungsprotokoll des Bundesamtes immer sehr genau. Nicht selten fallen dabei Unregelmäßigkeiten auf, wie zum Beispiel falsche Übersetzungen, oder eben dass insbesondere die Klientinnen über ihre entscheidendsten Erlebnisse gar nicht hatten sprechen können. Den Frauen wird dann gewöhnlich eine zweite Anhörung gewährt, die viel differenzierter ausfällt als die erste. Nach der Aufnahme schreibe ich eine Aufnahmebestätigung, die je nach Fall an Behörden, Gerichte, Anwälte oder Härtefallkommissionen geschickt wird.

Die weiteren Schritte richten sich nach dem akuten Bedarf. In den meisten Fällen vermittle ich die Flüchtlinge anschließend an geeignete Dolmetscher und Psychotherapeuten, die zumeist auch Stellungnahmen für das laufende Asylverfahren erstellen. Oft begleite ich sie auch auf die Ämter, deren Bürokratie sie sonst hilflos ausgeliefert wären. Es ist wichtig, bei schwer traumatisierten Menschen gleich zu Beginn das elementare Bedürfnis nach Sicherheit zu befriedigen, zum Beispiel vergewaltigten Frauen die Unterbringung in Sammelunterkünften mit vielen fremden Männern zu ersparen. Nur so gelingt es, nach und nach das Vertrauen der Folteropfer zu gewinnen. Manchmal sind sie bereits mit anderen Beratungsstellen im Gespräch, mit denen ich dann Absprachen über die Aufgabenteilung treffe. Die Begleitung des Asylverfahrens, der ständige Informationsfluss zwischen Bundesamt, Behörden, Therapeuten und Klienten, ist ein besonders zeitaufwendiger Teil der Arbeit. Bei vielen Ämtern bin ich berüchtigt für meine Hartnäckigkeit und Unnachgiebigkeit gegenüber Gleichgültigkeit und Trägheit. Dabei habe ich immer die Einzelschicksale vor Augen, die Menschen, deren Erlebnisse mich tief berühren und oft nicht schlafen lassen. Das gibt mir die Kraft für mein Auftreten.

Ein nicht unwesentlicher Teil meiner Aufgaben ist die Öffentlichkeitsarbeit für Refugio. »Konkret und doch unfassbar!« steht auf einem Werbeplakat, das ich zusammen mit einem Graphiker für Refugio entworfen habe. Da wir überwiegend von Spenden leben, ist es enorm wichtig, uns bekannt zu machen und über unsere Aktivitäten zu informieren.

Nebenbei verfasse ich als anerkannte Expertin für iranisches Recht Gutachten über Fallbeispiele für das Bundesamt, das Verwaltungsgericht oder die Ausländerbehörde, die als Sachverständigenurteile von »juris GmbH«, dem juristischen Informationssystem für die Bundesrepublik, für die praktische Arbeit von Richtern, Staatsanwälten und Rechtspflegern in einer Datenbank (www.juris.de) Aufnahme finden.

Ein Jahr nach Gründung von Refugio hatten wir bereits so viel Erfolg, dass das Innenministerium den Hauptteil der Finanzierung, die bisher ausschließlich aus Spenden bestanden hatte, übernahm, sodass ich als Leiterin des Zentrums nun auch eingestellt werden konnte, in den ersten Jahren allerdings nur mit einer halben Stelle.

So wichtig die materielle Unterstützung für unsere Arbeit war, so ermutigend war die ideelle Würdigung, die unserer Arbeit Ende 1999 zuteil wurde: »In Würdigung der Hilfe für Opfer von Terror und Gewalt« wurde mir in Bonn in Vertretung für Refugio der Annette-Barthelt-Preis verliehen.

Heute – über fünf Jahre nach der Gründung von Refugio – habe ich eine ganze Stelle sowie eine Mitarbeiterin und zwei Mitarbeiter. Refugio hat inzwischen eine eigene Etage angemietet. Unser Projekt ist durch seine Arbeit über Schleswig-Holstein hinaus bekannt geworden und wird inzwischen nicht nur von der Landesregierung, sondern auch vom europäischen Flüchtlingsfonds gefördert.

Irgendwie reichten die Stunden, die ich im Büro verbrachte, noch nie aus. Die Arbeit war von Anfang an ein Fünfzig-Stunden-Job, der all meine Energie und Leidenschaft, aber auch Charme und Humor forderte. Doch der »Job« machte mir mehr als Spaß, denn er knüpfte dort an, wo ich als Menschen- und Frauenrechtlerin im Iran aufgehört hatte: Ich half Flüchtlingen, ihre Gewalterfahrungen zu verarbeiten, wieder Mut zu schöpfen und ein neues Leben anzufangen; und das sehr oft gegen massive Widerstände.

Um ein Beispiel herauszugreifen: Eines Tages kam eine psychisch schwer traumatisierte Kurdin zu uns, die auf den Feldern ihres Dorfes einer Massenvergewaltigung der türkischen Armee zum Opfer gefallen war. Aber das erfuhren wir erst viel später. Da sie sich so dafür schämte, hat sie weder ihrem Mann, dessen Asylantrag als Mitglied der PKK und politisch Verfolgter gerade abgelehnt worden war, noch ihrer Tochter gegenüber je ein Wort darüber verloren. Anfangs konnte sie auch mit uns nicht darüber sprechen. Jedenfalls nicht, solange ihre Tochter dabei war, die sie aber als Dolmetscherin brauchte; erst später gelang es, ausschließlich auf professionelle Dolmetscher zurückzugreifen. Anderthalb Jahre besuchte sie eine Therapie. Aber die Symptome blieben. Wenn ich sie sah, spürte ich, dass sie Schuldgefühle in sich barg, dass sie ihre Würde verloren zu haben glaubte. Da ich weiß, wie verschwiegen islamische Frauen wegen der Familienehre sein können und müssen, habe ich mich dann sehr dafür eingesetzt, dass sie endlich allein mit einer Therapeutin sprechen konnte. Bei diesen Einzelgesprächen war sie in der Lage, über ihre Vergewaltigung zu sprechen. Die Familie durfte jedoch nach wie vor nichts davon erfahren. Erst der über die Therapie schließlich mühsam zutage geförderte Vergewaltigungstatbestand ermöglichte der Kurdin, selbst einen Asylantrag zu stellen, der schließlich nach langem Kampf vom Bundesamt anerkannt wurde. Heute lebt sie mit ihrer Familie in Deutschland.

Hunderte solcher Fälle erleben wir in der täglichen Praxis. Meine eigenen Erfahrungen, meine jahrelange Angst, abgeschoben zu werden in ein Land, in dem mich der sichere Tod erwartete, haben mir dabei geholfen, diese Menschen zu verstehen. Ich weiß, was ich tue, wenn ich alles daransetze, Flüchtlinge bei dem schwierigen Unterfangen zu unterstützen, mit ihren Traumata leben zu lernen und einen ganz persönlichen Neuanfang im Exil zu wagen.

Manchmal frage ich mich, woher ich immer wieder die Kraft dazu nehme. Eine Antwort ist vielleicht, dass ich erfahren durfte, dass sich ein Neubeginn lohnt.

Am Ende habe ich in Deutschland mit meinen Söhnen eine neue Heimat gefunden und mit einem neuen Partner auch ein neues Glück. Ich habe meine Arbeit fortsetzen können, manch überraschende Widerstände gegen meinen Status als gleichberechtigte deutsche Staatsbürgerin überwunden und mir eine Position erkämpft, die meinen Fähigkeiten und meinem Selbstverständnis entspricht. Auf diesem Weg haben mich viele Männer und Frauen begleitet und unterstützt. Ihre Freundschaft und Hilfe, besonders in schweren Zeiten, schuf die Basis fürs Weitermachen.

Aber die eigentliche Antwort und Quelle meiner Kraft liegen tiefer. Seit meiner Flucht bin ich nicht mehr im Iran gewesen. Ich habe nach wie vor Angst, in die Hände einer Macht zu gelangen, die Frauen elementare Rechte verweigert. Nach wie vor verfolgt mich Tara in meinen Träumen. Eine schwarz verhüllte Gestalt, ein sich langsam erst nach rechts, dann nach links drehender und am Ende stiller, bewegungsloser Körper, dessen Seele ein Vogel davonträgt. Ihr Tod ist meine Motivation zum Weitermachen. Ihrem Andenken widme ich dieses Buch.

Glossar

Abguscht traditionelles persisches Lammgericht
Alborz Gebirge im Nordosten Irans, das die natürliche Grenze zum Kaspischen Meer und zu Turkmenistan bildet
Ali (Ibn Abi Talib) Schwiegersohn des Propheten Mohammed, verheiratet mit dessen Tochter Fatima, aus deren Ehe Hassan und Hussein hervorgingen
Andarun Hofgarten mit Springbrunnen und bei wohlhabenden Familien Teil des Hauses, in dem die Familie lebt
Asch Eintopf aus verschiedenstem Gemüse
Asch-Fest gemeinsames Mahl unter Nachbarinnen
Aschura-Fest schiitisches Trauer- und Bußritual im ersten Mondmonat nach dem islamischen Kalender zu Ehren Husseins, des ermordeten Enkels Mohammeds, das in der schiitischen Volksfrömmigkeit eine große Rolle spielt
Ataschgardan schwenkbares Gefäß zum Verbrennen von Weihrauch bei der Geburt und zum Feueranzünden
Azan Gebetsruf, den die Schiiten dreimal und die Sunniten fünfmal täglich aussprechen
Bazaris mittelständische Händler der Bazare
Chanum Frau, Anredeform
Choda im Persischen gebräuchlicher Name für Gott
Dalack Angestellte, die im Badehaus arbeiten
Damawand mit 5671 Metern höchster Berg des Alborzgebirges
Dschinn Geist
Dudul von Kindern als Bezeichnung für Penis verwandt
Dugh traditionelles Getränk aus Joghurt, Mineralwasser, geriebener Gurke, Salz, Kräutern und Rosenblättern
Faitun Kutsche
Gabbeh Teppich mit einfachem Muster und ungeschorenem Flor
Gal'e (Schahre-No) wörtlich Festung, bekannte Prostituiertengegend in Teheran in der Nähe vom Qaswin-Tor
Gel als Haarbalsam verwendete grüne Erde aus den Bergen
Ghasel orientalische Gedichtform
Ghasi-Asghar höchster religiöser Richter
Gisim Anredeform für »meine Tochter«
Hafis persischer Dichter aus Schiraz (um 1325–1390), Meister des Ghasels, beeinflusste Goethe bei seinem »West-östlichen Divan«
Hammam öffentliches Bad
Hardsch-o-mardsch Tohuwabohu

Imam Nachkomme Mohammeds und religiöses Oberhaupt der Schiiten
Jasin Koranverse, die während der Trauerrituale gesprochen werden
Kafan sieben Leinentücher, für jeden Körperteil eins, mit denen die Toten vor der Beerdigung bedeckt werden
Kelim gewebter, kurzfloriger Teppich
Kenari Läufer
Komiteh Revolutionäre islamische Ausschüsse, die unter Ajatollah Khomeini Polizei- und Verwaltungsaufgaben übernahmen
Korssi Tisch, unter dem eine Schale mit heißer Asche und glühenden Kohlestückchen steht, die als Heizung dient
Kunkur landesweite Aufnahmeprüfung für die Universität
Long dünnes, buntes Hüfttuch aus Leinen oder Seide, das Männer und Frauen im Hammam tragen
Mahr Morgengabe; der von den Eltern des Paares verhandelte und in der Heiratsurkunde festgehaltene Brautpreis in Form von Geld oder materiellen Werten, den der Mann seiner Frau schuldet; er ist das persönliche Eigentum der Braut, das sie auch nach einer Scheidung behalten darf
Maschateh Heiratsvermittlerin, Friseurin
Moharram erster Monat des islamischen Mondkalenders
Mosarebeh eine Art islamischer Vertrag innerhalb des islamischen Zivilrechts, vergleichbar der in Deutschland üblichen »Stillen Gesellschaft«
Mutreb Bezeichnung für Musiker, »einer, der Freude bringt«
Newrus Neujahrsfest, das am 21. März gefeiert wird, und Frühlingsanfang
Ode Zeitraum nach einer Ehe, in der eine Frau nicht gleich wieder heiraten darf; für die Scheidung nach einer Dauerehe beträgt er drei Monate, für eine Zeitehe anderthalb, für Witwen vier Monate und zehn Tage
Patio überdachter Garten
Pedar Vater
Rahbar Führer
Rial persische Währung, zehn Rial sind ein Toman
Rumi, Dschelaleddin neben Hafis bedeutendster persischer Dichter und Mystiker (1207–1273)
Safawiden persische, sehr religiös regierende Dynastie von 1502 bis 1722
SAVAK Geheimdienst unter dem Schah
Savaki Mitarbeiter des Geheimdienstes
SAVAMA Geheimdienst in der Islamischen Republik

Schabasch Geld, das bei einem Fest den Tanzenden für die Musiker gegeben wird

Schiiten sich auf die Schia (arab. Sekte, Partei) berufende islamische Gläubige

Schiismus zweite Hauptrichtung des Islam, die auf Mohammeds Schwiegersohn Ali zurückgeht (heute Staatsreligion im Iran)

Sigheh Ehe auf Zeit, Mitte der siebziger Jahre unter dem Schah verboten und nach der Revolution wieder eingeführt, da die dem Paar und dem Notar, der die beiden getraut hat, zugemessene Strafe religiös nicht vertretbar sei

Sofreh-Fest wird zu einem selbstbestimmtem Zeitpunkt zu Ehren der schiitischen Heiligen Fatima, Mohammeds Tochter, sowie Abulfasl und Roghayeh, den Enkeln des Propheten, gegeben, sobald ein lang ersehnter Wunsch in Erfüllung gegangen ist

Toman iranische Währung, s. Rial

Tschador großes Tuch, das die Frauen im Iran über dem gesamten Körper tragen, ohne das Gesicht zu verdecken

Quellen

Essad Bey, Mohammed. Biographie. Berlin 2002
Hadayatullah Hübsch, Frauen im Islam. Nienburg 1997
Iran – Reisehandbuch. Stuckrum 1999
Iran. Natur, Bevölkerung, Geschichte, Kultur, Staat, Wirtschaft. Hrsg. von Ulrich Gehrke und Harald Mehner. Tübingen und Basel 1975
Iran. Drei Wege nach Isfahan. In: DU. Zeitschrift der Kultur. Heft 3, März 1996
Lexikon des Islam. Geschichte, Ideen, Gestalten. Hg. von Adel Theodor Khoury, Ludwig Hagemann und Peter Heine. Digitale Bibliothek (CD-ROM), Berlin 2001
Der Koran. 7. Auflage, Leipzig 1979
Bahman Nierumand, Iran – hinter den Gittern verdorren die Blumen. Reinbek 1985
Annemarie Schimmel, Rumi. Ich bin Wind und du bist Feuer. Leben und Werk des großen Mystikers. Köln 1978
Annemarie Schimmel, Das islamische Jahr. Zeiten und Feste. München 2001
Annemarie Schimmel, Der Islam. Eine Einführung. Stuttgart 1990
Gerhard Schweizer, Iran. Drehscheibe zwischen Ost und West. Stuttgart 1991
Gesine Sriebld, Mord kostet 100 Kamele. In: Stern, 49/2001
Claudia Stodte, Iran. Edition Erde Reiseführer. Bremen 1999
Jutta Szostak/Suleiman Taufiq, Der wahre Schleier ist das Schweigen. Frankfurt/M. 1995